公路安全生产风险管理与隐患排查治理

第一册 公路工程施工安全

天津东方泰瑞科技有限公司
青海省交通控股集团有限公司   主编

人民交通出版社股份有限公司

北京

内 容 提 要

本书为"公路安全生产风险管理与隐患排查治理"丛书之一，主要介绍公路工程施工安全风险管理与隐患排查治理。全书共分六章，分别为：安全生产风险管理概述、安全生产风险管理与隐患排查治理体系、公路工程施工安全生产风险分析、公路工程施工安全风险控制措施清单、公路工程施工安全隐患排查治理清单、信息化系统应用案例。

本书可供公路工程施工企业安全生产管理相关人员阅读参考。

图书在版编目(CIP)数据

公路安全生产风险管理与隐患排查治理. 第一册，公路工程施工安全 / 天津东方泰瑞科技有限公司，青海省交通控股集团有限公司主编. — 北京：人民交通出版社股份有限公司，2024.1
ISBN 978-7-114-19107-7

Ⅰ.①公… Ⅱ.①天…②青… Ⅲ.①道路施工—安全管理 Ⅳ.①U415.12

中国国家版本馆 CIP 数据核字(2023)第 224250 号

Gonglu Anquan Shengchan Fengxian Guanli yu Yinhuan Paicha Zhili
Di-yi Ce Gonglu Gongcheng Shigong Anquan

书　名：	公路安全生产风险管理与隐患排查治理　第一册　公路工程施工安全
著 作 者：	天津东方泰瑞科技有限公司 青海省交通控股集团有限公司
责任编辑：	黎小东　朱伟康
责任校对：	赵媛媛　龙　雪
责任印制：	刘高彤
出版发行：	人民交通出版社股份有限公司
地　　址：	(100011)北京市朝阳区安定门外外馆斜街 3 号
网　　址：	http://www.ccpcl.com.cn
销售电话：	(010)59757973
总 经 销：	人民交通出版社股份有限公司发行部
经　　销：	各地新华书店
印　　刷：	北京市密东印刷有限公司
开　　本：	787×1092　1/16
印　　张：	12.25
字　　数：	252 千
版　　次：	2024 年 1 月　第 1 版
印　　次：	2024 年 1 月　第 1 次印刷
书　　号：	ISBN 978-7-114-19107-7
定　　价：	80.00 元

(有印刷、装订质量问题的图书,由本公司负责调换)

《公路安全生产风险管理与隐患排查治理 第一册 公路工程施工安全》

编写委员会

顾　　问：李积胜　刘长兵　王绪亭

主　　编：王　钉　肖继铭　黄　晨　李立新

参编人员：李少博　刘　伟　刘宝元　李志涛　黄冠捷　庄　荣
　　　　　肖云杰　达明艳　包文雯　杨宝清　史正君　刘　哲
　　　　　陈　亮　房慧辰　梁　培　刘家宏　郑丽丽　杜瑶瑶
　　　　　赵伟浩　石之鹏　刘文辉　韩桂芬　韩佳凯　姚　成
　　　　　徐凤霞　王　甜　雷淇喻　薛荣荣　白　玉　徐静晗
　　　　　邓　迪　张　晨

Preface 前言

《中华人民共和国安全生产法》(2021年修正)提出"生产经营单位必须遵守本法和其他有关安全生产的法律、法规,加强安全生产管理,建立健全全员安全生产责任制和安全生产规章制度,加大对安全生产资金、物资、技术、人员的投入保障力度,改善安全生产条件,加强安全生产标准化、信息化建设,构建安全风险分级管控和隐患排查治理双重预防机制,健全风险防范化解机制,提高安全生产水平,确保安全生产"的企业主体责任要求,提出生产经营单位的主要负责人应"组织建立并落实安全风险分级管控和隐患排查治理双重预防工作机制,督促、检查本单位的安全生产工作,及时消除生产安全事故隐患"的安全职责要求。

公路交通作为交通运输体系的重要组成部分,在国民经济发展中发挥着重要的作用。公路运输对合理调配自然资源、发挥城市的经济辐射作用有着重要意义,是国民经济的重要支撑。公路工程具有特殊空间结构特征和广域性、多环节的作业特点,对其安全生产特性的保障需求尤为突出。

为此,我们组织编写了"公路安全生产风险管理与隐患排查治理"丛书,包括公路工程施工安全、公路养护安全和高速公路运营安全三个分册。丛书通过阐述安全生产风险管理内涵、解析安全生产风险管理与隐患排查治理体系建设步骤,列举公路工程安全生产风险与隐患排查要点,旨在为公路工程领域安全生产双重预防机制的建设和实施提供技术应用支持。

本书为丛书的第一分册,全书共分六章,分别为:安全生产风险管理概述、安全生产风险管理与隐患排查治理体系、公路工程施工安全生产风险分析、公路工程施工安全风险控制措施清单、公路工程施工安全隐患排查治理清单、信息化系统应用案例。

本书编写过程中,得到了交通运输部天津水运工程科学研究院大力支持,在此表示衷心感谢。

由于涉及公路工程施工安全风险管理与隐患排查治理的内容较多,加之编写时间紧张和编写水平有限,书中难免存在谬误和疏漏之处,欢迎各位专家、读者批评指正。

本书编委会

2023 年 9 月

Contents 目录

第一章 安全生产风险管理概述 ... 1
  一、安全生产风险管理的定义和内涵 ... 1
  二、我国交通运输行业安全生产风险管理发展现状 ... 6

第二章 安全生产风险管理与隐患排查治理体系 ... 9
  一、建设背景 ... 9
  二、安全生产风险管理工作流程 ... 10
  三、风险识别 ... 10
  四、风险评估 ... 13
  五、风险控制 ... 14
  六、隐患排查治理 ... 18

第三章 公路工程施工安全生产风险分析 ... 22
  一、基本规定 ... 22
  二、风险辨识 ... 27

第四章 公路工程施工安全风险控制措施清单 ... 32
  一、施工准备风险管控清单 ... 32
  二、通用作业风险管控清单 ... 37
  三、路基工程风险管控清单 ... 48
  四、路面工程风险管控清单 ... 56
  五、桥涵工程风险管控清单 ... 58
  六、隧道工程风险管控清单 ... 78

七、交通安全设施风险管控清单 ·· 94

八、改扩建工程风险管控清单 ·· 97

九、机电工程风险管控清单 ·· 100

十、特殊季节与特殊环境施工风险管控清单 ···························· 104

十一、房建工程风险管控清单 ·· 110

十二、公路工程施工重大风险管控清单 ································· 131

第五章 公路工程施工安全隐患排查治理清单 ························· 137

一、基础管理类隐患排查清单 ·· 137

二、现场管理类隐患排查清单 ·· 160

第六章 信息化系统应用案例 ··· 176

一、信息化系统需求分析 ··· 176

二、信息化系统架构设计 ··· 177

三、信息化系统功能模块 ··· 180

四、信息化系统运行分析 ··· 186

参考文献 ·· 188

第一章 安全生产风险管理概述

一、安全生产风险管理的定义和内涵

(一) 基本概念

1. 风险

"风险"的英文名"Risk",源于法文"Risque",意为在危险悬崖间航行。而法文又引自意大利文"Risicare"和希腊文"Risk",意思是冒险才有获利的机会。

风险是一个具有极其深刻且广泛含义的概念,风险的概念可以从保险学、经济学、风险管理等多个角度进行定义。风险的含义目前有很多种解释,但是,这一概念至今没有适用于所有学科领域的公认的定义。

关于风险的定义,概括起来主要有以下几种:

(1) 风险是损失的可能性;

(2) 风险是导致损失产生的不确定性;

(3) 风险是损失的概率;

(4) 风险是潜在损失;

(5) 风险是潜在损失的变化范围与幅度;

(6) 风险是财产损失与人员伤亡;

(7) 风险是实际与预期结果的偏差。

根据对以上七种风险定义的分析,风险的含义主要有两点:其一,风险具有可能性和不确定性,而不是已经存在的客观结果或既定事实,其信息是不可知、不确定的;其二,风险的后果具有损失性和不利性。

根据以上风险含义,风险是指某种特定的危险事件(事故或意外事件)发生的可能性与其产生的后果的组合。即风险由两部分组成:一是风险事件发生的可能性,即风险概率,这是危险事件发生的概率,危险可定义为可能产生潜在损失的特征或征兆,它是风险的前提,没有危险就不可能产生风险。二是风险事件后果的严重性,即风险后果严重程度和损失大小。两者的量化综合结果就是风险值。风险值一般定义为事故在单位时间内发生的概率与该事故的后果(生命与财产损失或损伤及其他损失)的乘积。风险值可简单表示为 $R = F(P,C)$,式中:R 为风险值;P 为风险概率;C 为风险后果。

为了深入、全面地认识风险,并有针对性地对其进行管理,有必要对风险进行分类。从不同角度或根据不同标准,可将风险分成不同的类型。

(1)按风险来源分类

①自然风险:由于自然力的作用,造成财产损毁或人员伤亡的风险。

②人为风险:由于人的活动而带来的风险。人为风险又可分为行为风险、经济风险、技术风险、政治风险和组织风险。

(2)按风险事件主体的承受能力分类

①可接受风险:低于一定限度的风险。

②不可接受风险:超过所能承担的最大损失或目标偏差巨大的风险。

(3)按风险对象分类

①财产风险:财产遭受损害、破坏或贬值的风险。

②人身风险:疾病、伤残、死亡所引起的风险。

③责任风险:法人或自然人的行为违背了法律、合同或道义上的规定,给他人造成财产损失或人身伤害的风险。

(4)按技术因素对风险影响分类

①技术风险:由于技术原因形成的风险。

②非技术风险:由于非技术原因形成的风险。

2. 安全生产风险

在安全生产领域,可以将风险理解为安全事故(事件)发生的可能性与其后果严重性的组合。安全生产风险除了需要一个定量的结果以外,还包括风险因素、风险事故和风险损失等几个关键要素。

(1)风险因素是指促使或引起风险事故发生、扩大的条件或潜在原因,如对建筑火灾来说,建筑物的建筑材料、结构形式以及干燥的气候和风力是火灾事故发生的风险因素。

(2)风险事故又称风险事件,是指引起损失的直接或外在的原因,是使风险造成损失的可能性转化为现实性的媒介,例如火灾、爆炸、雷电、船舶碰撞、船舶沉没、地震、人的死亡和疾病等都会造成直接损失。

(3) 风险损失是指非故意、非计划、非预期的经济价值减少的事实,可以分为直接损失和间接损失两种。其中,直接损失是指风险事故对于标的本身所造成的破坏事实,而间接损失则是由于直接损失所引起的破坏事实。如施工现场发生了坍塌事故,这是施工单位的直接损失;而由于坍塌事故导致工程进度缓慢,则是施工单位的间接损失。

安全风险是由风险因素、风险事件和风险损失三者所构成的统一体。在风险因素、风险事件和风险损失三者所构成的风险链中,风险因素是导致不利后果产生的因素,是风险形成的必要条件,是风险产生和存在的前提。风险事件是外界环境变量发生预料未及的变动从而导致风险结果的事件,它是风险存在的充分条件,在整个风险中占据核心地位。风险事件是连接风险因素与风险损失的桥梁,是风险由可能性转化为现实性的媒介。风险损失是指非故意、非预期和非计划的经济价值的减少或消失。如在工程施工过程中,由于施工人员的粗心大意,导致人员从高处坠落,直至最终死亡。施工人员的粗心大意是风险因素,高处坠落是风险事故,人员死亡是风险损失。

3. 危险源

《职业健康安全管理体系　要求及使用指南》(GB/T 45001—2020)将危险源定义为可能导致伤害和健康损害的来源,一般也称为危害因素、危害来源。危险源通常分为两类:第一类是指能量或有害物质,如快速行驶的车辆具有的动能、高处重物具有的势能,以及声、光、电能等各类可能导致事故发生的能量或有害物质等,它们是导致事故的根源、源头,是事故发生的内因;第二类是指人的不安全行为或物的不安全状态以及监管缺陷等,是致使约束能量或有害物质失效的原因。

危险源既包括能量与有害物质,也包括导致约束、限制能量措施失效的各种不安全因素,或者说是影响能量或有害物质防范屏障正常发挥作用的各种漏洞或缺陷。无论是根源、源头类危害因素,还是行为、状态类危害因素,都是客观存在的,需要通过辨识发现它们,进而采取相应措施进行防控,并最终达到事故预防的目的。如煤气罐中的煤气就是能量或有害物质释放的根源、源头类危害因素,它的失控可能会导致火灾、爆炸或煤气中毒;煤气罐的罐体及其附件的缺陷(物的不安全状态)、使用者的违章操作(人的不安全行为)等则是行为、状态类危害因素,是防护煤气泄漏屏障上存在的漏洞,也就是导致煤气泄漏的隐患,正是这些漏洞会导致煤气罐中的煤气失控泄漏从而引发事故。

4. 风险分析

风险分析是风险辨识、风险估计和风险评价的全过程。其内容包括查明作业活动在哪些流程、哪些环节、哪些部位可能会隐藏着风险,分析之后要对风险进行量化,确定各风险的大小。

5. 风险识别

风险识别是指对给定的系统进行危险辨识,寻找全部危险源或发生危险的原因。回答的问题是:系统有几种可能的风险,产生的原因是什么,发生后结果是什么。风险识别的目的是找出主要的风险因素。

6. 风险评估

风险评估是指在风险识别的基础上,对风险值进行排队,确定它们的先后顺序,同时制定相应的风险评价标准,用以判断该系统的风险是否可被接受,是否需要采取相应措施。回答的问题是:哪些是可接受的风险,必要时还可对风险划分等级。

7. 隐患

隐患是指在某种条件下,事物、事件等所存在的不稳定并且影响到个人或组织利益的因素,它是一种潜藏着的、不利的因素。

在安全生产领域,隐患通常也被称为事故隐患。《现代劳动关系词典》把事故隐患定义为"企业的设备、设施、厂房、环境等方面存在的能够造成人身伤害的各种潜在的危险因素"。2008年起施行的《安全生产事故隐患排查治理暂行规定》对安全生产事故隐患进行了重新定义,即"安全生产事故隐患,是指生产经营单位违反安全生产法律、法规、规章、标准、规程和安全生产管理制度的规定,或者因其他因素在生产经营活动中存在可能导致事故发生的物的危险状态、人的不安全行为和管理上的缺陷"。

综上所述,安全生产领域所指的隐患,是指人的不安全行为、物的不安全状态或管理上的缺陷。

8. 事故

美国安全工程师海因里希认为,事故是非计划的、失去控制的事件。我国安全生产界认为:事故是指在生产活动过程中发生的一个或一系列非计划的(即意外的),可导致人员伤亡、设备损坏,财产损失以及环境危害的事件。常见的几类事故有:

(1)伤亡事故。伤亡事故(或称伤害)是个人或集体在行动过程中,接触了与周围条件有关的外来能量,该能量作用于人体,致使人体生理机能部分或全部损伤的现象。

(2)一般事故。一般事故也称无伤害事故,是指人身没有受到伤害或只受微伤,停工短暂或与人的生理机能障碍无关的未遂事故。统计表明,一般事故占90%以上,它比伤亡事故的发生概率大十到几十倍。

(3)未遂事故。未遂事故是指有可能造成严重后果,但由于其偶然因素,实际上没有造成严重后果的事件。1941年,美国人海因里希对55万件机械事故进行统计后发现,死亡重伤、轻伤和无伤害的事故件数之比为1:29:300,这就是著名的海因里希法则。海因里希法则的意义并不在于具体的数值1∶29∶300,而在于指导人们要消除重伤事故,必须从消除大量的无伤害事件着手。

（4）二次事故。二次事故是指由外部事件或事故引发的事故。外部事件是指包括自然灾害在内的与本系统无直接关联的事件,绝大多数重特大事故主要是由事故引发的二次事故造成的。

（二）危险源、安全生产风险、隐患与事故的关系

如前所述,危险源、安全生产风险、隐患与事故从定义上来说有明显区别,但相互之间的联系又十分密切。

1. 危险源与安全生产风险的关系

危险源是不以人的意志转移的客观存在。对于危险源来说,关键在于能否发现它,只有发现它,才能对其进行评估、管控。安全生产风险是对事故发生可能性及其后果严重性的主观评价,需要尽可能客观、公正地评价其危险程度,才能科学防控。

危险源与安全生产风险有密不可分的关系。安全生产风险是对危险源所造成后果的评价,是基于危险源存在的基础上而建立起来的概念,凡是危险源都会具有安全生产风险,只不过是程度不同而已。实际上,危险源与安全生产风险之间的关系,也可理解为主体与属性之间的关系,危险源是主体,风险是附属于危险源这个主体的一种属性特征。

2. 危险源与隐患之间的关系

根据隐患的定义,隐患是指人的不安全行为、物的不安全状态或管理上的缺陷,因此,也可以将其理解为现实存在的第二类危险源。

3. 隐患与事故的关系

隐患往往是事故发生的基础,事故是隐患造成的结果,但并不是有隐患就一定会发生事故,这里既有积累的问题,也有概率的问题。但安全事故的发生基本上会有人的不安全行为、物的不安全状态、管理上的缺陷等因素存在。因此,事故是既成事实,隐患还有补救的余地,积极消除隐患,才能有效避免发生事故。

（三）安全生产风险管理

1. 风险管理的必要性

进行风险管理主要基于以下两方面的理由:一是人的安全需求;二是风险事故的代价。

(1) 人的安全需求

1943年美国心理学家亚伯拉罕·马斯洛在《人类激励理论》论文中提出了马斯洛需求理论。他将人类需求从低到高按层次分为五种，分别为：生理需求、安全需求、归属需求、尊重需求和自我实现需求。当较低层次的需求被满足后，人们的被激励作用就会降低，进而会转向较高层次的需求发展。只有当人从生理需要的控制下解放出来时，才可能出现更高级的、社会化程度更高的需求，如安全的需求。

对于安全方面的需求，是人类与生俱来的，也是推动社会进步的重要原动力。事实上，寻求安全保障，是人类永恒追求的理想，也是人类长期不懈的伟大实践活动。现代社会中，谋求社会安全和公民生命财产安全，已成为国家为之奋斗的重要任务之一，并作为国家意志通过立法予以保障。

(2) 风险事故的代价

风险与损失密切联系，由于风险的存在，使人们常常担心风险事故发生会给自己带来损失。对一个单位而言，风险事故的发生，会导致损失，甚至有时这种损失是灾难性的。例如，存放有易燃易爆材料的厂房由于员工的疏忽，火苗引发易燃物着火，加上员工灭火设备使用培训不到位，引发一场大火，造成企业财产损失、甚至人员伤亡。除了这种直接损失以外，大量后续的间接损失影响也很大。以上例为例，除了厂房损毁外，生产停止、人员善后等处理工作的损失也是很难衡量的。

2. 风险管理的对象与目的

安全生产风险管理本质上是对危险源的管理，具体而言就是对一项工作中所涉及的各个要素所进行的管理，包括组织、人员、方法、资金、设施设备、物资材料、环境等。比如对于人员的管理，包括作业过程中所涉及所有生产、辅助人员，需要管理人员的身体健康状况、心理状态、行为偏差等，通过安全教育培训、考核与奖惩方法，使每个员工都具备其工作岗位所要求的生产能力和劳动水平，避免人员出现各类违章作业或失误。

实施安全风险管理，必须利用有效的资源和足够的资金保障，采取科学合理的工程技术措施、安全管理措施、应急管理措施，尽量使安全风险处于受控状态，减少事故的发生，保护员工的人身安全。

二 我国交通运输行业安全生产风险管理发展现状

交通运输是我国经济社会发展的重要基础性和先导性行业，与人民群众的切身利益密切相关。交通运输安全生产工作事关人民群众生命财产安全，事关经济社会发展稳定，在社会、政治、经济中占有及其重要的地位,已经成为人民群众生活中不可或缺的重要组成部分。公众对交通运输系统安全风险管理和现状也越来越关注,这就要求交通运输系统要具有比较强的安全性、稳定性与合理性,要能最大限度地保证我国交通系统的安全。

交通运输部结合行业实际,明确提出牢固树立以人民为中心的安全理念,以"平安交通"统领交通运输安全生产工作全局,全面构建包括法规制度、安全责任、预防控制、宣传教育、支撑保障、国际化战略和从业人员素质教育的"6+1"安全生产体系。

2012年初,交通运输部组织部属科研院所启动了交通运输安全生产事故风险致因相关研究工作,在此基础上,于2014年印发了《交通运输部关于推进安全生产风险管理工作的意见》(交安监发〔2014〕120号),提出了行业安全生产风险管理的总体思路和主要任务,并组织在全行业宣贯培训,推动行业安全生产工作理念和管理模式的逐步转变。

2015年,交通运输部在道路水路客运及危险货物运输、港口作业、公路安保、工程建设等重点领域选取了28家管理部门和企业开展了安全生产风险管理试点工作,形成了一批可推广、可复制的经验做法和研究成果,包括实施风险管理的工作制度、辨识手册、分级方法、管控措施等。在此基础上,2017年交通运输部印发了《公路水路行业安全生产风险管理暂行办法》(交安监发〔2017〕60号)。该办法从根本上解决了交通运输管理部门和企业怎么实施安全生产风险管理,如何建立健全安全生产风险管理体制机制,如何确保安全生产风险管理工作能科学规范实施并取得实实在在效果的问题。办法对相关的定义、责任、程序和实施要求做了很多技术性的规范,这是行业实施安全生产风险管理的重要基础。该办法对交通运输行业安全生产风险管理工作而言既是制度上的顶层设计,也是对运行落地的具体工作要求。与此同时,交通运输部还发布了《公路水路行业安全生产隐患治理暂行办法》。这两个办法的发布,标志着公路水路安全生产双重预防机制初步建立,公路水路安全生产工作向系统化、规范化、标准化迈出了重要而关键的一步。

为积极推进公路水路交通运输行业安全生产风险管理工作,提升行业管理部门业务指导能力,引导行业主动辨识和评估风险,并实施针对性的风险管控,从而达到有效预防和减少各类风险事件的发生、保障人民群众生命财产安全的目的,2018年交通运输部组织编写颁发了《公路水路行业安全生产风险辨识评估管控基本规范(试行)》(交办安监〔2018〕135号)。该规范适用于道路运输、水路运输、港口营运、交通工程建设、交通设施养护工程和其他共六个领域内的安全生产风险管理业务指导、咨询、服务,以及风险辨识、评估和管控。该规范明确,公路水路交通运输行业安全生产风险管理工作应以人为本,坚持"安全第一、预防为主、综合治理"的方针,强化和落实从事生产经营活动的单位(以下简称"生产经营单位")的主体责任,建立生产经营单位负责、职工参与、政府监管、行业自律和社会监督相结合的机制,积极引导全员参与,开展全过程、各环节控制,以预防和减少事故发生,提高安全生产管理水平,保证生产经营活动的顺利进行。该规范要求,行业安全生产风险管理应贯穿于交通运输生产经营全过程、各环节,并与业务管理有机融合,从业人员应树立安全生产风险管理理念,并执行风险管理政策、制度、管理程序和要求;要针对相互独立的作业单元,按照人、设施设备、环境、管理四要素,系统化开展致险因素分析;要实行动态管理,公路水路交通运输行业安全生产风险管理需求随业务范围、生产区域、管理单元、作业环节、流程工艺等的变化而动态变化,风险管理辨识、评估、管控工作应相应动态调整。

2021年,交通运输部印发《关于深化防范化解安全生产重大风险工作的意见》(交安监发〔2021〕2号),同时发布了《交通运输安全生产重大风险清单》,旨在从源头上防范化解安全生产重大风险,坚决遏制重特大安全生产事故。该意见要求健全防范化解安全生产重大风险防控机制,建立健全风险研判机制、决策风险评估机制、风险防控协同机制、风险防控责任机制,主动加强协调配合,坚持一级抓一级、层层抓落实。实施全过程安全生产重大风险清单化精准管控,通过摸清风险底数、建立"五个清单"、实施动态监管、加强跟踪管控、实施"图斑化"管理等措施,做到对职责范围内可能存在的各种风险"心中有数、见微知著、对症下药",提高动态监测、实时预警能力,推进风险防控工作科学化、精细化。其中,《交通运输安全生产重大风险清单》明确了道路运输、城市公共交通、公路运营、港口营运、水上交通、公路水运工程建设等领域的42项重大风险主要致险情景和防控重点,为行业管理部门和生产经营企业有效进行风险管理提供了具有可操作性的、规范的、直观的指导。

第二章

安全生产风险管理与隐患排查治理体系

一 建设背景

1. 国家层面

2016年12月,中共中央、国务院印发《关于推进安全生产领域改革发展的意见》(中发〔2016〕32号),提出"建立安全预防控制体系"的主要任务。

2019年9月,中共中央、国务院印发《交通强国建设纲要》,提出"完善预防控制体系,有效防控系统性风险,建立交通装备、工程第三方认证制度"的工作要求。

2021年3月,国家颁布《中华人民共和国国民经济和社会发展第十四个五年规划和2035年远景目标纲要》,提出"完善和落实安全生产责任制,建立公共安全隐患排查和安全预防控制体系"的工作要求。

2021年6月,新修订的《中华人民共和国安全生产法》提出"构建安全风险分级管控和隐患排查治理双重预防机制,健全风险防范化解机制,提高安全生产水平,确保安全生产"的企业主体责任要求,同时提出生产经营单位的主要负责人应"组织建立并落实安全风险分级管控和隐患排查治理双重预防工作机制,督促、检查本单位的安全生产工作,及时消除生产安全事故隐患"的安全职责要求。

2. 行业层面

2017年4月,交通运输部印发《公路水路行业安全生产风险管理暂行办法》《公路水路行业安全生产事故隐患治理暂行办法》(交安监发〔2017〕60号),要求"积极推进安全生产风险管理和隐患治理机制建设,持续推动交通运输事业安全发展"。

2018年10月,交通运输部办公厅印发《公路水路行业安全生产风险辨识评估管控基本规范(试行)》(交办安监〔2018〕135号),指导道路运输、水路运输、港口营运、交通工程建设、交通设施养护工程和其他共六个领域内的风险辨识、评估和管控工作。

2021年1月,交通运输部印发《关于深化防范化解安全生产重大风险工作的意见》(交安监发〔2021〕2号),明确了交通运输安全生产42项重大风险清单,提出"防范化解安全生产重大风险是交通运输行业重要政治责任,也是推进行业更高质量、更高水平安全发展的重要举措"。

2021年10月,交通运输部印发《交通运输安全生产工作"十四五"规划》(交安监发〔2021〕96号),提出"加强安全生产风险网格化管控"的主要任务。

2021年12月,交通运输部印发《数字交通"十四五"发展规划》(交规划发〔2021〕102号),提出"推进重要基础设施风险信息共享、协同管控和分级分类管理,提高工程质量安全风险防控智慧化水平"的主要任务。

2022年1月,交通运输部印发《关于进一步加强交通运输安全生产体系建设的意见》(交安监发〔2022〕4号),提出"完善双重预防体系"的工作要求。

2022年4月,交通运输部印发《交通运输安全生产强化年实施方案》(交安监发〔2022〕43号),提出"防范化解安全生产重大风险""开展安全隐患大排查大整治"的重点任务。

二　安全生产风险管理工作流程

根据国家、地方、行业等相关文件要求,安全生产风险分级管控与隐患排查治理的主要工作流程及内容包括:风险辨识及评估、对排查出的风险源进行分级、制定风险源管控措施、制定风险源清单、制定隐患排查对象清单、绘制风险分布图等。工作流程如图2-1所示。

三　风险识别

风险识别也称风险辨识,就是从系统的角度出发,将复杂的整体事务分解成比较简单的、容易被人识别的基本单元,寻找显性和潜在的风险源的过程。风险识别阶段需要考虑主要的风险有哪些,这些风险产生的原因是什么,风险的后果有哪些。

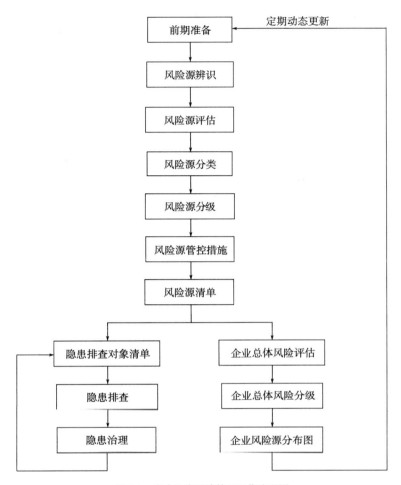

图 2-1 安全生产风险管理工作流程图

风险识别是一项持续性、系统性的工作,因此,需要风险管理者持续不断地识别风险,及时发现可能出现的新的潜在风险以及原有风险的变化。风险识别时需要采用科学有效的方法,常用的风险识别方法包括经验法与系统安全分析法。

1. 经验法

经验法适用于有可供参考先例、有以往经验、可以借鉴的工作,如使用传统工艺、技术的生产作业活动等。经验法包括对照法、类比法等。

对照法是指对照有关标准、法规、检查表或依靠分析人员的观察分析能力,借助分析人员的经验和判断能力直观地评价对象危险性和危害性的方法。对照法是一种常用的方法,其优点是简便、易行,缺点是受辨识人员知识、经验和占有资料的制约,可能出现遗漏。为弥补个人知识、经验的不足,常采取专家会议的方式来相互启发、交换意见、集思广益,使识别的结果更加细致、具体。

类比法即利用相同或相似的工程项目、作业条件和安全生产事故统计资料类推识别对象的风险。一般是基于大量数据、资料支持的"数据驱动论",利用小事故、未遂事故、事件等辨识具有相同或相似系统、作业条件中的风险。

2. 系统安全分析法

系统安全分析方法即应用系统安全工程评价方法进行危害因素辨识,包括危险与可操作性分析、头脑风暴法等。危险与可操作性分析常用于复杂的系统,头脑风暴法常用于没有事故、事件经历的新业务。

(一)风险辨识范围确定

企业可根据业务经营范围、作业区域、作业环节等因素,综合考虑不同业务范围风险事件/事故发生的独立性,以及历史风险事件/事故的发生情况,确定一个或一个以上的风险辨识范围。风险辨识范围划分应遵循大小适中、便于分类、功能独立、易于管理、范围清晰的原则。风险辨识范围应覆盖企业所有的作业活动和设备、设施、部位、场所、区域等。

(二)作业单元划分

企业按照"独立性"原则,在风险辨识范围内划分作业单元,并建立作业单元清单。

(三)风险事件/事故类型判定

企业针对不同作业单元,结合日常安全生产管理实际,综合考虑历史风险事件/事故发生情况,研究确定各作业单元可能发生的风险事件/事故类型。事故类型按照《企业职工伤亡事故分类》(GB 6441—1986)中规定的 20 类事故类型确定,包括物体打击、车辆伤害、机械伤害、起重伤害、触电、淹溺、灼烫、火灾、高处坠落、坍塌、冒顶片帮、透水、放炮、瓦斯爆炸、火药爆炸、锅炉爆炸、容器爆炸、其他爆炸、中毒和窒息、其他伤害。

涉及车辆在道路上行驶过程中因过错或者意外造成人身伤亡或者财产损失的,为"道路交通事故"。道路交通事故类型按照《突发事件分类与编码》(GB/T 35561—2017)中的道路交通-翻车事件;道路交通-撞车事件;道路交通-车辆坠水、坠沟事件;道路交通-车辆起火事件;道路交通-撞人事件;道路交通-其他道路交通事故 6 类进行分类。

(四)致险因素分析

针对不同作业单元,结合相应的法律、法规、规章、政府文件、标准、规范等,参照《生产过程危险和有害因素分类与代码》(GB/T 13861—2022),对辨识出的风险事件/事故类型进行致险因素分析。致险因素可按照人的因素、设备设施(含物料)因素、环境因素及管理因素等方面进行分析。

1. 人的因素

人的因素可按照从业人员安全意识、安全与应急技能、安全行为或状态、持证上岗等方面进行分析。

2. 设备设施(含物料)因素

设备设施(含物料)因素可按照工艺、设备设施、材料、工具的安全可靠性,物料堆放的危险性等方面进行分析。

3. 环境因素

环境因素可按照作业场所(如照明、通风等)、自然条件(如风、雨、雷电、冰雹等)、地质条件(如高海拔地区等)对作业的影响等方面进行分析。

4. 管理因素

管理因素可按照安全管理制度、安全操作规程、安全培训等的合规性和完备性等方面进行分析。

四 风险评估

风险评估是指应用各种风险评价技术来判定风险影响大小、危害程度的过程。科学合理的风险评估准则是保证风险评估准确性的基础,通过风险评估结果确定风险是否可以接受、需要采取何种措施。按照最低合理可行或最低合理可实现原则,在风险水平与成本之间作出平衡。

(一)风险评估方法

风险评估方法有很多种,包括:安全检查表法、专家评议法、危险指数法、危险性预先分析法、故障假设分析法、故障类型和影响分析法、故障树分析法、事件树分析法、作业条件危险性评价法(LEC)、风险矩阵分析法、层次分析法、模糊综合评判法等。

(二)风险评估方法选择

本书推荐采用作业条件危险性评价法(LEC),企业也可结合风险事件/事故特点采用其他方法进行评估。

(三)风险等级评估

风险事件/事故的风险等级可采用 LEC 法进行评估。作业单元的风险等级取本作业单元所有风险事件/事故的最高风险等级。交通运输行业的风险等级的评估判定应结合《交通运输部关于深化防范化解安全生产重大风险工作的意见》(交安监发〔2021〕2 号)中所列的重大风险来进行。

(四)风险等级调整与变更

作业单元初评的风险等级为重大风险后,针对不可接受风险,企业针对该作业单元的主要致险因素,及时通过人、财、物、技术等方面的投入,降低风险等级,再经重新评估后可调整风险等级。针对因主、客观因素而风险等级不可降低的重大风险,应积极加强风险管控。

企业每年开展全面辨识工作不少于 1 次。当与管控措施相关的法律、法规、标准、规范发生变化,风险源周边环境发生变化,作业工艺和技术发生变化,应急管理和应急资源发生重大变化,企业组织机构变动,实施了重大隐患治理,发生生产安全事故时,企业应及时开展专项辨识工作。企业发现新的致险因素,或致险因素发生变化,导致发生风险事件/事故可能性或后果严重程度产生显著变化时,应及时开展风险再评估工作,并变更风险等级。

企业重大风险等级评定、等级变更和销号,可委托第三方服务机构进行评估或成立评估组进行评估,出具评估结论。企业成立的评估组成员应包括单位负责人或安全管理部门负责人和相关业务部门负责人、2 名以上在相关专业领域具有一定从业经历的专业技术人员。

五 风险控制

风险控制即风险管控,是在风险评估的基础上,对风险事件提出处置意见和方法,即采取什么样的措施来控制风险,控制措施应该采取到何种程度以控制风险。风险应对可采取多种风险规避与控制策略,如风险规避、风险分担/转移、风险保留(自留)以及风险控制(降低)等。

1. 风险规避

风险规避是指为避免某种风险,在经过对该危害因素进行评价之后,采取的不参与或撤销等较为保守的管理决定,有意识地终止该风险所涉及的活动和操作等,以达到避免该特定风险的目的,这是一种保守的风险处置方式。

2. 风险分担/转移

风险分担是指与他方分担风险的一种风险处置方式;风险转移是指通过合法手段将风险从一个组织转移到另一个组织。

3. 风险保留(自留)

风险保留(自留)是指从特定风险中接受潜在的收益或损失。一般情况下,将经过风险处置后的危害因素的风险程度降低至可接受的程度,则剩余的风险就可以接受了。

4. 风险控制(降低)

风险控制(降低)是指改变风险程度所采取的措施,其中既包括减少事故发生的概率,也包括降低事故后果严重程度。

(一)常用风险管控措施及工作制度

1. 常用风险管控措施

(1)工程技术措施

工程技术措施是指设备设施本身固有的控制措施,包括直接工程技术措施、间接工程技术措施、指示性工程技术措施等。一般按照消除、预防、减弱、隔离、连锁、警告的等级顺序采取相应的工程技术措施。

(2)管理措施

管理措施包含制定安全生产责任制、制定安全管理制度、制定安全操作规程、编制施工组织设计、编制专项施工方案、开展安全技术交底、对作业过程进行监控、进行安全检查、对设备设施进行检验检测及维护、在易发生故障和危险性较大的地方设置醒目的安全色或安全标志等。

(3)教育培训措施

教育培训措施包含企业主要负责人及安全管理人员安全培训、从业人员三级安全教育培训和年度安全教育培训、特种作业人员继续教育培训及其他安全培训、从业人员的应急处置能力培训等。

(4)个体防护措施

个体防护措施如佩(穿)戴安全帽、安全带、安全手套、安全鞋、防尘防毒口罩、工作服、耳塞、防护眼镜、呼吸防护设备等。

(5)应急处置措施

应急处置措施包含风险监控及预警、应急预案制定、现场应急处置方案制定、应急物资准备及应急演练等。

2. 风险管控工作制度

（1）风险监控预警工作制度

企业根据监控对象、监控重点、监控内容、监控要求的不同，采取科学高效的方式，加强其作业条件、作业环境、自然条件等监控预警工作。风险监控预警人员根据风险监控预警工作制度，通过监测系统或人工方式，实现对作业单元的实时状态和变化趋势的掌握，根据管控临界值，实现预警提醒，相关预警信息应及时报告相关管理部门和人员。相关部门和人员收到预警信息后，及时做好应急响应，防范生产安全事故的发生。

（2）风险降低工作制度

企业根据风险辨识及评估结果，针对每一个作业单元不同的风险事件/事故及人、设施设备、环境、管理等致险因素，依据法律、法规、规章、政府文件、标准、规范等，从工程技术措施、管理措施、教育培训措施、个体防护措施、应急措施等方面，采取有效的风险降低措施，降低风险等级。企业也可根据自身的管理经验、事故教训等制定相应的管控措施。

（3）风险警示告知工作制度

企业将风险辨识及评估的基本情况、应急措施等信息通过安全手册、公告提醒、标识牌、讲解宣传、网络信息等方式告知相关从业人员和进入风险工作区域的外来人员，并做好安全防范的指导和督促。

（4）风险事件/事故应急处置体系建设

企业应加强风险事件/事故应急处置体系建设，包括完善应急预案、理顺应急管理机制、组建专兼职应急队伍、储备应急物资和装备、加强应急演练等。风险事件/事故发生后，依据《中华人民共和国突发事件应对法》和《生产安全事故应急条例》，按照"分级负责、属地管理"的原则，严格执行行业、企业制定的相关应急预案、应急协调联动机制，接受地方政府、行业管理部门的统一应急指挥决策、应急协调联动、应急信息发布，并积极开展风险事件/事故现场的应急处置工作。

（二）重大风险管控

企业按照交通运输部《公路水路行业安全生产风险管理暂行办法》（交安监发〔2017〕60号）对重大风险登记及报送的管理要求，如实记录风险辨识、评估、监测、管控等工作，并规范档案管理，明确信息登记责任人，严格遵守报送内容、方式、时限、质量等要求，接受管理部门的监督管理。

企业存在重大风险时，应制定专项动态监控计划，每月至少更新一次监测数据或状态，并单独建档。针对经常性或周期性工作中的不可接受风险，要制定新的管理文件（程序或作业文件)或修订原来的文件,文件中应明确规定针对该种风险的有效管控措施,并在实践中落实这些措施。

针对重大风险单独编制专项应急措施,定期开展安全防范、应急逃生避险和应急处置等相关培训和演练。当重大风险进入预警状态时,依据相关要求采取措施立即响应。

(三)风险分级管控

企业应严格落实风险管控主体责任,结合生产经营业务风险管控需求以及机构设置情况,按照"分级管理"原则,对安全风险进行分级、分层、分类、分专业管理,并逐一落实企业、部门(含项目部、项目办、监理办等)、班组、岗位的管控责任。

风险分级管控遵循"风险等级越高、管控层级越高"的原则,上一级负责管控的风险,下一级必须同时负责管控,并逐级落实具体措施。对于操作难度大、技术含量高、风险等级高、可能导致严重后果的作业活动应进行重点管控。

管控层级叫为四级,分别为企业级、部门级(含项目部、项目办、监理办等)、班组级和岗位级,风险分级管控及企业内部责任划分见表2-1。

风险分级管控及企业内部责任划分表 表2-1

风险级别	标识颜色	管控责任单位	管控责任人
重大风险	红	企业	主要负责人
较大风险	橙	部门	部门负责人
一般风险	黄	班组	班组长
较小风险	蓝	岗位	岗位员工

(四)管控清单

企业结合企业实际情况编制风险管控清单,部门(含项目部、项目办、监理办等)根据工程实际情况编制风险管控清单。

(五)风险告知

企业及各项目部、项目办、监理办等,应将作业场所、设备设施、作业活动等存在的重大风险、较大风险、一般风险和较小风险,分别用红、橙、黄、蓝四种颜色标示在总平面布置图或地理坐标图中,并设置在企业或项目现场的醒目位置,向本单位从业人员和外来人员公示企业/区域的安全风险分布情况。"区域安全风险四色分布图"根据风险点变化适时更新调整。

六 隐患排查治理

(一)隐患分级

根据隐患整改、治理和排除的难度及其可能导致的事故后果和影响范围,可将隐患分为重大隐患和一般隐患。

重大隐患是指极易导致重特大安全生产事故,且整改难度较大,需要全部或者局部停产停业,并经过一定时间整改治理方能消除的隐患,或者因外部因素影响致使生产经营单位自身难以消除的隐患。

一般隐患是指除重大隐患外,可能导致安全生产事故发生的隐患。

(二)隐患分类

1. 基础管理类隐患

基础管理类隐患主要是违反相关法律、法规、规章、政府文件、标准、规范等对企业安全生产基础管理方面的要求。包括以下方面存在的问题或缺陷:

(1)资质证照;

(2)安全管理机构及人员;

(3)安全规章制度;

(4)安全教育培训;

(5)安全投入;

(6)相关方管理;

(7)重大危险源管理;

(8)个体防护装备;

(9)职业健康;

(10)应急管理;

(11)风险分级管控及隐患排查治理;

(12)事故管理;

(13)其他基础管理。

2. 现场管理类隐患

现场管理类隐患主要是违反相关法律、法规、规章、政府文件、标准、规范等对作业现场日常管理方面的要求。

(三)隐患排查清单

1. 隐患排查清单制定原则

企业根据风险管控清单,制定符合自身实际的隐患排查清单,明确隐患排查范围、排查对象、排查内容、排查标准、排查周期、排查责任人等,并实施隐患分类分级管理。

2. 隐患排查清单分类

根据隐患类别、排查内容、排查责任人、排查周期等,可将隐患排查清单分为基础管理类隐患排查清单、现场管理类隐患排查清单两类。

(1)基础管理类隐患排查清单

依据基础管理相关内容要求,逐项编制排查清单,包含但不限于以下内容:

①资质证照,主要排查营业执照、消防验收文件、许可文件等;

②安全管理机构及人员,主要排查安全生产管理网络、安全生产管理机构设置、安全生产管理人员配置及人员能力要求等;

③安全规章制度,主要排查法规标准辨识、安全生产责任制、安全生产管理制度、安全操作规程、文件管理、记录和档案等;

④安全教育培训,主要排查培训计划、主要负责人培训、安全管理人员培训、从业人员培训、特种作业人员培训、被派遣人员培训、实习生培训、外来务工及参观人员培训、离岗及转岗培训、"三级"教育、"四新"教育、档案管理等;

⑤安全投入,主要排查安全费用的提取、使用,工伤保险、安全生产责任险、意外伤害保险等;

⑥相关方管理,主要排查相关方资质审查、安全生产协议、总包分包安全责任、安全教育、监督管理等;

⑦重大危险源管理,主要排查重大危险源辨识、评估、登记、建档、备案、监控等;

⑧个体防护装备,主要排查个体防护装备的选用、配置、发放、管理等;

⑨职业健康,主要排查职业病危害项目申报、职业病防治措施、职业病危害因素告知、职业健康检查、职业健康档案等;

⑩应急管理,主要排查应急预案制定、备案及管理,应急演练实施及评估总结,应急组织机构和队伍信息更新,应急设施、装备、物资的配备、维护保养和管理等;

⑪风险分级管控及隐患排查治理,主要排查风险辨识、评估、管控、告知、培训、变更及重大风险上报,隐患排查、治理、验收及重大隐患上报,记录及档案管理等;

⑫事故管理,主要排查事故报告、现场保护、事故调查和处理等;

⑬其他基础管理,主要排查各种专项方案、消防安全等。

(2)现场管理类隐患排查清单

重点排查企业现场管理方面存在的隐患,包括作业场所、设备设施、现场安全生产管理、现场安全技术管理、作业基本防护等方面。

(四)隐患排查类型

1. 日常隐患排查

日常隐患排查是指作业班组、作业人员的交接班检查和作业中的检查,以及专职安全生产管理人员和设备管理人员、电工等专业技术人员的日常性检查。日常排查要加强对重点部位、关键环节、重大危险源的检查和巡查。

2. 综合性隐患排查

综合性隐患排查是指以保障安全生产为目的,以安全生产责任制、各项安全管理制度和安全管理制度落实情况为重点,由企业各相关专业人员和部门共同参与的全面检查。其中,企业至少每两月组织相关专业人员进行一次全面的排查;项目部至少每月组织相关专业人员进行一次全面的排查。

3. 专项隐患排查

专项隐患排查主要是针对本企业安全生产存在的普遍问题和突出问题进行的检查,以及对危险性较大的区域、部位、设备设施等进行的隐患排查。专项隐患排查应制定工作方案,方案中应明确排查的要求,如组织人员、排查方式方法、排查范围、工作程序等。

4. 季节性隐患排查

季节性隐患排查是指根据各季节特点开展的隐患排查,企业至少在夏季和冬季分别组织开展一次排查,排查重点主要包括夏季的防雷、防风、防洪、防暑降温等;冬季的防风、防雪、防冻、防滑等。

5. 重大活动及节假日前隐患排查

重大活动及节假日前隐患排查主要是指在重大活动和节假日前,对作业现场是否存在异常状况和隐患以及应急工作各项措施落实情况等进行的检查。企业至少在国际劳动节、国庆节、春节等节假日或重大活动前进行一次隐患排查。

6. 事故类比隐患排查

事故类比隐患排查是指在本企业和同类企业发生事故后所进行的举一反三的安全检

查。当本企业发生生产安全事故,或其他企业发生比较典型或重大生产安全事故时,企业应及时进行事故类比隐患专项排查。

7. 复工前隐患排查

复工前隐患排查是工程项目冬季停工或因故停工后再次施工前进行的隐患排查、设备设施停用半年再次启用前的隐患排查。工程项目因存在安全隐患下达停工令后,或因其他原因暂停施工时间超过 30 天以上,在准备复工前,项目部应进行一次隐患排查。

(五)隐患排查治理工作主要内容

(1)建立健全事故隐患排查治理制度,明确事故隐患排查治理的责任、内容、周期、监控、治理措施和资金保障等事项。

(2)对从业人员进行事故隐患排查治理技能教育和培训,如实告知从业人员作业场所和工作岗位存在的危险因素、防范措施以及事故应急措施。

(3)对照风险管控清单,对风险点和风险管控措施落实情况进行排查。

(4)依据有关标准对排查出的事故隐患进行判定,并采取相应的技术和管理措施及时予以消除。

(5)将事故隐患排查治理情况通过职工大会、职工代表大会或者信息公示栏等方式向从业人员报告、通报。

第三章

公路工程施工安全生产风险分析

一 基本规定

1. 危险性较大的工程

按照《公路工程施工安全技术规范》(JTG F90—2015)附录 A,危险性较大的工程包括 8 类,详见表 3-1。

公路工程施工危险性较大的工程 表 3-1

序号	类别	需编制专项施工方案	需专家论证审查
1	基坑开挖、支护、降水工程	1. 开挖深度不小于 3m 的基坑(槽)开挖、支护、降水工程。 2. 深度小于 3m 但地质条件和周边环境复杂的基坑(槽)开挖、支护、降水工程	1. 深度不小于 5m 的基坑(槽)的土(石)方开挖、支护、降水。 2. 开挖深度虽小于 5m,但地质条件、周围环境和地下管线复杂,或影响毗邻建(构)筑物安全,或存在有毒有害气体分布的基坑(槽)的土方开挖、支护、降水工程
2	滑坡处理和填、挖方路基工程	1. 滑坡处理。 2. 边坡高度大于 20m 的路堤或地面斜坡坡率陡于 1:2.5 的路堤,或不良地质地段、特殊岩土地段的路堤。 3. 土质挖方边坡高度大于 20m、岩质挖方边坡高度大于 30m,或不良地质、特殊岩土地段的挖方边坡	1. 中型及以上滑坡体处理。 2. 边坡高度大于 20m 的路堤或地面斜坡坡率陡于 1:2.5 的路堤,且处于不良地质地段、特殊岩土地段的路堤。 3. 土质挖方边坡高度大于 20m、岩质挖方边坡高度大于 30m 且处于不良地质、特殊岩土地段的挖方边坡

续上表

序号	类别	需编制专项施工方案	需专家论证审查
3	基础工程	1. 桩基础。 2. 挡土墙基础。 3. 沉井等深水基础	1. 深度不小于15m的人工挖孔桩或开挖深度不超过15m,但地质条件复杂或存在有毒有害气体分布的人工挖孔桩工程。 2. 平均高度不小于6m且面积不小于1200m²的砌体挡土墙的基础。 3. 水深不小于20m的各类深水基础
4	大型临时工程	1. 围堰工程。 2. 各类工具式模板工程。 3. 支架高度不小于5m;跨度不小于10m,施工总荷载不小于10kN/m²;集中线荷载不小于15kN/m。 4. 搭设高度24m及以上的落地式钢管脚手架工程;附着式整体和分片提升脚手架工程;悬挑式脚手架工程;吊篮脚手架工程;自制卸料平台、移动操作平台工程;新型及异型脚手架工程。 5. 挂篮。 6. 便桥、临时码头。 7. 水上作业平台	1. 水深不小于10m的围堰工程。 2. 高度不小于40m墩柱,高度不小于100m索塔的滑模、爬模、翻模工程。 3. 支架高度不小于8m;跨度不小于18m,施工总荷载不小于15kN/m²;集中线荷载不小于20kN/m。 4. 50m及以上落地式钢管脚手架工程;用于钢结构安装等满堂承重支撑体系,承受单点集中荷载7kN以上。 5. 猫道、移动模架
5	桥涵工程	1. 桥梁工程中的梁、拱、柱等构件施工。 2. 打桩船作业。 3. 施工船作业。 4. 边通航边施工作业。 5. 水下工程中的水下焊接、混凝土浇注等。 6. 顶进工程。 7. 上跨或下穿既有公路、铁路、管线施工	1. 长度不小于40m的预制梁的运输与安装,钢箱梁吊装。 2. 跨度不小于150m的钢管拱安装施工。 3. 高度不小于40m的墩柱、高度不小于100m的索塔等的施工。 4. 离岸无掩护条件下的桩基施工。 5. 开敞式水域大型预制构件的运输与吊装作业。 6. 在三级及以上通航等级的航道上进行的水上水下施工。 7. 转体施工

续上表

序号	类别	需编制专项施工方案	需专家论证审查
6	隧道工程	1. 不良地质隧道。 2. 特殊地质隧道。 3. 浅埋、偏压及邻近建筑物等特殊环境条件隧道。 4. Ⅳ级及以上软弱围岩地段的大跨度隧道。 5. 小净距隧道。 6. 瓦斯隧道	1. 隧道穿越岩溶发育区、高风险断层、沙层、采空区等工程地质或水文地质条件复杂地质环境；Ⅴ级围岩连续长度占总隧道长度10%以上且连续长度超过100m；Ⅵ级围岩的隧道工程。 2. 软岩地区的高地应力区、膨胀岩、黄土、冻土等地段。 3. 埋深小于1倍跨度的浅埋地段；可能产生坍塌或滑坡的偏压地段；隧道上部存在需要保护的建筑物地段；隧道下穿水库或河沟地段。 4. Ⅳ级及以上软弱围岩地段跨度不小于18m的特大跨度隧道。 5. 连拱隧道；中夹岩柱小于1倍隧道开挖跨度的小净距隧道；长度大于100m的偏压棚洞。 6. 高瓦斯或瓦斯突出隧道。 7. 水下隧道
7	起重吊装工程	1. 采用非常规起重设备、方法，且单件起吊重量在10kN及以上的起重吊装工程。 2. 采用起重机械进行安装的工程。 3. 起重机械设备自身的安装、拆卸	1. 采用非常规起重设备、方法，且单件起吊重量在100kN及以上的起重吊装工程。 2. 起吊重量在300kN及以上的起重设备安装、拆卸工程
8	拆除、爆破工程	1. 桥梁、隧道拆除工程。 2. 爆破工程	1. 大桥及以上桥梁拆除工程。 2. 一级及以上公路隧道拆除工程。 3. C级及以上爆破工程、水下爆破工程

2. 专项施工方案

按照《公路工程施工安全技术规范》（JTG F90—2015）附录B，专项施工方案应包括下列主要内容：

（1）工程概况，包括工程基本情况、施工平面布置、施工要求和技术保证条件。

（2）编制依据，包括相关法律、法规、规范性文件、标准、规范及图纸（国标图集）、施工组织设计等。

(3)施工计划,包括施工进度计划、材料与设备计划。
(4)施工工艺技术,包括技术参数、工艺流程、施工方法、检查验收等。
(5)施工安全保证措施,包括组织保障、技术措施、应急预案、监测监控等。
(6)劳动力计划,包括专职安全生产管理人员、特种作业人员等。
(7)计算书及相关图纸。

3. 风险评估报告

按照《公路工程施工安全技术规范》(JTG F90—2015)附录C,风险评估报告应包括下列内容:

(1)编制依据:
①项目风险管理方针及策略。
②相关的国家和行业标准、规范及规定。
③项目设计和施工方面的文件。
④项目各阶段(工程可行性研究、初步设计、详细设计等)审查意见。
⑤设计阶段风险评估成果。
(2)工程概况。
(3)评估过程和评估方法。
(4)评估内容:
①总体风险评估。
②专项风险评估,包括风险源普查、辨识、分析以及重大风险源的估测。
(5)对策措施及建议。
(6)评估结论:
①重大风险源风险等级汇总。
②Ⅲ级和Ⅳ级风险存在的部位、方式等情况。
③分析评估结果的科学性、可行性、合理性及存在的问题。

4. 特殊作业人员

按照《公路工程施工安全技术规范》(JTG F90—2015)附录D,特殊作业人员应包括下列人员:

(1)电工。
(2)焊接与热切割作业人员。
(3)架子工。
(4)起重信号司索工。
(5)起重机械司机。

(6)起重机械安装拆卸工。

(7)高处作业吊篮安装拆卸工。

(8)锅炉司炉。

(9)压力容器操作人员。

(10)电梯司机。

(11)场(厂)内专用机动车司机。

(12)制冷与空调作业人员。

(13)从事爆破工作的爆破员、安全员、保管员。

(14)瓦斯监测员。

(15)工程船舶船员。

(16)潜水员。

(17)国家有关部门认定的其他作业人员。

5. 特种设备

按照《公路工程施工安全技术规范》(JTG F90—2015)附录 E,特种设备包括其所用的材料、附属的安全附件、安全保护装置和与安全保护装置相关的设施。主要包括下列设备:

(1)锅炉,是指利用各种燃料、电或其他能源,将所盛装的液体加热到一定的参数,并对外输出热能的设备。其范围规定为容积大于或等于30L 的承压蒸汽锅炉;出口水压大于或等于 0.1MPa(表压),且额定功率大于或等于 0.1MW 的承压热水锅炉;有机热载体锅炉。

(2)压力容器,是指盛装气体或液体,承载一定压力的密闭设备。其范围规定为最高工作压力大于或等于 0.1MPa(表压),且压力与容积的乘积大于或等于 2.5MPa·L 的气体、液化气体和最高工作温度大于或等于标准沸点的液体的固定式容器和移动式容器;盛装公称工作压力大于或等于 0.2MPa(表压),且压力与容积的乘积大于或等于 1.0MPa·L 的气体、液化气体和标准沸点小于或等于 60℃液体的气瓶;氧舱等。

(3)压力管道,是指利用一定的压力,用于输送气体或液体的管状设备。其范围规定为最高工作压力大于或等于 0.1MPa(表压)的气体、液化气体、蒸汽介质或可燃、易爆、有毒、有腐蚀性、最高工作温度大于或等于标准沸点的液体介质,且公称直径大于 25mm 的管道。

(4)电梯,是指动力驱动,利用沿刚性导轨运行的箱体或沿固定线路运行的梯级(踏步),进行升降或平行运送人、货物的机电设备。包括载人(货)电梯、自动扶梯、自动人行道等。

(5)起重机械,是指用于垂直升降或垂直升降并水平移动重物的机电设备。其范围规定为额定起重量大于或等于 0.5t 的升降机;额定起重量大于或等于 1t,且提升高度大于或等于 2m 的起重机和承重形式固定的电动葫芦等。

(6)场(厂)内专用机动车辆,是指仅在工厂厂区、施工场地等特定区域使用的叉车、搬运车、牵引车、推顶车等专用机动车辆。

二 风险辨识

1. 风险辨识范围确定

按照《公路工程施工安全技术规范》(JTG F90—2015),公路工程施工安全风险辨识分为 11 个风险辨识范围,详见表3-2。

公路工程施工风险辨识范围表　　　　　表 3-2

序号	公路工程施工风险辨识范围	序号	公路工程施工风险辨识范围
1	施工准备	7	交通安全设施
2	通用作业	8	改扩建工程
3	路面工程	9	机电工程
4	路基工程	10	特殊季节与特殊环境施工
5	桥涵工程	11	房建工程
6	隧道工程		

2. 作业单元划分

公路工程施工风险辨识范围分为119个作业单元,详见表3-3。

公路工程施工风险辨识范围作业单元划分表　　　　　表 3-3

序号	风险辨识范围序号	风险辨识范围	作业单元序号	作业单元
1	1	施工准备	1	驻地和场站
2			2	施工便道便桥
3			3	临时码头和栈桥
4			4	施工临时用电
5			5	生产生活用水设施
6			6	施工机械设备
7	2	通用作业	1	测量作业
8			2	支架脚手架作业
9			3	模板作业

续上表

序号	风险辨识范围序号	风险辨识范围	作业单元序号	作业单元
10	2	通用作业	4	钢筋作业
11			5	混凝土砂浆作业
12			6	电气焊作业
13			7	起重吊装作业
14			8	高处作业
15			9	水上作业
16			10	潜水作业
17			11	爆破作业
18			12	小型机具作业
19			13	涂装作业
20	3	路基工程	1	施工机械设备使用
21			2	场地清理
22			3	路堑、基坑和沟槽开挖
23			4	路堤和路床填筑
24			5	石方工程
25			6	支护结构与排水设施施工
26			7	软基处理
27			8	特殊路基
28			9	既有结构物拆除
29			10	取土和弃土
30	4	路面工程	1	基层与底层
31			2	沥青面层
32			3	水泥混凝土面层
33	5	桥涵工程	1	预应力混凝土工程
34			2	钻(挖)孔灌注桩
35			3	沉入桩
36			4	沉井
37			5	地下连续墙
38			6	围堰
39			7	明挖地基

续上表

序号	风险辨识范围序号	风险辨识范围	作业单元序号	作业单元
40	5	桥涵工程	8	承台与墩台
41			9	砌体
42			10	钢筋混凝土和预应力梁式桥
43			11	拱桥
44			12	斜拉桥
45			13	悬索桥
46			14	钢桥
47			15	桥面与附属工程
48			16	涵洞与通道
49			17	水中平台、围堰及基坑开挖与边坡支护
50			18	水上作业
51			19	高处作业
52			20	起重吊装作业
53			21	防火安全
54			22	季节性施工
55	6	隧道工程	1	洞口与明洞
56			2	开挖
57			3	装渣与运输
58			4	支护
59			5	衬砌
60			6	辅助坑道
61			7	防水和排水
62			8	通风、防尘及防有害气体
63			9	风、水、电供应
64			10	不良地质和特殊岩土地段
65			11	盾构施工
66			12	水下隧道
67			13	特殊地段
68			14	小净距及连拱隧道
69			15	附属设施工程

续上表

序号	风险辨识范围序号	风险辨识范围	作业单元序号	作业单元
70	6	隧道工程	16	超前地质预报和监控量测
71			17	钻爆法开挖瓦斯隧道
72			18	逃生与救援
73	7	交通安全设施	1	护栏
74			2	交通标志
75			3	交通标线
76			4	隔离栅和桥梁护网
77			5	防眩设施
78	8	改扩建工程	1	改扩建
79			2	拆除工程
80			3	加固工程
81	9	机电工程	1	高空作业
82			2	通车路段施工
83			3	施工运输
84			4	库房安全
85			5	特种机械操作
86			6	施工用电
87			7	开挖作业
88	10	特殊季节与特殊环境施工	1	冬季施工
89			2	雨季施工
90			3	夜间施工
91			4	高温施工
92			5	台风季节施工
93			6	汛期施工
94			7	水上能见度不良施工
95			8	沙漠地区施工
96			9	高海拔地区施工
97	11	房建工程	1	作业环境
98			2	物料堆码
99			3	临边洞口防护

续上表

序号	风险辨识范围序号	风险辨识范围	作业单元序号	作业单元
100	11	房建工程	4	基坑工程
101			5	边坡工程
102			6	挖孔桩工程
103			7	脚手架工程
104			8	模板工程
105			9	操作平台
106			10	临时建筑
107			11	钢围堰工程
108			12	钢板桩工程
109			13	装配式建筑工程
110			14	钢筋及混凝土工程
111			15	门窗工程
112			16	起重吊装作业
113			17	吊装与安装工程
114			18	垂直运输设备
115			19	施工机械设备
116			20	拆除工程
117			21	施工临时用电
118			22	电气焊作业
119			23	密闭缺氧空间作业

第四章 公路工程施工安全风险控制措施清单

一、施工准备风险管控清单

1. 驻地和场站

风险辨识范围：施工准备	
序号：1.1	作业单元：驻地和场站
可能造成的事故类型及发生后的风险等级： 坍塌（较大风险）、机械伤害（一般风险）、火灾（较小风险）、其他爆炸（较小风险）	

致险因素：

1. 驻地和场站选址在易发生滑坡、塌方、泥石流、崩塌、落石、洪水、雪崩等危险区域，发生自然灾害时，可能导致房屋坍塌。

2. 施工现场生产区、生活区、办公区的布局及设置不合理，防火间距不满足要求，房屋质量不符合标准要求等，发生火灾事故时，可能影响应急救援，扩大事故后果。

3. 若办公区、生活区存放易燃易爆等危险品，点火源管理不当，遇易燃易爆危险品泄漏，可能导致火灾或其他爆炸事故。

4. 作业区未封闭管理、未设置警示标志，无关人员进入，可能导致人员受到伤害。

5. 材料加工场、预制场、拌和场设备设施不稳固，作业区排水不畅，地基不稳等，遇强降水或大风天气，可能导致设备设施倾覆。

6. 施工现场原材料、半成品、成品、预制构件等堆放不符合标准要求，可能导致堆放的材料坍塌、倾覆；机械、设备停放不稳固，可能导致机械、设备倾覆；若侵占场内道路等，发生事故时，可能影响应急救援，扩大事故后果。

7. 施工现场搅拌设备检修、清理料仓时，未停机并切断电源，无专人看守，无警示标志，无关人员误合电闸，可能导致检修人员受到机械伤害或触电。

8.储油罐与在建工程的防火间距不符合标准要求,发生火灾时,可能殃及人员密集区、建(构)筑物集中区;储油罐未设防静电、防雷接地装置及加油车接地装置,油品泄漏时,遇静电火花、雷击火花,可能导致火灾、爆炸事故;储油罐区未按要求配备泡沫灭火器、干粉灭火器、沙土等消防设施,发生火灾事故时,可能影响应急救援,扩大事故后果。

管控措施:
1.驻地和场站建设安全要求应按《公路工程施工安全技术规范》(JTG F90—2015)第4.1节"驻地和场站建设"、《建设工程施工现场消防安全技术规范》(GB 50720—2011)第3.2节"防火间距"、《交通运输企业安全生产标准化建设基本规范 第17部分:公路水运工程施工项目》(JT/T 1180.17—2018)6.6"施工现场布设"的相关要求执行。
2.应按《公路水运工程安全生产监督管理办法》(交通运输部令2017年第25号)、《交通运输企业安全生产标准化建设基本规范 第17部分:公路水运工程施工项目》(JT/T 1180.17—2018)等文件的相关要求,落实安全生产条件,加强现场安全生产管理和安全技术管理,做好设备设施入场检查及日常检查工作。
3.施工现场驻地和场站选址、设置应符合标准要求,有可靠的排水设施。
4.办公区、生活区不得存放易燃易爆等危险品。
5.作业区应封闭管理,设置警示标志。
6.施工现场原材料、半成品、成品、预制构件等堆放及机械、设备停放应整齐、稳固、规范、标识清楚,且不得侵占场内道路或影响安全。
7.储油罐应设防雷防静电设施,应配备灭火器、沙土袋等消防设施。
8.拌和及起重设备应设置防倾覆和防雷设施。
9.施工现场搅拌设备检修、清理料仓时,应停机并切断电源,应设置明显标志并应有专人看守。

2. 施工便道便桥

风险辨识范围:施工准备	
序号:1.2	作业单元:施工便道便桥
可能造成的事故类型及发生后的风险等级: 车辆伤害(较大风险)	
致险因素: 1.施工便道便桥荷载、宽度、错车道、视野、排水等不满足要求,可能导致车辆伤害。 2.危险路段未设置明显的警示标志或必要的防护设施,驾驶员驾驶过程中疏于观察或违规驾驶,可能导致车辆伤害。	
管控措施: 1.施工便道便桥施工安全要求应按《公路工程施工安全技术规范》(JTG F90—2015)第4.2节"施工便道"、《交通运输企业安全生产标准化建设基本规范 第17部分:公路水运工程施工项目》(JT/T 1180.17—2018)6.6.5"施工便道便桥"的相关要求执行。	

2. 应按《公路水运工程安全生产监督管理办法》(交通运输部令 2017 年第 25 号)、《交通运输企业安全生产标准化建设基本规范 第 17 部分:公路水运工程施工项目》(JT/T 1180.17—2018)等文件的相关要求,落实安全生产条件,加强现场安全生产管理和安全技术管理。

3. 施工便道便桥的设计、施工应满足标准要求。

4. 在危险路段设置警示标志,并根据需要设置防护设施。

3. 临时码头和栈桥

风险辨识范围:施工准备	
序号:1.3	作业单元:临时码头和栈桥
可能造成的事故类型及发生后的风险等级: 坍塌(较大风险)、淹溺(较小风险)、车辆伤害(较大风险)	
致险因素: 1. 临时码头选址在岸坡不稳定、波浪和流速较大、地质条件不好的岸段,受到波浪、水流、地质条件的影响,可能导致临时码头坍塌。 2. 临时码头、栈桥和栈桥码头设计、施工不符合标准要求,受到波浪、水流、地质条件的长期影响,可能导致栈桥、码头坍塌。 3. 临时码头、栈桥和栈桥码头设计、施工不符合标准要求,未设置安全警示标志,未配备相应的安全防护设施,施工车辆、船舶可能对栈桥、码头的稳定性造成影响;可能导致人员落水淹溺、车辆坠水。	
管控措施: 1. 临时码头和栈桥施工安全要求应按《公路工程施工安全技术规范》(JTG F90—2015)第 4.3 节"临时码头和栈桥"的相关要求执行。 2. 应按《公路水运工程安全生产监督管理办法》(交通运输部令 2017 年第 25 号)、《交通运输企业安全生产标准化建设基本规范 第 17 部分:公路水运工程施工项目》(JT/T 1180.17—2018)等文件的相关要求,落实安全生产条件,加强现场安全生产管理和安全技术管理。 3. 临时码头和栈桥选址、设置应符合标准要求。 4. 临时码头应按照使用要求和相应的技术规范进行设计、施工和验收,并应设置安全警示标志,配备相应的安全防护设施。 5. 栈桥和栈桥码头应按照使用要求和相应的技术规范进行设计、施工和验收,符合标准规定,并应设置安全警示标志,配备相应的安全防护设施。	

4. 施工临时用电

风险辨识范围:施工准备	
序号:1.4	作业单元:施工临时用电
可能造成的事故类型及发生后的风险等级: 触电(一般风险)、火灾(较小风险)	

致险因素：
1. 用电设备产品质量、选型、布置不符合标准要求,人员操作时,可能导致触电事故。
2. 电线电缆敷设不符合标准要求,电线电缆外皮破损,人员触碰时,可能导致触电事故。
3. 用电设备安全设施未设置或故障失效,人员操作时,可能导致触电事故。
4. 检修作业时未断电,人员操作时,可能导致触电事故。
5. 用电设备长时间过载,可能导致电气火灾。

管控措施：
1. 施工临时用电安全要求应按《公路工程施工安全技术规范》(JTG F90—2015)第4.4节"施工临时用电"、《施工现场临时用电安全技术规范》(JGJ 46—2005)第3.1节"临时用电组织设计"、《交通运输企业安全生产标准化建设基本规范 第17部分:公路水运工程施工项目》(JT/T 1180.17—2018)6.6.3"临时用电"的相关要求执行。
2. 应按《公路水运工程安全生产监督管理办法》(交通运输部令2017年第25号)、《交通运输企业安全生产标准化建设基本规范 第17部分:公路水运工程施工项目》(JT/T 1180.17—2018)等文件的相关要求,落实安全生产条件,加强现场安全生产管理和安全技术管理,做好设备设施入场检查及日常检查。
3. 变配电设备设施、电缆、照明灯具的安全性等符合相关规定。
4. 施工用电设备数量在5台及以上,或用电设备容量在50kW及以上时,应编制用电组织设计。用电设备在5台以下和设备总容量在50kW以下者,应制定安全用电和电气防火措施。
5. 电缆架设和敷设应符合标准要求。
6. 每台用电设备必须独立设置开关箱;开关箱必须装设隔离开关及短路、过载、漏电保护器,严禁设置分路开关。配电箱、开关箱的电源进线端严禁用插头和插座做活动连接。
7. 遇有临时停电、停工、检修或移动电气设备时,应关闭电源。

5. 生产生活用水设施

风险辨识范围:施工准备

序号:1.5　　　　　　　　　　　　　　作业单元:生产生活用水设施

可能造成的事故类型及发生后的风险等级：
其他伤害(较小风险)

致险因素：
施工现场搭设的水塔、水箱等储水设施不稳固且未采取防倾覆措施,可能导致水塔、水箱倾覆。

管控措施：
1. 生产生活用水设施安装安全要求应按《公路工程施工安全技术规范》(JTG F90—2015)第4.5节"生产生活用水"的相关要求执行。
2. 施工现场搭设的水塔、水箱等储水设施应稳固、牢靠,并应采取防倾覆措施。

6. 施工机械设备

风险辨识范围:施工准备	
序号:1.6	作业单元:施工机械设备

可能造成的事故类型及发生后的风险等级：
起重伤害(一般风险)、车辆伤害(较小伤害)、机械伤害(较小伤害)、触电(一般风险)

致险因素：
1. 施工机械设备产品质量不符合标准要求,人员操作时,可能导致设备倾覆、机械伤害、触电等事故。
2. 门式起重机、架桥机等轨道行走类设备未设置夹轨器和轨道限位器,轨道基础不满足标准要求,可能导致施工机械设备倾覆。
3. 施工机械设备进场后未进行安全技术交底,未制定施工机械设备安全技术操作规程,作业人员不熟悉设备性能,可能造成误操作,导致设备倾覆、机械伤害、触电等事故。
4. 施工现场运输车辆状况不满足标准要求,驾驶员违章驾驶,可能导致车辆伤害。

管控措施：
1. 施工机械设备安全要求应按《公路工程施工安全技术规范》(JTG F90—2015)第4.6节"施工机械设备"、《公路水运工程安全生产监督管理办法》(交通运输部令2017年第25号)第17条的相关要求执行。
2. 应按《公路水运工程安全生产监督管理办法》(交通运输部令2017年第25号)、《交通运输企业安全生产标准化建设基本规范 第17部分:公路水运工程施工项目》(JT/T 1180.17—2018)等文件的相关要求,落实安全生产条件,加强现场安全生产管理和安全技术管理,做好设备设施入场检查及日常检查和维护保养。
3. 施工中使用的施工机械、设施、机具以及安全防护用品、用具和配件等应当具有生产(制造)许可证、产品合格证或者法定检验检测合格证明,并设立专人查验、定期检查和更新,建立相应的资料档案。无查验合格记录的不得投入使用。
4. 施工机械设备进场前应查验机械设备证件、性能、状况;进场后,应向操作人员进行安全技术交底。
5. 应制定施工机械设备安全技术操作规程,建立设备安全技术档案。
6. 门式起重机、架桥机等轨道行走类设备应设置夹轨器和轨道限位器。轨道的基础承载力、宽度、平整度、坡度、轨距、曲线半径等应满足说明书和设计要求。
7. 施工现场运输车辆应状态良好,车身应设置反光警示标志。
8. 施工现场专用机动车辆驾驶人员应按相关规定经过专门培训,并应取得相应资格证书。

二 通用作业风险管控清单

1. 测量作业

风险辨识范围:通用作业	
序号:2.1	作业单元:测量作业
可能造成的事故类型及发生后的风险等级: 淹溺(一般风险)、道路交通-撞人事件(一般风险)、触电(较小风险)、高处坠落(较小风险)、其他伤害(较小风险)	
致险因素: 1. 密林丛草间施工测量,可能受到有害动物、植物的伤害,如不遵守防火规定,可能引发火灾。 2. 外电架空线路附近工作时,测量人员的身体和测量设备外沿与外电架空线路之间的安全距离不符合标准要求,可能导致触电。 3. 不中断交通道路上测量,未设专人指挥或警戒,测量人员未穿反光标志服,可能导致作业人员被道路上行驶的车辆撞伤。 4. 陡坡及不良地质地段测量,测量人员未系安全带、未穿防滑鞋等,监护不到位等,可能导致人员跌倒。 5. 桥墩等高处测量,测量人员未正确佩戴和使用个体防护用品,可能导致高处坠落。 6. 水上测量作业,未设专人负责瞭望;水上测量平台不稳固,未设防护围栏和警示标志;测量人员未穿救生衣等。可能导致人员落水淹溺。 7. 冰上测量前未掌握冰封情况,在冰封不稳定的河段及春季冰融期间进行冰上测量,可能导致人员落水淹溺。 8. 夜间测量照明不满足作业要求,测量人员未穿反光标志服等,可能导致人员跌倒或碰撞其他物体。	
管控措施: 1. 测量作业安全要求应按《公路工程施工安全技术规范》(JTG F90—2015)第5.1节"测量作业"的相关要求执行。 2. 应按《公路水运工程安全生产监督管理办法》(交通运输部令2017年第25号)、《交通运输企业安全生产标准化建设基本规范 第17部分:公路水运工程施工项目》(JT/T 1180.17—2018)等文件的相关要求,加强现场安全生产管理。 3. 测量作业时,作业人员应按标准要求穿戴个体防护装备。 4. 测量作业时,应按标准要求进行监护。 5. 在外电架空线路附近工作时,测量人员的身体和测量设备外沿与外电架空线路之间的安全距离应符合标准要求。 6. 冰封不稳定的河段及春季冰融期间不得进行冰上测量。	

2. 支架脚手架作业

风险辨识范围:通用作业	
序号:2.2	作业单元:支架脚手架作业
可能造成的事故类型及发生后的风险等级: 坍塌(较大风险)、高处坠落(一般风险)	
致险因素: 1. 支架、脚手架材质不符合标准要求、基础不满足承载力要求、周边无防排水设施等,可能导致支架、脚手架坍塌。 2. 支架、脚手架搭设和拆除时,未按照标准要求及专项施工方案要求作业,可能导致支架、脚手架坍塌或人员从高处坠落。 3. 搭设高度大于10m的脚手架未设置缆风绳等防倾覆措施,可能导致脚手架坍塌。 4. 跨通行道路、通航水域的支架未设置防撞设施,可能导致支架被撞坍塌。	
管控措施: 1. 支架、脚手架作业安全要求应按《公路工程施工安全技术规范》(JTG F90—2015)第5.2节"支架及模板工程"、《交通运输企业安全生产标准化建设基本规范 第17部分:公路水运工程施工项目》(JT/T 1180.17—2018)6.8.2"支架脚手架"的相关要求执行。 2. 应按《公路水运工程安全生产监督管理办法》(交通运输部令2017年第25号)、《交通运输企业安全生产标准化建设基本规范 第17部分:公路水运工程施工项目》(JT/T 1180.17—2018)等文件的相关要求,落实安全生产条件,加强现场安全生产管理和安全技术管理,做好设备设施入场检查及日常检查。 3. 搭设支架和脚手架的材料应有出厂合格证明,并按规定进行抽检。 4. 施工现场搭设和拆除支架、脚手架应满足专项施工方案要求。 5. 搭设高度大于10m的脚手架应设置缆风绳等防倾覆措施。 6. 跨通行道路、通航水域的支架应根据道路、水域通行情况设置防撞设施。	

3. 模板作业

风险辨识范围:通用作业	
序号:2.3	作业单元:模板作业
可能造成的事故类型及发生后的风险等级: 坍塌(较大风险)、高处坠落(一般风险)、起重伤害(较小风险)、物体打击(较小风险)、机械伤害(较小风险)	
致险因素: 1. 模板加工制作时,未按照标准要求作业,可能导致机械伤害或物体打击。 2. 模板安装、拆除时,未按照标准要求及专项施工方案要求进行作业,可能导致模板坍塌或人员从高处坠落。	

3. 模板吊装时,模板未固定好,未设专人指挥等;模板拆除时非作业人员进入警戒区等,可能导致起重伤害。
4. 模板存放场地不平整、堆放高度过高、大型模板竖立存放且未采取加固措施等,可能导致模板坍塌或倒塌。
5. 模板清理或刷脱模剂时,模板未支撑牢固,模板歪倒,可能导致物体打击。

管控措施:
1. 模板作业安全要求应按《公路工程施工安全技术规范》(JTG F90—2015)第5.2节"支架及模板工程"、《交通运输企业安全生产标准化建设基本规范 第17部分:公路水运工程施工项目》(JT/T 1180.17—2018)6.8.3"模板"的相关要求执行。
2. 应按《公路水运工程安全生产监督管理办法》(交通运输部令2017年第25号)、《交通运输企业安全生产标准化建设基本规范 第17部分:公路水运工程施工项目》(JT/T 1180.17—2018)等文件的相关要求,加强现场安全生产管理和安全技术管理。
3. 模板加工、安装、存放应符合标准要求。
4. 模板拆除期限和拆除程序等应按施工组织设计和施工方案要求进行,危险性较大的模板、支架的拆除尚应遵守专项施工方案的要求。
5. 清理模板或刷脱模剂时,模板应支撑牢固,两片模板间应留有足够的人行通道。

4. 钢筋作业

风险辨识范围:通用作业	
序号:2.4	作业单元:钢筋作业

可能造成的事故类型及发生后的风险等级:
物体打击(一般风险)、机械伤害(一般风险)、触电(较小风险)、起重伤害(较小风险)、坍塌(较小风险)

致险因素:
1. 钢筋加工机械转动部件未设防护罩,可能导致机械伤害。
2. 钢筋冷弯作业时,弯曲钢筋的作业半径内和机身不设固定销的一侧有人员站立或通行,可能导致物体打击。
3. 钢筋冷拉作业区两端未装设防护挡板,钢筋或牵引钢丝两侧3m内及冷拉线两端有人员站立或通行等,均可能导致物体打击。
4. 钢筋对焊机未设可靠的接地、接零装置,可能导致人员触电。
5. 吊运预绑钢筋骨架或成捆钢筋时,捆绑方法错误,单点起吊等,可能导致起重伤害。
6. 作业高度超过2m的钢筋骨架未设置脚手架或作业平台,可能导致人员从高处坠落。
7. 作业平台等临时设施上存放钢筋超载,可能导致坍塌。

管控措施:
1. 钢筋作业安全要求应按《公路工程施工安全技术规范》(JTG F90—2015)第5.3节"钢筋工程"的相关要求执行。
2. 应按《公路水运工程安全生产监督管理办法》(交通运输部令2017年第25号)、《交通运输企业安全生产标准化建设基本规范 第17部分:公路水运工程施工项目》(JT/T 1180.17—2018)等文件的相关要求,加强现场安全生产管理和安全技术管理。

3. 钢筋加工机械的所有转动部件应有防护罩。
4. 钢筋冷弯作业时,弯曲钢筋的作业半径内和机身不设固定销的一侧不得站人或通行。
5. 钢筋冷拉作业区两端应设置防护挡板,冷拉钢筋卷扬机应置于视线良好位置,并应设置地锚。钢筋或牵引钢丝两侧3m内及冷拉线两端不得站人或通行。
6. 钢筋对焊机应安装在室内或防雨棚内,并应设可靠的接地、接零装置。多台并列安装对焊机的间距不得小于3m。对焊作业闪光区四周应设置挡板。
7. 吊运预绑钢筋骨架或成捆钢筋应确定吊点的数量、位置和捆绑方法,不得单点起吊。
8. 作业高度超过2m的钢筋骨架应设置脚手架或作业平台,钢筋骨架应有足够的稳定性。
9. 作业平台等临时设施上存放钢筋不得超载。

5. 混凝土砂浆作业

风险辨识范围:通用作业	
序号:2.5	作业单元:混凝土砂浆作业

可能造成的事故类型及发生后的风险等级：
坍塌(较大风险)、机械伤害(较小风险)、触电(较小风险)、物体打击(较小风险)、高处坠落(较小风险)

致险因素：
1. 混凝土拌和前未确认搅拌、供料、控制等系统是否运行正常,可能导致机械伤害或触电事故。
2. 混凝土浇筑顺序、速度不符合标准和施工方案的要求,可能导致混凝土坍塌。
3. 吊斗灌注混凝土时,未设专人指挥起吊、运送、卸料,人员、车辆在吊斗下停留或通行,人员攀爬吊斗等,可能导致起重伤害或高处坠落。
4. 泵送混凝土时,泵送前未进行泵送和布料系统检查,人员站位不当,可能导致物体打击。
5. 混凝土振捣器检修或作业停止时,未切断电源,可能导致触电事故。用电缆线、软管拖拉或吊挂振捣器,可能导致物体打击。
6. 混凝土覆盖养护时,预留孔洞未设置安全护栏或盖板、未设置安全警示标志,可能导致人员坠落。满水养护时,未避开配电箱和周围电气设备,若带电设备漏电,可能导致触电事故。蒸汽、电热养护时,未设围栏和安全警示标志,非作业人员进入养护区域,可能导致灼烫。
7. 设备设施维修、保养、检查清理时,未切断电源,无专人值守等,可能导致作业人员机械伤害或触电。
8. 袋装水泥堆码不符合要求,可能导致坍塌。

管控措施：
1. 混凝土砂浆作业安全要求应按《公路工程施工安全技术规范》(JTG F90—2015)第5.4节"混凝土工程"的相关要求执行。
2. 应按《公路水运工程安全生产监督管理办法》(交通运输部令2017年第25号)、《交通运输企业安全生产标准化建设基本规范 第17部分:公路水运工程施工项目》(JT/T 1180.17—2018)等文件的相关要求,加强现场安全生产管理和安全技术管理。
3. 混凝土浇筑的顺序、速度应符合施工方案的要求,不得随意更改。
4. 维修、保养或检查清理搅拌系统、供料系统应封闭下料口、切断电源、锁定安全保护装置、悬挂"严禁合闸"安全警示标志,并派专人看守。
5. 作业人员应严格遵守混凝土拌和、浇筑、吊斗灌注、泵送、振捣、养护、检维修、水泥堆码等安全操作规程。

6. 电气焊作业

风险辨识范围：通用作业	
序号：2.6	作业单元：电气焊作业

可能造成的事故类型及发生后的风险等级：
触电（一般风险）、火灾（一般风险）、其他爆炸（一般风险）、中毒和窒息（较小风险）

致险因素：
1. 雨天露天进行电气焊作业；电焊机使用场所潮湿；进出线处未设置防护罩；接地电阻不符合要求，接地线使用建（构）筑物的金属结构、管道、轨道或其他金属物体搭接形成焊接回路；电焊钳柄与导线连接不牢，电缆芯线外露；使用交流电焊机时，未安装漏电保护器、空载降压触电保护器；移动电焊机时未切断电源等，可能导致触电事故。
2. 氧气瓶、乙炔瓶的压力表、安全阀、橡胶软管和回火保护器等附件失效；使用过的气瓶随意倒地放置；气瓶与实际焊接或切割作业点的距离不足10m，且未设置耐火屏障；气割作业氧气瓶与乙炔瓶之间的距离不足5m；电、气焊作业点未按规定配备灭火器材；气瓶、阀门、焊具、胶管等沾污油脂或作业人员使用油污手套操作；高处电焊、气割作业时，作业区周围和下方未采取防火措施等，可能导致火灾爆炸事故。
3. 密闭空间内实施焊接及切割，气瓶及焊接电源位于密闭空间内；密闭空间通风不良；作业人员未正确佩戴、使用劳动防护用品，可能导致人员中毒和窒息。

管控措施：
1. 电气焊作业安全要求应按《公路工程施工安全技术规范》（JTG F90—2015）第5.5节"电焊与气焊"的相关要求执行。
2. 应按《公路水运工程安全生产监督管理办法》（交通运输部令2017年第25号）、《交通运输企业安全生产标准化建设基本规范 第17部分：公路水运工程施工项目》（JT/T 1180.17—2018）等文件的相关要求，落实安全生产条件，加强现场安全生产管理和安全技术管理。
3. 电焊机安全防护装置及电焊机使用应符合标准要求。
4. 储存、搬运、使用氧气瓶及乙炔瓶应符合现行《焊接与切割安全》（GB 9448）的有关规定及《公路工程施工安全技术规范》（JTG F90—2015）的相关规定。
5. 电焊机应置于干燥、通风的位置，在露天使用电焊机应防雨、防潮装置，移动电焊机时应切断电源。雨天严禁露天电焊作业。潮湿区域作业人员必须在干燥绝缘物体上进行焊接作业。
6. 密闭空间焊接作业应设置通风、绝缘、照明装置和应急救援装备，应设专人监护，金属容器内照明设备的电压不得超过12V。
7. 高处电焊、气割作业，作业区周围和下方应采取防火措施，按要求配备消防器材，并应设专人巡视。
8. 电工、焊接与热切割作业人员应按照有关规定经专业机构培训，并应取得相应的从业资格。
9. 电工、焊接与热切割作业人员应按规定正确佩戴、使用劳动防护用品。

7. 起重吊装作业

风险辨识范围:通用作业	
序号:2.7	作业单元:起重吊装作业

可能造成的事故类型及发生后的风险等级:

起重伤害(一般风险)、触电(较小风险)、物体打击(较小风险)

致险因素:

1. 起重设备安全装置、钢丝绳、滑轮、吊索、卡环、地锚等不符合标准要求,施工升降机、塔式起重机、流动式起重设备作业不符合标准要求,如:流动式起重设备作业场地不坚实,吊装大、重、新结构构件和采用新的吊装工艺未进行试吊,双机抬吊起吊速度过快,起重机吊人,斜拉、斜吊,超载吊装,吊装起吊重量不明、埋于地下或黏结在地面上的构件,雨雪后吊装未进行试吊,作业人员在已吊起的构件下或起重臂下旋转范围内作业或通行等,可能导致起重伤害。

2. 吊起的构件上堆放或悬挂零星物件,作业人员在已吊起的构件下或起重臂下旋转范围内作业或通行,可能导致物体打击。

3. 起重机越过无防护设施的外电架空线路作业,与架空输电线的安全距离不满足标准要求,起重机外壳可能带电,导致触电事故。

管控措施:

1. 起重吊装作业安全要求应按《公路工程施工安全技术规范》(JTG F90—2015)第5.6节"起重吊装"的相关要求执行。

2. 应按《公路水运工程安全生产监督管理办法》(交通运输部令2017年第25号)、《交通运输企业安全生产标准化建设基本规范 第17部分:公路水运工程施工项目》(JT/T 1180.17—2018)等文件的相关要求,落实安全生产条件,加强现场安全生产管理和安全技术管理。

3. 吊装作业应设警戒区,警戒区范围不得小于起吊物坠落的影响范围。

4. 作业前应检查起重设备安全装置、钢丝绳、滑轮、吊索、卡环、地锚等。

5. 施工升降机、塔式起重机、缆索式起重机、流动式起重设备与架空输电线的安全距离应符合标准要求。吊装作业应符合标准要求。吊装大、重、新结构构件和采用新的吊装工艺应先进行试吊。双机抬吊宜选用同类型或性能相近的起重机,负载分配应合理,单机荷载不得超过额定起重量的80%。两机应协调起吊和就位,起吊速度应平稳缓慢。起重机严禁吊人。严禁进行斜拉、斜吊,严禁超载吊装,严禁吊装起吊重量不明、埋于地下或黏结在地面上的构件。作业人员严禁在已吊起的构件下或起重臂下旋转范围内作业或通行。

6. 雨、雪后,吊装前应清理积水、积雪,并应采取防滑和防漏电措施,作业前,应先试吊。

7. 起重机械司机、起重信号司索工、起重机械安装拆卸工应按照有关规定经专业机构培训,并应取得相应的从业资格。

8. 起重作业人员应穿防滑鞋、戴安全帽,高处作业时应按规定佩挂安全带。

8. 高处作业

风险辨识范围:通用作业	
序号:2.8	作业单元:高处作业
可能造成的事故类型及发生后的风险等级： 高处坠落(一般风险)、坍塌(较小风险)、物体打击(较小风险)	
致险因素： 1.吊篮、钢梯、人行塔梯、防护栏、安全网等设备设施的质量、安装不符合标准要求,可能导致高处坠落。 2.临边、洞口未按照标准要求设置防护栏、安全网等安全防护设施,可能导致高处坠落。 3.钢梯、操作平台、脚手架上的踏板(脚手板)未固定,可能导致高处坠落。 4.脚手架搭设、拆除作业等不符合标准要求,可能导致脚手架坍塌。 5.作业人员高处作业时,未正确系挂安全带,未穿防滑鞋,或违章攀爬脚手架、操作平台、栏杆等,可能导致高处坠落。 6.有职业禁忌症的人员从事高处作业,可能导致高处坠落。 7.高处作业同时上下交叉进行,高处作业人员违章向下抛掷拆卸的物料,高处作业现场可能坠落的物件未固定,可能导致作业人员遭受物体打击。	
管控措施： 1.高处作业安全要求应按《公路工程施工安全技术规范》(JTG F90—2015)第5.7节"高处作业"和《建筑施工高处作业安全技术规范》(JGJ 80—2016)第4章"临边与洞口作业"、第5.2节"悬空作业"、第6.4节"悬挑式操作平台"、第8.1节"一般规定"等的相关要求执行。 2.应按《公路水运工程安全生产监督管理办法》(交通运输部令2017年第25号)、《交通运输企业安全生产标准化建设基本规范 第17部分:公路水运工程施工项目》(JT/T 1180.17—2018)等文件的相关要求,落实安全生产条件,加强现场安全生产管理和安全技术管理。 3.在坠落高度基准面2m及以上进行临边作业时,应在临空一侧设置防护栏杆,并应采用密目式安全立网或工具式栏板进行封闭。 4.高处作业场所的孔、洞应设置防护设施及警示标志。 5.脚手架的脚手板应满铺、固定,离结构物立面的距离不得大于0.15m。 6.脚手架拆除必须严格执行专项施工方案,拆除作业必须由上而下逐层进行,严禁上下同时作业。连墙件必须随脚手架逐层拆除,严禁提前拆除。 7.高处作业人员不得沿立杆或栏杆攀登。严禁在未固定、无防护设施的构件及管道上进行作业或通行。高处作业人员应按标准要求系挂安全带、穿防滑鞋、戴安全帽。 8.高处作业不得同时上下交叉进行。高处作业现场所有可能坠落的物件均应预先撤除或固定。所存物料应堆放平稳,随身作业工具应装入工具袋,不得向下抛掷拆卸的物料。	

9. 水上作业

风险辨识范围:通用作业	
序号:2.9	作业单元:水上作业

可能造成的事故类型及发生后的风险等级:

淹溺(较大风险)、机械伤害(较小风险)、物体打击(较小风险)、起重伤害(较小风险)

致险因素:

1. 工程船舶未按规定配备有效的消防、救生、堵漏和油污应急设施,人员未按规定穿戴救生衣等个人安全防护用品,在发生火灾、人员落水等事故时,人员不能有效救援或自救,可能扩大事故后果。

2. 船舶作业不符合标准要求,或大风天气未及时进避风锚地或港池,可能导致船舶翻沉,或人员落水淹溺,或物体打击。

3. 在狭窄水道和来往船舶频繁的水域施工,可能导致船舶碰撞,人员落水淹溺。

4. 遇雨、雾、霾等能见度不良天气时,可能导致船舶碰撞,人员落水淹溺。

5. 运输船舶装货时未均匀加载,有超载、超宽、偏载的情况;卸货时未分层均匀卸载,可能导致船舶翻沉,人员落水淹溺。

6. 起重船作业不符合标准要求,可能导致起重伤害。

7. 打桩船作业不符合标准要求,可能导致物体打击或机械伤害。

8. 水中围堰(套箱)和水中作业平台未设置船舶靠泊系统和人员上下通道,临边未设置防护栏等,可能导致人员落水淹溺。

管控措施:

1. 水上作业安全要求应按《公路工程施工安全技术规范》(JTG F90—2015)第5.8节"水上作业"的相关要求执行。

2. 应按《公路水运工程安全生产监督管理办法》(交通运输部令2017年第25号)、《交通运输企业安全生产标准化建设基本规范 第17部分:公路水运工程施工项目》(JT/T 1180.17—2018)等文件的相关要求,落实安全生产条件,加强现场安全生产管理和安全技术管理。

3. 工程船舶应按规定配备有效的消防、救生、堵漏和油污应急设施,制定安全技术措施和应急预案,并应按规定定期演练。施工船舶应安装船舶定位设备,保证有效的船岸联系。工程船舶作业、航行或停泊时,应按规定显示号灯或号型。

4. 各类船舶作业应符合标准要求。

5. 水上工况条件超过施工船舶作业性能时,必须停止作业。

6. 在狭窄水道和来往船舶频繁的水域施工时,应设专人值守通信频道。

7. 遇雨、雾、霾等能见度不良天气时,工程船舶和施工区域应显示规定的信号,必要时应停止航行或作业。遇大风天气,船舶应按规定及时进避风锚地或港池。

8. 水上作业人员应正确穿戴救生衣等个人安全防护用品。

10. 潜水作业

风险辨识范围:通用作业	
序号:2.10	作业单元:潜水作业
可能造成的事故类型及发生后的风险等级: 淹溺(较大风险)、触电(较大风险)、机械伤害(较小风险)、物体打击(较小风险)	
致险因素: 1. 潜水员使用的水下电气设备、装备、装具和水下设施不符合标准要求,可能导致潜水员触电。 2. 潜水员在水下安装构件,在沉井或大直径护筒内作业时,潜水员违章操作,可能导致潜水员淹溺或受到机械伤害。水面上无专人值守,潜水员发生事故时,可能贻误救援时机,导致潜水员死亡。 3. 为潜水员递送工具、材料和物品时,直接向水下抛掷,可能导致潜水员受到物体打击。 4. 潜水作业时间长,潜水员疲劳,可能导致潜水员淹溺。 5. 潜水作业现场未配备急救箱及相应的急救器具,作业水深超过30m且未配备预备潜水员和减压舱等设备,当潜水员出现减压病、休克等情况时,可能贻误救援时机,导致潜水员死亡。	
管控措施: 1. 潜水作业安全要求应按《公路工程施工安全技术规范》(JTG F90—2015)第5.9节"潜水作业"的相关要求执行。 2. 应按《公路水运工程安全生产监督管理办法》(交通运输部令2017年第25号)、《交通运输企业安全生产标准化建设基本规范 第17部分:公路水运工程施工项目》(JT/T 1180.17—2018)等文件的相关要求,落实安全生产条件,加强现场安全生产管理和安全技术管理。 3. 潜水员使用的水下电气设备、装备、装具和水下设施,应符合现行《潜水员水下用电安全规程》(GB 16636)的有关规定。 4. 潜水员在水下安装构件时,在沉井或大直径护筒内作业、通风式重装潜水作业应符合标准要求。 5. 潜水员在水下作业时,必须有专人值守,严禁向作业区域抛掷物件。 6. 潜水员的作业时间和替换周期应符合相关规定。 7. 潜水作业现场应备有急救箱及相应的急救器具,作业水深超过30m时应配备预备潜水员和减压舱等设备。 8. 潜水员应按照有关规定经专业机构培训,并应取得相应的从业资格。	

11. 爆破作业

风险辨识范围:通用作业	
序号:2.11	作业单元:爆破作业
可能造成的事故类型及发生后的风险等级: 淹溺(较大风险)、触电(较大风险)、机械伤害(较小风险)、物体打击(较小风险)	
致险因素: 1. 爆破作业未按照爆破设计方案或爆破说明书操作,可能导致人员伤亡。	

2. 雷电、暴雨雪天实施爆破作业;强电场区爆破作业使用电雷管;遇到能见度不超过100m的雾天等恶劣天气而露天进行爆破作业;水下爆破引爆前,警戒区内滞留船舶和人员等违章操作等,可能导致人员伤亡。

3. 经审批的爆破作业项目未于施工前3天发布公告,爆破作业未设警戒区和警戒人员,起爆前未全部撤出人员并按规定发出声、光等警示信号,无关人员进入警戒区,可能导致人员伤亡。

4. 爆破作业时出现盲炮,应急处置不当,可能导致人员伤亡。

管控措施:
1. 爆破作业安全要求应按《公路工程施工安全技术规范》(JTG F90—2015)第5.10节"爆破作业"的相关要求执行。

2. 应按《公路水运工程安全生产监督管理办法》(交通运输部令2017年第25号)、《交通运输企业安全生产标准化建设基本规范 第17部分:公路水运工程施工项目》(JT/T 1180.17—2018)等文件的相关要求,落实安全生产条件,加强现场安全生产管理和安全技术管理。

3. 爆破作业单位实施爆破项目前,应按规定办理审批手续。批准后方可实施爆破作业。

4. 预裂爆破、光面爆破、大型土石方爆破、水下爆破、重要设施附近及其他环境复杂和技术要求高的工程爆破应编制爆破设计方案,并制定相应的安全技术措施;其他爆破可编制爆破说明书,并经有关部门审批同意。

5. 爆破作业和爆破器材的采购、运输、储存等应按照现行《民用爆炸物品安全管理条例》和《爆破安全规程》(GB 6722)的规定执行。

6. 雷电、暴雨雪天不得实施爆破作业。强电场区爆破作业不得使用电雷管。遇到能见度不超过100m的雾天等恶劣天气时不得露天进行爆破作业。水下爆破引爆前,警戒区内不得滞留船舶和人员。

7. 爆破作业必须设警戒区和警戒人员,起爆前必须撤出人员并按规定发出声、光等警示信号。

8. 盲炮检查应在爆破15min后实施,发现盲炮应立即安全警戒,及时报告并由原爆破人员处理。电力起爆发生盲炮时应立即切断电源,爆破网络应置于短路状态。

9. 从事爆破工作的爆破员、安全员、保管员应按照有关规定经专业机构培训,并取得相应的从业资格。

12. 小型机具作业

风险辨识范围:通用作业	
序号:2.12	作业单元:小型机具作业

可能造成的事故类型及发生后的风险等级:
机械伤害(一般风险)、触电(一般风险)、物体打击(较小风险)、起重伤害(较小风险)

致险因素:
1. 小型机具入场没有出厂合格证和操作说明书,可能是不合格产品,人员操作时,可能导致机械伤害。

2. 齿轮转动、皮带转动、联轴器转动的小型机具未设安全防护装置,可能导致机械伤害。

3. 手持式电动工具未配备安全隔离变压器、漏电保护器、控制箱和电源连接器等,作业人员违章操作,可能导致触电、机械伤害。

4. 千斤顶、电动葫芦、卷扬机故障,作业人员违章操作等,可能导致起重伤害、物体打击、机械伤害等。

5. 人员站在不稳定的地方使用电动或气动机具,且无专人监护,可能导致触电、物体打击、机械伤害等。

管控措施：
1. 小型机具作业安全要求应按《公路工程施工安全技术规范》(JTG F90—2015)第5.11节"小型机具"的相关要求执行。
2. 应按《公路水运工程安全生产监督管理办法》(交通运输部令2017年第25号)、《交通运输企业安全生产标准化建设基本规范 第17部分：公路水运工程施工项目》(JT/T 1180.17—2018)等文件的相关要求，落实安全生产条件，加强现场安全生产管理和安全技术管理，做好设备设施入场检查及日常检查和维护。
3. 小型机具应有出厂合格证和操作说明书。小型机具应制定管理制度，建立台账，并按要求维修和使用。
4. 齿轮转动、皮带转动、联轴器转动的小型机具应设有安全防护装置。
5. 手持式电动工具应配备安全隔离变压器、漏电保护器、控制箱和电源连接器。千斤顶、电动葫芦、卷扬机的使用应符合标准要求。
6. 不得站在不稳定的地方使用电动或气动机具，必须使用时应有专人监护。
7. 作业人员应了解所用机具性能并熟悉掌握其安全操作常识，施工中应正确佩戴各类安全防护用品。

13. 涂装作业

风险辨识范围：通用作业	
序号：2.13	作业单元：涂装作业
可能造成的事故类型及发生后的风险等级： 火灾(较大风险)、其他爆炸(较大风险)、中毒和窒息(较小风险)	
致险因素： 1. 涂装作业场所未设置局部排风装置，现场存在明火，存放大量有机溶剂，作业人员未正确佩戴安全防护用品并穿防静电服，遇有机溶剂泄漏，可能导致火灾爆炸、中毒和窒息。 2. 有限空间涂装作业时，现场通风不良，氧气不足，可能导致人员中毒和窒息。烘烤涂层未使用防爆灯具，作业场所可燃气体浓度达到爆炸极限，可能导致火灾爆炸。	
管控措施： 1. 涂装作业安全要求应按《公路工程施工安全技术规范》(JTG F90—2015)第5.12节"涂装作业"的相关要求执行。 2. 应按《公路水运工程安全生产监督管理办法》(交通运输部令2017年第25号)、《交通运输企业安全生产标准化建设基本规范 第17部分：公路水运工程施工项目》(JT/T 1180.17—2018)等文件的相关要求，落实安全生产条件，加强现场安全生产管理和安全技术管理。 3. 作业、储存场所严禁明火。从事涂装作业人员应正确佩戴安全防护用品并穿防静电服。涂装作业结束后，应及时清理现场，撤出涂装作业设备和原料，清除沾污涂料及有机溶剂、废弃物。 4. 有限空间涂装作业场所必须配备检测设备、定时检查作业场所氧气及可燃气体浓度。作业场所必须设通风设备，作业条件必须符合安全要求。加热作业必须设专人监护，烘烤涂层必须使用防爆灯具。	

三 路基工程风险管控清单

1. 施工机械设备使用

风险辨识范围:路基工程	
序号:3.1	作业单元:施工机械设备使用

可能造成的事故类型及发生后的风险等级:
坍塌(一般风险)、机械伤害(一般风险)、触电(一般风险)、物体打击(较小风险)、车辆伤害(较小风险)

致险因素:
1. 路基边坡、边沟、基坑边缘地段及不稳定岩土体上作业时,机械未采取任何安全措施,可能导致机械倾覆、基坑坍塌。
2. 多台机械同时作业时,各台机械之间未保持安全距离,可能导致机械相互碰撞、倾覆等。
3. 机械作业范围内同时进行人工作业,由人工配合机械进行辅助作业时,作业人员未注意观察,可能导致机械伤害、物体打击。
4. 施工车辆运行未遵守道路交通法规,未按规定路线和速度行驶,超载,人料混载等,可能导致车辆伤害。
5. 清洁、维修机械或电气装置时,带电操作,带电检修,采用预约送电时间的方式进行检修等,可能导致触电、机械伤害。

管控措施:
1. 施工机械设备使用安全要求应按《公路工程施工安全技术规范》(JTG F90—2015)第6.1节"一般规定"和《公路路基施工技术规范》(JTG/T 3610—2019)第9.1节"一般规定"、第9.2节"防火、用电、照明和通风"、第9.3节"施工排水"、第9.5节"施工机械设备使用"的相关要求执行。
2. 应按《公路水运工程安全生产监督管理办法》(交通运输部令2017年第25号)、《交通运输企业安全生产标准化建设基本规范 第17部分:公路水运工程施工项目》(JT/T 1180.17—2018)等文件的相关要求,落实安全生产条件,加强现场安全生产管理和安全技术管理。
3. 路基边坡、边沟、基坑边缘地段上作业的机械应采取防止机械倾覆、基坑坍塌的安全措施。
4. 多台机械同时作业时,各台机械之间应保持安全距离。
5. 机械作业范围内不得同时进行人工作业。由人工配合机械进行辅助作业时,作业人员应注意观察。
6. 施工车辆运行必须遵守道路交通法规,按规定路线和速度行驶,不得超载,严禁人料混载。
7. 清洁、维修机械或电气装置之前,必须先切断电源,等机械设备停稳后再进行操作。严禁带电进行检修,严禁采用预约送电时间的方式进行检修。

2. 场地清理

风险辨识范围:路基工程	
序号:3.2	作业单元:场地清理
可能造成的事故类型及发生后的风险等级: 其他伤害(一般风险)、火灾(一般风险)	
致险因素: 1.焚烧杂草、树木,可能导致火灾。 2.清理淤泥或处理空穴前,未查明地质情况,可能导致人员跌倒或坠入空穴。	
管控措施: 1.场地清理安全要求应按《公路工程施工安全技术规范》(JTG F90—2015)第6.2节"场地清理"的相关要求执行。 2.应按《公路水运工程安全生产监督管理办法》(交通运输部令2017年第25号)、《交通运输企业安全生产标准化建设基本规范 第17部分:公路水运工程施工项目》(JT/T 1180.17—2018)等文件的相关要求,落实安全生产条件,加强现场安全生产管理和安全技术管理。 3.不得焚烧杂草、树木等。 4.清理淤泥或处理空穴前,应查明地质情况,采取保证人员和机械安全的措施。	

3. 路堑、基坑和沟槽开挖

风险辨识范围:路基工程	
序号:3.3	作业单元:路堑、基坑和沟槽开挖
可能造成的事故类型及发生后的风险等级: 坍塌(重大风险)、放炮(较大风险)、火灾(较小风险)、其他爆炸(较小风险)	
致险因素: 1.未按施工方案进行施工,未采取安全保护措施,未监测边坡稳定性,未采取排水措施,掏底开挖、上下同时开挖、乱挖超挖等,可能导致路堑、基坑和沟槽坍塌。 2.施工前未按施工组织设计对结构物、既有管线、排水设施实施迁移或加固,施工中未经常检查、维护加固部位,保持设施的安全运行,可能导致既有结构物和管线损坏。若既有管线内是易燃易爆物质,可能导致火灾爆炸事故。 3.爆破作业未按照爆破设计方案或爆破说明书操作,可能导致人员伤亡。	
管控措施: 1.路堑、基坑和沟槽开挖安全要求应按《公路工程施工安全技术规范》(JTG F90—2015)第6.1节"一般规定"、第6.3节"土方工程"和《公路路基施工技术规范》(JTG/T 3610—2019)第9.1节"一般规定"、第9.2节"防火、用电、照明和通风"、第9.3节"施工排水"、第9.7节"路堑、基坑和沟槽开挖"的相关要求执行。	

2. 应按《公路水运工程安全生产监督管理办法》(交通运输部令 2017 年第 25 号)、《交通运输企业安全生产标准化建设基本规范 第 17 部分:公路水运工程施工项目》(JT/T 1180.17—2018)等文件的相关要求,落实安全生产条件,加强现场安全生产管理和安全技术管理。

3. 路堑开挖应采取保证边坡稳定的措施,边坡有防护要求的应开挖一级防护一级,且应自上而下开挖,不得掏底开挖、上下同时开挖、乱挖超挖。开挖应按施工方案执行,按规定监测土体稳定性,应采取临时排水措施。应及时排除地表水、清除不稳定孤石。

4. 路基开挖过程中,应设专人对作业面及施工影响范围内岩土体的稳定性进行监测和巡察,监测人员的位置应在落石、滑坡体危险区域之外。发现异常应立即停工,撤离机具和人员,并及时采取安全措施。

5. 沟槽开挖深度超过 2m 时,其边缘上面作业槽按高处作业要求进行安全防护并设置警告标志。开挖沟槽位于现场通道或居民区附近时应设置安全护栏,夜间应设置警示灯。

6. 机械挖掘时,应避开既有结构物和管线,严禁碰撞。严禁在距既有直埋缆线 2m 范围内和距各类管道 1m 范围内采用大型机械开挖作业。在既有结构物和管线附近作业时,宜有专人现场监护。

7. 爆破作业应符合标准要求。

4. 路堤和路床填筑

风险辨识范围:路基工程	
序号:3.4	作业单元:路堤和路床填筑

可能造成的事故类型及发生后的风险等级:
坍塌(较小风险)、触电(较小风险)

致险因素:
1. 路堤施工未做好排水,高填方路堤施工未按规定进行位移监测,可能导致路堤和路床坍塌。
2. 填土地段与架空线路之间的安全距离不符合标准要求,人体可能直接或通过金属器材间接接触或接近外电架空线路,可能导致人员触电。
3. 路基下存在管线时,压路机碾压,可能造成管线损坏。
4. 填方作业区边缘未设明显的警示标志,可能导致车辆冲出路基,或人员跌倒。

管控措施:
1. 路堤和路床填筑安全要求应按《公路工程施工安全技术规范》(JTG F90—2015)第 6.1 节"一般规定"、第 6.3 节"土方工程"和《公路路基施工技术规范》(JTG/T 3610—2019)第 9.1 节"一般规定"、9.2 节"防火、用电、照明和通风"、第 9.3 节"施工排水"、第 9.8 节"路堤和路床填筑"的相关要求执行。
2. 应按《公路水运工程安全生产监督管理办法》(交通运输部令 2017 年第 25 号)、《交通运输企业安全生产标准化建设基本规范 第 17 部分:公路水运工程施工项目》(JT/T 1180.17—2018)等文件的相关要求,落实安全生产条件,加强现场安全生产管理和安全技术管理。
3. 路堤施工应先做好临时防水、排水系统。路基基底、坡脚及可影响路基稳定的范围内不得积水浸泡。傍山修筑路堤时,应防止地表水、地下水渗入路堤结构各部位。高填方路堤施工应进行位移监测。
4. 填土地段与架空线路之间的安全距离应符合现行《施工现场临时用电安全技术规范》(JGJ 46)的有关规定。

5.路基下存在管线时,管顶以上0.5m范围内不得用压路机碾压。采用重型压实机械压实或有重车在回填土上行驶时,管道顶部以上应铺设一定厚度的压实填土。填土最小厚度应根据机械和车辆的质量与管道的设计承载力等情况,经计算确定。

6.填方作业区边缘应设明显的警示标志。

5. 石方工程

风险辨识范围:路基工程	
序号:3.5	作业单元:石方工程

可能造成的事故类型及发生后的风险等级:
放炮(重大风险)、坍塌(一般风险)

致险因素:
1.爆破作业未按照爆破设计方案或爆破说明书操作,可能导致人员伤亡。
2.爆破作业未设警戒区和警戒人员,无关人员进入警戒区,可能导致人员伤亡。
3.深挖路堑施工过程中,未及时施作临时排水设施;边坡未按设计坡度开挖,并监测边坡的稳定性,可能导致路堑坍塌。
4.填方作业区边缘未设明显的警示标志,可能导致车辆冲出路基,或人员跌倒。

管控措施:
1.石方工程安全要求应按《公路工程施工安全技术规范》(JTG F90—2015)第6.1节"一般规定"、第6.4节"石方工程"和《公路路基施工技术规范》(JTG/T 3610—2019)第9.1节"一般规定"、第9.2节"防火、用电、照明和通风"、第9.3节"施工排水"的相关要求执行。
2.应按《公路水运工程安全生产监督管理办法》(交通运输部令2017年第25号)、《交通运输企业安全生产标准化建设基本规范 第17部分:公路水运工程施工项目》(JT/T 1180.17—2018)等文件的相关要求,落实安全生产条件,加强现场安全生产管理和安全技术管理。
3.爆破作业前应设置警戒区。
4.石方开挖严禁采用峒室爆破。
5.深挖路堑施工过程中,应及时施作临时排水设施。边坡应严格按设计坡度开挖,并应监测边坡的稳定性。
6.高填方路基施工填方作业区边缘应设置明显的警示标志,并应做好临时排水。

6. 支护结构与排水设施施工

风险辨识范围:路基工程	
序号:3.6	作业单元:支护结构与排水设施施工

可能造成的事故类型及发生后的风险等级:
坍塌(一般风险)、机械伤害(一般风险)、触电(较小风险)、物体打击(较小风险)、高处坠落(较小风险)

致险因素：

1. 边坡或坑壁不稳定，存在影响施工安全的危岩、危石、松动土石块等，作业人员对边坡稳定性的检查和定期监测不到位，可能造成物体打击。

2. 脚手架搭设、拆除作业等不符合标准要求，可能导致脚手架坍塌。

3. 在基坑内作业时，可能属于高处作业，作业人员未正确系挂安全带，未穿防滑鞋，或违章攀爬脚手架等，可能导致高处坠落。随意抛掷物料，可能导致物体打击。

4. 在各项施工作业时，作业人员未监测边坡稳定性，未采取排水措施，乱挖超挖，乱抛乱掷，物料随意堆放等，可能导致坍塌、物体打击等。

5. 使用机械设备施工作业、运送物料等，机械设备安全防护装置失效、超负荷运转，可能导致机械伤害、物体打击、触电等。

管控措施：

1. 支护结构与排水设施施工安全要求应按《公路工程施工安全技术规范》（JTG F90—2015）第6.1节"一般规定"、第6.5节"防护工程"、第6.6节"排水工程"和《公路路基施工技术规范》（JTG/T 3610—2019）第9.1节"一般规定"、第9.2节"防火、用电、照明和通风"、第9.3节"施工排水"、第9.9节"支护结构与排水设施施工"的相关要求执行。

2. 应按《公路水运工程安全生产监督管理办法》（交通运输部令2017年第25号）、《交通运输企业安全生产标准化建设基本规范 第17部分：公路水运工程施工项目》（JT/T 1180.17—2018）等文件的相关要求，落实安全生产条件，加强现场安全生产管理和安全技术管理。

3. 在边坡上或在基坑内作业之前，应首先检查边坡或坑壁的稳定状况。对影响施工安全的危岩、危石、松动土石块应予以清除，或者采取必要的防护措施。在施工过程中，应由专人随时检查和定期监测边坡稳定性，并确认安全。

4. 脚手架搭设、拆除应符合标准要求。施工过程中，应经常检查脚手架，发现其松动、变形或沉陷时应及时加固。

5. 挡土墙施工、砌筑施工、提升架运送石料、混凝土重力式挡土墙模板拆除、预制构件安装、喷浆作业、锚杆和锚索钻孔施工、张拉作业、人工挖孔抗滑桩施工、渗水井和排水隧洞及在采空区或溶洞内砌石加固、人工挖孔渗水井施工、排水隧洞施工、机械成孔渗水井施工、高边坡截水沟施工、渗沟开挖、支撑渗沟开挖、渗井施工、排水沟施工等各项施工作业，应符合标准要求。

6. 施工过程中，应对降水影响区域内的交通设施、管线结构物等的沉降、位移、倾斜等进行观测，发现问题应及时采取措施。

7. 施工结束后，应清理场地并恢复地貌，地面遗留的孔洞应及时用砂石等材料回填密实。

8. 边坡防护和支挡结构以及排水设施施工作业应设警戒区，并应设置明显的警戒标志。停止施工的抗滑桩桩孔和渗水井及其他排水设施周围应设置防护栏及明显的警示标志，夜间应悬挂警示灯。

7. 软基处理

风险辨识范围：路基工程	
序号：3.7	作业单元：软基处理
可能造成的事故类型及发生后的风险等级： 车辆伤害（较小风险）、物体打击（较小风险）、其他伤害（较小风险）	

致险因素：
1. 施工现场地基承载力不满足要求，有软土地基或淤泥，设备或人员可能陷入，导致设备倾覆，人员跌倒，或车辆伤害。
2. 振沉砂桩或碎石桩作业灌料斗下方站人，可能对作业人员造成物体打击。
3. 强夯机施工变换夯位后，未检查门架支腿即作业，可能导致强夯机歪斜，对作业人员造成物体打击。
4. 旋喷桩的高压设备和管路系统密封不严，各管道和喷嘴内有杂物，喷射过程中可能对作业人员造成物体打击。
5. 真空预压施工的负压可能对邻近结构物造成影响，排水可能危及四周道路及结构物。

管控措施：
1. 软基处理安全要求应按《公路工程施工安全技术规范》（JTG F90—2015）第6.1节"一般规定"、第6.7节"软基处理"和《公路路基施工技术规范》（JTG/T 3610—2019）第9.1节"一般规定"、第9.2节"防火、用电、照明和通风"、第9.3节"施工排水"的相关要求执行。
2. 应按《公路水运工程安全生产监督管理办法》（交通运输部令2017年第25号）、《交通运输企业安全生产标准化建设基本规范 第17部分：公路水运工程施工项目》（JT/T 1180.17—2018）等文件的相关要求，落实安全生产条件，加强现场安全生产管理和安全技术管理。
3. 施工场地及机械行走范围的承载力应满足相应的要求，并应保持平整。
4. 振沉砂桩或碎石桩作业灌料斗下方不得站人。
5. 强夯施工、旋喷、真空预压施工应符合标准要求。

8. 特殊路基

风险辨识范围：路基工程	
序号：3.8	作业单元：特殊路基

可能造成的事故类型及发生后的风险等级：
坍塌（一般风险）、放炮（较大风险）、物体打击（较小风险）

致险因素：
1. 滑坡地段路基施工，未做好截、排水设施；未随挖、随砌、随填、随夯，及时支撑和锚固；未监测其受力状态等，发现险情未及时处置；冰雪融化期开挖滑坡体；雨后立即施工等，可能导致滑坡或坍塌。
2. 崩塌与岩堆地段施工，爆破开挖时未采取控制爆破技术，可能导致坍塌或人员伤亡；未清理危岩，修建防护设施，施工中危岩滚落，可能导致人员受到打击。
3. 岩溶地区施工，洞内存在有害气体未排除，可能导致人员中毒和窒息；岩溶水、地面水可能导致人员跌倒；不稳定洞穴可能坍塌。
4. 泥石流地区施工，取土和弃土时突发泥石流，人员可能被掩埋。
5. 采空区施工，可能突发采空区坍塌，人员被掩埋。
6. 雪崩区施工，防雪工程未完成，可能突发雪崩，人员被掩埋。
7. 沿江、河、水库等地区施工，未采取保证路基稳定的措施，汛期未采取防洪措施，可能导致路基坍塌。

管控措施:
1. 特殊路基施工安全要求应按《公路工程施工安全技术规范》(JTG F90—2015)第6.1节"一般规定"、第6.8节"特殊路基"和《公路路基施工技术规范》(JTG/T 3610—2019)第9.1节"一般规定"、第9.2节"防火、用电、照明和通风"、第9.3节"施工排水"的相关要求执行。
2. 应按《公路水运工程安全生产监督管理办法》(交通运输部令2017年第25号)、《交通运输企业安全生产标准化建设基本规范 第17部分:公路水运工程施工项目》(JT/T 1180.17—2018)等文件的相关要求,落实安全生产条件,加强现场安全生产管理和安全技术管理。
3. 滑坡地段路基施工崩塌与岩堆地段施工,岩溶地区施工,泥石流地区施工,采空区施工,雪崩区施工,沿江、河、水库等地区施工应符合标准要求。

9. 既有结构物拆除

风险辨识范围:路基工程	
序号:3.9	作业单元:既有结构物拆除

可能造成的事故类型及发生后的风险等级:
坍塌(一般风险)、放炮(较大风险)、物体打击(较小风险)

致险因素:
1. 拆除时,未设置警戒区,未按照从上至下、逐层、分段实施的原则,交叉作业,可能导致被拆工程坍塌,人员受到物体打击。
2. 拆除既有路基支挡结构与防护设施,未保证既有路堑边坡稳定,未设置临时支撑,未分段拆除,一拆到底,可能导致路堑边坡坍塌。
3. 拆除施工作业人员和机具未处于稳固位置,可能导致机具歪斜甚至倾覆,人员跌倒。
4. 拆除的材料未放置平稳,可能导致坍塌。
5. 拆除时若涉及爆破作业,爆破作业未按照爆破设计方案或爆破说明书操作,可能导致人员伤亡。

管控措施:
1. 既有结构物拆除安全要求应按《公路工程施工安全技术规范》(JTG F90—2015)第6.1节"一般规定"和《公路路基施工技术规范》(JTG/T 3610—2019)第9.1节"一般规定"、第9.2节"防火、用电、照明和通风"、第9.6节"既有结构物的拆除"的相关要求执行。
2. 应按《公路水运工程安全生产监督管理办法》(交通运输部令2017年第25号)、《交通运输企业安全生产标准化建设基本规范 第17部分:公路水运工程施工项目》(JT/T 1180.17—2018)等文件的相关要求,落实安全生产条件,加强现场安全生产管理和安全技术管理。
3. 拆除作业应设置警戒区。拆除施工应从上至下、逐层、分段实施,不得立体交叉作业。
4. 拆除既有路基支挡结构与防护设施,应保证既有路堑边坡稳定。必要时应设置临时支撑进行加固或防护,并应自上而下分层、分段拆除,严禁一拆到底。
5. 拆除施工作业人员和机具应处于稳固位置,必须进行临时悬吊作业时,应系好悬吊绳和安全绳。悬吊绳和安全绳应分别锚固且应牢固。

6. 爆破作业应符合标准要求。岩石边坡坡率为 1∶0.1～1∶0.75 的路堑，必须采用光面爆破。城市、风景名胜区及重要工程设施附近的路堑爆破应采用控制爆破技术。

10. 取土和弃土

风险辨识范围：路基工程

序号：3.10　　　　　　　　　　　　　　　　　　　作业单元：取土和弃土

可能造成的事故类型及发生后的风险等级：
坍塌（一般风险）、道路交通-车辆坠水坠沟事件（较小风险）、其他伤害（较小风险）

致险因素：
1. 取土场的边坡坡率和深度设计不满足稳定性要求，可能导致取土场坍塌。
2. 取土场与结构物、设施、管线、架空线等生活生产设施较近时，可能影响既有建（构）筑物的稳定。
3. 取土坑与路基间的距离较近，不能满足路基边坡稳定的要求，可能导致路基坍塌。
4. 取土场（坑）底部积水严重，可能导致取土场（坑）坍塌。
5. 取土场（坑）边周围未设置警示标志和安全防护设施，可能导致人员和车辆误入，坠入坑内。
6. 在水库、湖泊、岩溶漏斗及暗河口处、桥塔台、涵洞口处弃方，可能加剧河岸冲刷，影响结构物的稳定及排洪、通航、通行。
7. 弃方若"未支护、即弃土"，可能导致弃土场坍塌。

管控措施：
1. 取土和弃土作业安全要求应按《公路工程施工安全技术规范》(JTG F90—2015) 第 6.1 节"一般规定"、第 6.3 节"土方工程"和《公路路基施工技术规范》(JTG/T 3610—2019) 第 9.1 节"一般规定"、第 9.2 节"防火、用电、照明和通风"、第 9.10 节"取土和弃土"的相关要求执行。
2. 应按《公路水运工程安全生产监督管理办法》（交通运输部令 2017 年第 25 号）、《交通运输企业安全生产标准化建设基本规范　第 17 部分：公路水运工程施工项目》(JT/T 1180.17—2018) 等文件的相关要求，落实安全生产条件，加强现场安全生产管理和安全技术管理。
3. 取土场的边坡坡率和深度设计应满足稳定性要求。取土场宜远离结构物、设施、管线等生活生产设施，不应影响其安全。
4. 取土坑与路基间的距离应满足路基边坡稳定的要求，取土坑与路基坡脚间的护坡道应平整密实，表面应设 1%～2% 向外倾斜的横坡。
5. 取土场（坑）底部应平顺并设有排水设施，取土场（坑）周围应设置警示标志和安全防护设施，宜设置夜间警示和反光标识。
6. 弃方作业应遵循"先支护、后弃土"的原则。弃方不得影响排洪、通航，不得加剧河岸冲刷。水库、湖泊、岩溶漏斗及暗河口处不得弃方。桥墩台、涵洞口处不得弃方。

四 路面工程风险管控清单

1. 基层与底层

风险辨识范围:路面工程	
序号:4.1	作业单元:基层与底层
可能造成的事故类型及发生后的风险等级: 车辆伤害(一般风险)、机械伤害(较小风险)、物体打击(较小风险)、灼烫(较小风险)	
致险因素: 1. 石灰消解、浸水时,作业人员违章投料、翻拌,或站位不当,或未穿戴劳动防护用品,放出的热量可能造成人员灼烫。 2. 拌和作业时,人员违章操作,或站位不当,可能导致机械伤害。 3. 混合料运输时,未按指定线路行走,或超载、超速等,可能导致车辆伤害。 4. 卸料升斗时,人员站在车斗下方,可能导致物体打击。 5. 整平和摊铺、碾压时,设备故障,或各设备之间距离不足,或人员违章作业,或有人员违章进入碾压区等,可能导致车辆伤害。	
管控措施: 1. 基层与底层施工安全要求应按《公路工程施工安全技术规范》(JTG F90—2015)第 7.1 节"一般规定"、第 7.2 节"基层与底基层"的相关要求执行。 2. 应按《公路水运工程安全生产监督管理办法》(交通运输部令 2017 年第 25 号)、《交通运输企业安全生产标准化建设基本规范　第 17 部分:公路水运工程施工项目》(JT/T 1180.17—2018)等文件的相关要求,落实安全生产条件,加强现场安全生产管理和安全技术管理,做好设备设施入场检查及日常维护和检查。 3. 应加强现场安全技术交底及员工培训,督促员工严格遵守岗位操作规程并穿戴好个体防护用品。 4. 应在危险作业场所设置明显的安全警示标志。施工现场出入口及沿线交叉路口应设专人指挥。 5. 夜间施工现场照明应满足要求。	

2. 沥青面层

风险辨识范围:路面工程	
序号:4.2	作业单元:沥青面层
可能造成的事故类型及发生后的风险等级: 车辆伤害(一般风险)、高处坠落(较小风险)、灼烫(较小风险)、中毒和窒息(较小风险)、火灾(较小风险)	

致险因素：

1. 封层、透层、黏层施工时，人员违章操作，或人员站位不当，或大风天气逆风作业等，喷洒的沥青可能造成人员灼烫。检查井、闸井、雨水口未做好防护，可能造成设备歪斜、人员从高处坠落。

2. 拌和作业时，人员违章操作，或站位不当，可能导致机械伤害。拌和机点火操作不当，可能导致火灾。

3. 沥青脱桶、导热油加热沥青、沥青罐内检查使用明火照明等，可能导致火灾或造成人员灼烫。

4. 沥青拌和站、储存地点未配备灭火器、消防砂等消防设施，发生火灾事故时，不能及时救援，可能导致事故后果扩大。

5. 整平和摊铺、碾压时，设备故障，或各设备之间距离不足，或人员违章作业，或人员违章进入碾压区等，可能导致车辆伤害。

6. 隧道内摊铺沥青混凝土路面时，若通风不良，有毒气体浓度超标，人员未佩戴符合要求的防毒面具等，可能导致中毒和窒息。若现场照明不足、人员未穿反光服，可能导致车辆伤害。

管控措施：

1. 沥青面层施工安全要求应按《公路工程施工安全技术规范》(JTG F90—2015)第 7.1 节"一般规定"、第 7.3 节"沥青面层"的相关要求执行。

2. 应按《公路水运工程安全生产监督管理办法》(交通运输部令 2017 年第 25 号)、《交通运输企业安全生产标准化建设基本规范 第 17 部分：公路水运工程施工项目》(JT/T 1180.17—2018)等文件的相关要求，落实安全生产条件，加强现场安全生产管理和安全技术管理，做好设备设施入场检查及日常维护保养和检查。

3. 应加强现场安全技术交底及员工培训，督促员工严格遵守岗位操作规程并穿戴好个体防护用品。

4. 应在危险作业场所设置明显的安全警示标志。施工现场出入口及沿线交叉路口应设专人指挥。

5. 夜间施工现场照明应满足要求。

6. 隧道内摊铺沥青混凝土路面应做好通风排烟、有毒气体和可燃气体的浓度监测，现场应有足够的照明，人员应佩戴符合要求的防毒面具、穿反光服。

7. 沥青拌和站、储存地点应配备灭火器、消防砂等消防设施。作业过程中应注意防火、防灼烫。

3. 水泥混凝土面层

风险辨识范围：路面工程	
序号：4.3	作业单元：水泥混凝土面层
可能造成的事故类型及发生后的风险等级： 车辆伤害（一般风险）、机械伤害（较小风险）	
致险因素： 1. 拌和作业时人员违章操作，或站位不当，或搅拌、供料、控制等系统故障，可能导致机械伤害。 2. 混合料运输时，未按指定线路行走，或超载、超速等，可能导致车辆伤害。 3. 整平和摊铺、碾压时，设备故障，或各设备之间距离不足，或人员违章作业，或人员违章进入碾压区等，可能导致车辆伤害。 4. 切缝、刻槽作业范围未设警戒区，人员误入，可能导致人员跌倒。	

管控措施：
1. 水泥混凝土面层施工安全要求应按《公路工程施工安全技术规范》(JTG F90—2015)第7.1节"一般规定"、第7.4节"水泥混凝土面层"、第5.4节"混凝土工程"的相关要求执行。
2. 应按《公路水运工程安全生产监督管理办法》(交通运输部令2017年第25号)、《交通运输企业安全生产标准化建设基本规范 第17部分:公路水运工程施工项目》(JT/T 1180.17—2018)等文件的相关要求,落实安全生产条件,加强现场安全生产管理和安全技术管理,做好设备设施入场检查及日常维护保养和检查。
3. 应加强现场安全技术交底及员工培训,督促员工严格遵守岗位操作规程并穿戴好个体防护用品。
4. 应在危险作业场所设置明显的安全警示标志。施工现场出入口及沿线交叉路口应设专人指挥。
5. 夜间施工现场照明应满足要求。

五 桥涵工程风险管控清单

1. 预应力混凝土工程

风险辨识范围:桥涵工程	
序号:5.1	作业单元:预应力混凝土工程

可能造成的事故类型及发生后的风险等级：
物体打击(一般风险)、机械伤害(一般风险)、高处坠落(较小风险)

致险因素：
1. 张拉及放张过程中,人员站在预制台座区域及张拉台座两端、站在已张拉的预应力钢筋上、站在千斤顶后方等,可能导致钢筋物体打击。
2. 张拉作业现场未设警戒区,张拉端后方未设立防护挡墙,梁端未设围护和挡板,发生物体打击时,可能扩大事故后果。
3. 预应力张拉机具设备未按规定进行校验、标定,张拉及放张程序不符合设计要求,张拉过程中出现异常现象时没有立即停止张拉作业,正式施工前未进行试张拉等,可能导致机械伤害。
4. 张拉作业平台未加设防护栏杆和上下扶梯,可能导致人员从高处坠落。

管控措施：
1. 预应力混凝土工程施工安全要求应按《公路工程施工安全技术规范》(JTG F90—2015)第8.1节"一般规定"、第8.2节"预应力混凝土工程"和《公路桥涵施工技术规范》(JTG/T 3650—2020)第26.2节"安全施工"的相关要求执行。
2. 应按《公路水运工程安全生产监督管理办法》(交通运输部令2017年第25号)、《交通运输企业安全生产标准化建设基本规范 第17部分:公路水运工程施工项目》(JT/T 1180.17—2018)等文件的相关要求,落实安全生产条件,加强现场安全生产管理和安全技术管理。
3. 预应力张拉机具设备应按规定校验、标定。
4. 张拉作业现场应设警戒区,应设置安全防护设施。
5. 正式施工前应进行试张拉。张拉作业应符合标准要求。

2. 钻(挖)孔灌注桩

风险辨识范围:桥涵工程	
序号:5.2	作业单元:钻(挖)孔灌注桩

可能造成的事故类型及发生后的风险等级:
坍塌(一般风险)、高处坠落(较小风险)、触电(较小风险)、物体打击(较小风险)

致险因素:
1. 钻(挖)孔作业时,特别是岩溶、采空区和其他特殊地区钻孔灌注桩施工作业时,存在裂缝的坡面或可能坍塌的区域未采取防护措施,钻孔作业过程中,主机所在地面发生下沉现象时未及时停机处理等,可能出现漏浆、塌孔等坍塌现象。
2. 浇筑混凝土时,孔口未设防坠落设施;作业人员在钢筋笼内作业,且将安全带扣挂在钢筋笼上;停止施工的钻、挖孔桩,孔口未加盖防护,四周未设置护栏及明显的警示标志,夜间未悬挂示警红灯等,可能导致人员从高处坠落。
3. 大直径、超长桩钢护筒作为平台支撑时,最小埋置深度不满足工作平台受力和稳定性要求,可能造成钢护筒歪斜甚至倾覆。
4. 山坡上危石和浮土未清除;钻机安设不平稳、不牢固;钻机旋转时,提升钻杆;发生卡钻时操作不规范;停钻时,钻头、钻杆未置于孔外安全位置;回旋钻机钻进时,高压胶管下站人;场内墩位间转移旋挖钻机时未预先检查转移路线,未设专人指挥等,可能对施工中的作业人员造成物体打击。
5. 钻机电缆线浸泡于水、泥浆中,接头未绑扎牢固;移动钻机时挤压电缆线及管路;完成一根钻孔桩后未检查电机密封状况等,可能导致触电。钻机等高耸设备未按规定设置避雷装置,可能导致雷击。

管控措施:
1. 钻(挖)孔灌注桩施工安全要求应按《公路工程施工安全技术规范》(JTG F90—2015)第8.1节"一般规定"、第8.3节"钻(挖)孔灌注桩"和《公路桥涵施工技术规范》(JTG/T 3650—2020)第26.2节"安全施工"的相关要求执行。
2. 应按《公路水运工程安全生产监督管理办法》(交通运输部令2017年第25号)、《交通运输企业安全生产标准化建设基本规范 第17部分:公路水运工程施工项目》(JT/T 1180.17—2018)等文件的相关要求,落实安全生产条件,加强现场安全生产管理和安全技术管理。
3. 钻孔灌注桩施工,回旋钻机成孔,旋挖钻机成孔,岩溶、采空区和其他特殊地区钻孔灌注桩施工,人工挖孔等钻(挖)孔灌注桩施工,应符合标准要求。施工作业区域应设置警戒区。
4. 岩溶、采空区和其他特殊地区钻孔灌注桩施工作业前,应核对桩位处的地质勘察资料;地质情况有疑问时应补充完善地质资料。发生漏浆及塌孔等现象,应立即停止作业,采取保证平台、钻机和作业人员安全的措施。
5. 人工挖孔桩作业应编制专项施工方案,并应符合人工开挖支挡抗滑桩施工要求。
6. 停止施工的钻、挖孔桩,孔口应加盖防护,四周应设置护栏及明显的警示标志,夜间应悬挂示警红灯。
7. 大直径、超长桩钢护筒作为平台支撑时,最小埋置深度应满足工作平台受力和稳定性要求。

3. 沉入桩

风险辨识范围:桥涵工程	
序号:5.3	作业单元:沉入桩

可能造成的事故类型及发生后的风险等级：
起重伤害(一般风险)、触电(较小风险)、淹溺(一般风险)、坍塌(一般风险)、物体打击(较小风险)

致险因素：

1. 各类桩的吊运、存放和运输不符合标准要求，可能导致起重伤害、物体打击、车辆伤害等。

2. 沉桩施工区域未设置明显的安全警示标志，非作业人员进入施工区域，可能导致人员伤害；起吊桩或桩锤，作业人员在桩、桩锤下方或桩架龙门口停留或作业，可能导致物体打击；吊点不符合设计要求，桩身未设溜绳，可能导致桩身碰撞桩锤或桩机。

3. 锤击沉桩作业，未按要求观测邻近建(构)筑物和周边土体的沉降和位移，出现异常未能及时停止沉桩并采取措施处理，可能导致坍塌。沉桩时，桩锤、送桩与桩未保持在同一轴线上，可能导致桩扭曲变形或物体打击。滚杠滑移打桩机，未设专人指挥，作业人员在打桩机架内操作，可能导致物体打击。打桩机轨道移动时，轨道不平顺、稳固，轨距不一致，钢轨端部未设止轮器，打桩机未设夹轨器等，可能导致打桩机出轨、倾覆。

4. 振动沉桩作业，沉桩时，作业人员离基桩较近，可能导致物体打击。电缆线未采取有效的防止磨损、碰撞的保护措施，电缆绝缘层有破损；沉桩或拔桩作业时，电动振动锤的电流超过标准要求等，可能导致触电。

5. 水上沉桩，固定平台、自升式平台搭设不牢，打桩机底座与打桩平台连接不牢等，可能导致打桩船倾覆，人员落水淹溺。

6. 拔桩的起重设备未配超载限制器，强制拔桩，可能导致起重设备倾覆。

管控措施：

1. 沉入桩施工安全要求应按《公路工程施工安全技术规范》(JTG F90—2015)第8.1节"一般规定"、第8.4节"沉入桩"和《公路桥涵施工技术规范》(JTG/T 3650—2020)第26.2节"安全施工"的相关要求执行。

2. 应按《公路水运工程安全生产监督管理办法》(交通运输部令2017年第25号)、《交通运输企业安全生产标准化建设基本规范 第17部分：公路水运工程施工项目》(JT/T 1180.17—2018)等文件的相关要求，落实安全生产条件，加强现场安全生产管理和安全技术管理。

3. 钢筋混凝土桩、预应力混凝土桩和钢管桩的吊运、存放和运输应符合现行《公路桥涵施工技术规范》(JTG/T 3650)的有关规定。

4. 锤击沉桩、振动沉桩、水上沉桩等沉入桩施工及拔桩等作业，应符合标准要求。

5. 沉桩施工区域应设置明显的安全警示标志，非作业人员不得进入施工区域。起吊桩或桩锤作业人员不得在桩、桩锤下方或桩架龙门口停留或作业。吊点应符合设计要求，桩身应设溜绳，桩身不得碰撞桩锤或桩机。

6. 拔桩的起重设备应配超载限制器，不得强制拔桩。

4. 沉井

风险辨识范围:桥涵工程	
序号:5.4	作业单元:沉井

可能造成的事故类型及发生后的风险等级:
坍塌(一般风险)、起重伤害(一般风险)、高处坠落(较小风险)、淹溺(较小风险)、物体打击(较小风险)

致险因素:
1. 施工机械设备未在坚实的基础上作业,其承载力不满足设备施工要求,可能导致机械设备倾覆。
2. 沉井顶部作业搭设的平台脚手板未满铺且绑扎牢固,临边防护、通道等设施不符合高处作业要求,可能导致作业人员从高处坠落。
3. 直爬梯或梯道预埋件的安设不符合标准要求,各井室内未悬挂钢梯和安全绳,人员上下沉井可能从高处坠落。
4. 沉井内的水泵、水力机械、管道、起重等施工设备安装不牢固,可能导致井下作业人员受到物体打击。
5. 施工中,出现涌水、涌沙时未及时发现,井内作业人员未及时撤离,可能导致淹溺。
6. 下沉过程中,未对邻近建(构)筑物、地下管线进行监测,发现异常未及时停止作业,并采取相应措施,可能导致坍塌。
7. 沉井内的潜水作业或潜水清理作业不规范,可能导致人员淹溺。
8. 浮式沉井浮运、就位、下沉等施工未按照专项施工方案进行,未设专人观测沉井的稳定性,可能导致坍塌。

管控措施:
1. 沉井施工安全要求应按《公路工程施工安全技术规范》(JTG F90—2015)第8.1节"一般规定"、第8.5节"沉井"和《公路桥涵施工技术规范》(JTG/T 3650—2020)第26.2节"安全施工"的相关要求执行。
2. 应按《公路水运工程安全生产监督管理办法》(交通运输部令2017年第25号)、《交通运输企业安全生产标准化建设基本规范 第17部分:公路水运工程施工项目》(JT/T 1180.17—2018)等文件的相关要求,落实安全生产条件,加强现场安全生产管理和安全技术管理。
3. 施工机械设备应在坚实的基础上作业,其承载力应满足设备施工要求。
4. 沉井顶部作业应搭设作业平台,平台结构应根据跨度、荷载经计算确定,作业平台的脚手板应满铺且绑扎牢固,临边防护、通道等设施应符合《公路工程施工安全技术规范》(JTG F90—2015)第5.7节"高处作业"的有关规定。制作沉井应同步完成直爬梯或梯道预埋件的安设,各井室内应悬挂钢梯和安全绳。
5. 沉井内的水泵、水力机械、管道、起重等施工设备应安装牢固。
6. 施工过程中,应安排专人负责观察现场情况,发现涌水、涌沙时,井内作业人员应及时撤离。
7. 下沉前,应对周边的建(构)筑物和施工设备采取有效的防护措施。下沉过程中,应对邻近建(构)筑物、地下管线进行监测,发现异常应停止作业,并采取相应措施。
8. 沉井内的潜水作业或潜水清理作业。
9. 浮式沉井应编制专项施工方案,浮运、就位、下沉等施工阶段应设专人观测沉井的稳定性。

5. 地下连续墙

风险辨识范围:桥涵工程	
序号:5.5	作业单元:地下连续墙
可能造成的事故类型及发生后的风险等级: 坍塌(一般风险)	
致险因素: 1.地下连续墙施工,未编制专项施工方案,在堤防等水利、防洪设施及其他既有构筑物周边施工未进行风险评估,未按标准要求施工,施工过程中未持续观测等,可能导致坍塌。 2.地下连续墙安放钢筋笼、浇筑混凝土不符合钻(挖)孔灌注桩要求,可能导致坍塌。 3.地下连续墙的混凝土强度未达到设计强度即进行开挖,可能造成坍塌。	
管控措施: 1.地下连续墙施工安全要求应按《公路工程施工安全技术规范》(JTG F90—2015)第8.1节"一般规定"、第8.6节"地下连续墙"和《公路桥涵施工技术规范》(JTG/T 3650—2020)第26.2节"安全施工"的相关要求执行。 2.应按《公路水运工程安全生产监督管理办法》(交通运输部令2017年第25号)、《交通运输企业安全生产标准化建设基本规范 第17部分:公路水运工程施工项目》(JT/T 1180.17—2018)等文件的相关要求,落实安全生产条件,加强现场安全生产管理和安全技术管理。 3.地下连续墙施工应编制专项施工方案,在堤防等水利、防洪设施及其他既有构筑物周边施工时应进行风险评估,施工过程中应持续观测。 4.地下连续墙施工应设警戒区,施工现场和施工道路应平整,地基承载力应满足施工要求。 5.地下连续墙安放钢筋笼、浇筑混凝土应符合《公路工程施工安全技术规范》(JTG F90—2015)第8.3节"钻(挖)孔灌注桩"的有关规定。 6.开挖作业应在地下连续墙的混凝土达到设计强度后进行。开挖挡土墙结构的地下连续墙时,应严格按照程序设置围檩支撑或土中锚杆。	

6. 围堰

风险辨识范围:桥涵工程	
序号:5.6	作业单元:围堰
可能造成的事故类型及发生后的风险等级: 淹溺(一般风险)、起重伤害(较小风险)、坍塌(较小风险)	
致险因素: 1.围堰内作业未及时掌握水情变化信息,遇有洪水、流冰、台风、风暴潮等极端情况,未及时撤出作业人员,可能导致人员淹溺。 2.土围堰施工,未及时排水、加固,可能导致围堰坍塌。	

3.钢板(管)桩围堰施工,未采取可靠的止水措施,水中围堰抽水未及时加设围檩和支撑系统,水上作业不符合标准要求,可能导致坍塌和淹溺。

4.双壁钢围堰施工,未进行水密试验,可能导致透水。双壁钢围堰浮运、吊装未编制专项施工方案,未按标准要求施工,可能导致起重伤害。水上作业不符合标准要求,可能导致淹溺。钢围堰悬浮状态接高,可能导致围堰歪斜、倾覆。施工过程中未注意监测水位变化,可能导致人员淹溺,围堰歪斜、倾覆。

5.钢吊(套)箱围堰施工,吊装所用设备、机具不符合标准要求,可能导致起重伤害。未对吊箱变化情况加强监测、及时设置内支撑,可能导致吊箱歪斜、倾覆。

6.围堰拆除,不符合专项施工方案的要求,内外水位未保持一致,拆除时未设置稳固装置,可能导致设备设施歪斜、倾覆。

7.围堰潜水作业,不符合标准要求,可能导致人员淹溺。

管控措施:
1.围堰施工安全要求应按《公路工程施工安全技术规范》(JTG F90—2015)第8.1节"一般规定"、第8.7节"围堰"和《公路桥涵施工技术规范》(JTG/T 3650—2020)第26.2节"安全施工"的相关要求执行。
2.应按《公路水运工程安全生产监督管理办法》(交通运输部令2017年第25号)、《交通运输企业安全生产标准化建设基本规范 第17部分:公路水运工程施工项目》(JT/T 1180.17—2018)等文件的相关要求,落实安全生产条件,加强现场安全生产管理和安全技术管理。
3.围堰内作业应及时掌握水情变化信息,遇有洪水、流冰、台风、风暴潮等极端情况,应立即撤出作业人员。
4.土石围堰施工、钢板(管)桩围堰施工、双壁钢围堰施工、钢吊(套)箱围堰施工应符合标准要求。
5.围堰拆除应符合专项施工方案的要求,内外水位保持一致,拆除时应设置稳固装置,潜水作业应符合《公路工程施工安全技术规范》(JTG F90—2015)第5.9节"潜水作业"的有关规定。

7. 明挖地基

风险辨识范围:桥涵工程	
序号:5.7	作业单元:明挖地基

可能造成的事故类型及发生后的风险等级:
坍塌(较大风险)、透水(一般风险)、高处坠落(一般风险)、放炮(较大风险)、道路交通-车辆坠水坠沟事件(较小风险)

致险因素:
1.挖基施工在中等以上降雨期间施工,未做好支护,可能导致基坑坍塌。
2.基坑内作业前,未全面检查边坡稳定性及基坑涌水、涌沙等情况,未加固防护,可能导致基坑坍塌或透水。
3.大型深基坑未遵循边开挖、边支护的原则施工,未建立边坡稳定信息化动态监控系统,可能导致基坑坍塌。

4. 开挖和降水施工,开挖作业不符合标准要求,未做好边坡稳定监测,未做好支护,未分层开挖,乱挖超挖,可能导致基坑坍塌。基坑周边 1m 范围内堆载、停放设备,可能导致边坡不稳,设备倾覆进基坑。深基坑四周未设立钢管护栏,挂密目式安全网,靠近道路侧未设置安全警示标志和夜间警示灯带,可能导致车辆和人员坠入基坑。开挖影响既有道路车辆通行时,未制定交通组织方案,社会车辆误入,可能导致社会车辆坠水坠沟。爆破作业不符合标准要求,可能导致人员伤亡。弃方放置不当,可能阻塞河道、影响泄洪。排水不当,可能影响基坑安全,导致基坑坍塌。

5. 坑壁及支护施工,支护强度和稳定性不满足要求;水文和地质条件较差时,未采取加固措施,可能导致基坑坍塌。

管控措施:
1. 明挖地基施工安全要求应按《公路工程施工安全技术规范》(JTG F90—2015)第 8.1 节"一般规定"、第 8.8 节"明挖地基"和《公路桥涵施工技术规范》(JTG/T 3650—2020)第 26.2 节"安全施工"的相关要求执行。
2. 应按《公路水运工程安全生产监督管理办法》(交通运输部令 2017 年第 25 号)、《交通运输企业安全生产标准化建设基本规范 第 17 部分:公路水运工程施工项目》(JT/T 1180.17—2018)等文件的相关要求,落实安全生产条件,加强现场安全生产管理和安全技术管理。
3. 挖基施工宜在枯水或少雨季节进行,并应连续施工,有支护的基坑应采取防碰撞措施,基坑附近有管网或其他结构物时,应有可靠的防护措施。中等以上降雨期间基坑内不得施工。
4. 基坑内作业前,应全面检查边坡滑塌、裂缝、变形以及基坑涌水、涌沙等情况,并应翔实记录。坑沿顶面出现裂缝、坑壁松塌或遇有涌水、涌沙影响基坑边坡稳定时,应立即加固防护,在确认安全后方可恢复施工。
5. 大型深基坑除应遵循边开挖、边支护的原则施工外,尚应建立边坡稳定信息化动态监控系统。
6. 开挖和降水施工、坑壁及支护施工应符合标准要求。

8. 承台与墩台

风险辨识范围:桥涵工程	
序号:5.8	作业单元:承台与墩台

可能造成的事故类型及发生后的风险等级:
坍塌(一般风险)、高处坠落(较小风险)、起重伤害(较小风险)

致险因素:
1. 承台施工模板和混凝土作业,不符合标准要求,可能导致坍塌。
2. 现浇墩、台身、盖梁施工,脚手架及作业平台未搭设牢固,与模板及其支撑体系连接不牢固,高处作业不符合要求,可能导致脚手架坍塌,或作业人员从高处坠落。模板未设置防倾覆设施,高墩且风力较大地区的墩身模板,未考虑风力影响,可能导致模板倾覆。混凝土浇筑不符合标准要求,可能导致坍塌。
3. 预制墩身吊装作业墩身重量不符合起重机规定,可能导致起重机倾覆、墩身掉落等。
4. 高墩翻模施工,翻模分节分块的重量超过起重设备的使用规定,可能导致起重机倾覆、翻模掉落等。每层模板未设工作平台,安全防护设施不足,可能导致作业人员从高处坠落。
5. 高墩爬(滑)模施工,爬(滑)模系统安全防护设施不足,可能导致作业人员从高处坠落。混凝土强度不够而拆模,可能导致坍塌。

管控措施：
1. 承台与墩台施工安全要求应按《公路工程施工安全技术规范》（JTG F90—2015）第8.1节"一般规定"、第8.9节"承台与墩台"和《公路桥涵施工技术规范》（JTG/T 3650—2020）第26.2节"安全施工"的相关要求执行。
2. 应按《公路水运工程安全生产监督管理办法》（交通运输部令2017年第25号）、《交通运输企业安全生产标准化建设基本规范 第17部分：公路水运工程施工项目》（JT/T 1180.17—2018）等文件的相关要求，落实安全生产条件，加强现场安全生产管理和安全技术管理。
3. 承台施工模板和混凝土作业应符合《公路工程施工安全技术规范》（JTG F90—2015）第5.2节"支架及模板工程"和第5.4节"混凝土工程"的有关规定。
4. 现浇墩、台身、盖梁施工，预制墩身吊装，高墩翻模施工，高墩爬（滑）模施工等应符合标准要求。

9. 砌体

风险辨识范围：桥涵工程

序号：5.9　　　　　　　　　　　　　　作业单元：砌体

可能造成的事故类型及发生后的风险等级：
坍塌（一般风险）、起重伤害（较小风险）、高处坠落（较小风险）、物体打击（较小风险）

致险因素：
1. 砌体工程施工，砌筑基础前未做好临时排水，基坑边坡不稳定，可能导致基坑坍塌。砌筑材料集中码放，压力集中，可能导致基坑坍塌。吊运砌筑材料时，可能导致起重伤害。在距地面2m及以上的高处进行砌筑、撬石、运料、开凿缝槽等作业时，未搭设作业平台，可能导致作业人员从高处坠落。破石及开凿缝槽作业人员之间的距离小于2m；人员在支架下方操作或停留；砌筑勾缝交叉作业等，可能导致物体打击。雨、冰冻后，可能出现砌体垂直度变化、裂缝、不均匀下沉等现象，未及时修复，可能导致坍塌。坡面砌筑从高处往下抛掷石料或自上而下自由滚落运送石料，可能导致物体打击。
2. 加筋土桥台施工，台背填筑施工过程中未随时观测加筋土桥台的变形、位移，出现异常未停止施工，及时处理，可能导致坍塌。
3. 勾缝及养护，涉及高处作业的，作业人员未系安全带、穿防滑鞋等，可能导致高处坠落。养护期间砌体震动、承重或碰撞砌体，可能导致砌体坍塌。

管控措施：
1. 砌体施工安全要求应按《公路工程施工安全技术规范》（JTG F90—2015）第8.1节"一般规定"、第8.10节"砌体"和《公路桥涵施工技术规范》（JTG/T 3650—2020）第26.2节"安全施工"的相关要求执行。
2. 应按《公路水运工程安全生产监督管理办法》（交通运输部令2017年第25号）、《交通运输企业安全生产标准化建设基本规范 第17部分：公路水运工程施工项目》（JT/T 1180.17—2018）等文件的相关要求，落实安全生产条件，加强现场安全生产管理和安全技术管理。
3. 砌体工程施工、加筋土桥台施工、勾缝及养护施工应符合标准要求。

10. 钢筋混凝土和预应力梁式桥

风险辨识范围:桥涵工程	
序号:5.10	作业单元:钢筋混凝土和预应力梁式桥

可能造成的事故类型及发生后的风险等级：
坍塌（一般风险）、起重伤害（一般风险）

致险因素：

1. 支架现浇施工，支架在承重期间，随意拆除任何受力杆件；承重模板支架未在张拉完成后拆除；梁体底模、支架未按设计要求顺序卸载等，可能导致坍塌。

2. 移动模架施工，混凝土浇筑过程中，模架的关键受力部位和支撑系统支撑不住，可能导致坍塌。

3. 装配式桥施工，构件移动、存放和吊装时，混凝土强度低于设计吊装强度（如低于设计强度的80%），可能导致构件坍塌。架桥机的抗倾覆性能不符合要求，可能导致架桥机倾覆。梁、板构件移动吊点位置不符合设计规定，使用冷拉钢筋制作构件吊环，可能导致梁、板构件坠落。

4. 悬臂浇筑，挂篮组拼后，未按最大施工组合荷载的1.2倍做荷载试验；挂篮锚固不稳定；挂篮未在混凝土强度符合要求后再移动，墩两侧挂篮未对称平稳地移动；就位后未立即锁定；挂篮每次移动后，未经检查验收；雨雪天或风力超过挂篮设计移动风力时，移动挂篮，可能导致挂篮强度不够而倾覆。

5. 悬臂拼装，梁段与车、船之间未安装防倾覆固定装置；梁段起吊时混凝土强度不符合设计规定；梁段起吊安装前，未对起吊设备进行全面安全技术检查；梁段正式起吊拼装前，起吊条件不符合要求；天气突然变化，卷扬机电机过热或其他机械设备出现故障时，未暂停吊运作业，并且未采取相应的应急避险措施，可能导致倾覆。

6. 顶推施工，顶推过程中，可能发生梁体轴线位置、墩台变形、主梁及导梁控制界面的挠度和应力变化。

7. 整孔预制安装箱梁施工，可能发生梁体两端未同步缓慢起落，从而冲击临时支座。

管控措施：

1. 钢筋混凝土和预应力梁式桥施工安全要求应按《公路工程施工安全技术规范》（JTG F90—2015）第8.1节"一般规定"、第8.11节"钢筋混凝土和预应力梁式桥"和《公路桥涵施工技术规范》（JTG/T 3650—2020）第26.2节"安全施工"的相关要求执行。

2. 应按《公路水运工程安全生产监督管理办法》（交通运输部令2017年第25号）、《交通运输企业安全生产标准化建设基本规范 第17部分:公路水运工程施工项目》（JT/T 1180.17—2018）等文件的相关要求，落实安全生产条件，加强现场安全生产管理和安全技术管理。

3. 支架现浇施工、移动模架施工、装配式桥施工、悬臂浇筑、悬臂拼装、顶推施工、整孔预制安装箱梁施工应符合标准要求。

11. 拱桥

风险辨识范围:桥涵工程	
序号:5.11	作业单元:拱桥

可能造成的事故类型及发生后的风险等级:
坍塌(重大风险)、高处坠落(较小风险)

致险因素:
1. 各类拱桥施工涉及高空作业,安全防护设施不符合标准要求,可能导致人员从高处坠落。
2. 拱架浇(砌)筑拱圈,浇(砌)筑时拱架可能变形。现浇混凝土拱圈的拱架未按设计要求拆除(设计无规定时应在拱圈混凝土达到设计强度的85%后拆除);浆砌圬工拱桥的拱架未在砂浆强度达到设计强度的85%后拆除;满布式落地拱架未从拱顶向拱脚依次循环拆除;拱架拆除未设专人指挥,使用机械强行拽拉拱架,可能导致坍塌。
3. 混凝土拱肋、横撑、斜撑施工,未在拱肋、横撑、斜撑混凝土强度达到100%后,按设计要求的顺序拆除支架,可能导致坍塌。
4. 悬臂浇筑混凝土拱圈,扣索和锚索未在合龙段混凝土强度符合设计规定的强度或达到设计强度的85%后拆除;挂篮未在拱脚处拆除,可能导致坍塌。
5. 斜拉扣挂法悬拼拱肋施工,扣索、锚索张拉端可能松扣。张拉、放张不对称,可能出现拱桥歪斜、倾覆。
6. 拱上吊机施工拱肋,拱上吊机抗倾覆稳定性不满足最不利工况要求;拱上吊机前行到位后,前支后锚不牢固;非工作状态时未收拢吊钩,臂杆未与钢梁固定;吊机纵、横移轨道上未配备止轮器等,可能导致倾覆。
7. 转体施工,转体施工前,未掌握转体作业期间的天气情况,在恶劣天气下进行转体施工;正式转体前未试转;转体完成后未及时约束固定,并浇筑施工球铰处的混凝土;合龙段施工时,悬臂端的临时压重及卸载未按照设计方案要求的重量、位置及顺序作业等,可能导致倾覆。
8. 有平衡重平转施工,转体前,未采用临时配重,设置锚固设施;转动体系不平衡,四周的保险支腿不稳固;合龙段混凝土达到设计强度后,未分批、分级松扣以及拆除扣、锚索等,可能导致坍塌。非转体作业人员进入作业区域,可能导致物体打击。
9. 无平衡重平转施工,尾索张拉、扣索张拉、拱体平转、合龙卸扣作业未监测索力、轴线、高程等;转动体系不灵活;位控体系不能控制转动体的转动速度和位置;合龙后扣索未对称、均衡、分级拆除,拆除过程中未监控拱轴线及扣索内力等,可能导致坍塌。
10. 竖转法施工,索塔的偏载、荷载变化和风力等超出设计要求;转动铰转动不灵活;恶劣天气进行转体施工。转动前未进行试转,竖转速度大于0.01rad/min;转动过程中扣索未同步提升,速度不可控等,可能导致坍塌。

管控措施:
1. 拱桥施工安全要求应按《公路工程施工安全技术规范》(JTG F90—2015)第8.1节"一般规定"、第8.12节"拱桥"和《公路桥涵施工技术规范》(JTG/T 3650—2020)第26.2节"安全施工"的相关要求执行。

2. 应按《公路水运工程安全生产监督管理办法》(交通运输部令 2017 年第 25 号)、《交通运输企业安全生产标准化建设基本规范 第 17 部分：公路水运工程施工项目》(JT/T 1180.17—2018)等文件的相关要求，落实安全生产条件，加强现场安全生产管理和安全技术管理。

3. 各类拱桥施工涉及高空作业，安全防护设施均应符合《公路工程施工安全技术规范》(JTG F90—2015)第 5.7 节"高处作业"的有关规定。

4. 拱架浇(砌)筑拱圈，混凝土拱肋、横撑、斜撑施工，悬臂浇筑混凝土拱圈，斜拉扣挂法悬拼拱肋施工，拱上吊机施工拱肋，转体施工，有平衡重平转施工，无平衡重平转施工，竖转法施工等应符合标准要求。

12. 斜拉桥

风险辨识范围：桥涵工程	
序号：5.12	作业单元：斜拉桥
可能造成的事故类型及发生后的风险等级： 坍塌(重大风险)、起重伤害(较小风险)、高处坠落(较小风险)、物体打击(较小风险)、火灾(较小风险)	

致险因素：

1. 混凝土索塔施工，患有高空禁忌症的人员从事索塔施工，每层施工面未设置安全立网和平网，可能导致作业人员从高处坠落。塔式起重机停机作业后，吊臂未顺风方向停放，遇大风，可能导致塔式起重机倾覆。骨架、模板、塔式起重机等构筑物顶部未设置有效的避雷设施，可能导致雷击。索塔施工机具、设备和物料的提升和吊运未使用专用吊具，起重设备、起重作业不符合标准要求，可能导致起重伤害。

2. 索塔横梁及塔身合龙段施工，支架系统安装完成后，未组织验收，强度、刚度和稳定性存在缺陷，可能导致坍塌。作业平台不牢固，安全护栏、安全网设置不符合要求，可能导致人员从高处坠落。横梁与索塔采用异步施工时，可能导致高处坠落、物体打击。

3. 钢梁施工，钢梁施工未编制专项施工方案，超过一定规模的危险性较大工程未按要求进行专家论证，未按照专项施工方案施工，可能导致坍塌、起重伤害、高处坠落、物体打击等。钢梁存放场地不平整、不稳固，排水不良，基础承载力不足，存放堆码大于两层，可能导致坍塌。梁段吊装，悬臂吊机不稳固，未设置缆风绳等软固定设施，可能导致吊机倾覆、吊物坠落等。临边未设置防护栏杆等，可能导致作业人员从高处坠落。长悬臂状态下的主梁在大风或台风季节进行施工，且未验算长悬臂主梁的稳定性，未采取临时抗风加固措施，可能导致倾覆。梁段焊缝探伤作业人员未穿带有防辐射功能的防护背心，可能受到辐射。

4. 混凝土主梁挂篮悬浇，挂篮行走速度大于 0.1m/min，前移滑道未铺设平整、顺直，偏移，可能导致坍塌。挂篮锚固不稳定；挂篮未在混凝土强度符合要求后移动；就位后未立即锁定；挂篮每次移动后，未经检查验收；雨雪天或风力超过挂篮设计移动风力时，移动挂篮，可能导致挂篮强度不够而倾覆。

5. 斜拉索施工，斜拉索展开时，索头小车未保持平衡，操作人员与索体距离小于 1m，作业人员可能受到物体打击。操作平台不稳固，未设置防护栏，操作平台底未挂安全网，可能导致作业人员从高处坠落。塔腔内存放易燃易爆物品，遇点火源，可能导致火灾、爆炸。塔腔内撑脚千斤顶、手拉葫芦及千斤顶的吊点不符合要求，千斤顶、油泵等机具及测力设备未定期校验，每挂 5 对索未用探伤仪检查一次张拉杆，张拉杆出现裂纹、疲劳及变形时，可能导致坍塌。

管控措施：
1. 斜拉桥施工安全要求应按《公路工程施工安全技术规范》（JTG F90—2015）第8.1节"一般规定"、第8.13节"斜拉桥"和《公路桥涵施工技术规范》（JTG/T 3650—2020）第26.2节"安全施工"的相关要求执行。
2. 应按《公路水运工程安全生产监督管理办法》（交通运输部令2017年第25号）、《交通运输企业安全生产标准化建设基本规范 第17部分：公路水运工程施工项目》（JT/T 1180.17—2018）等文件的相关要求，落实安全生产条件，加强现场安全生产管理和安全技术管理。
3. 混凝土索塔施工、索塔横梁及塔身合龙段施工、钢梁施工、混凝土主梁挂篮悬浇、斜拉索施工应符合标准要求。

13. 悬索桥

风险辨识范围：桥涵工程	
序号：5.13	作业单元：悬索桥

可能造成的事故类型及发生后的风险等级：
坍塌（重大风险）、起重伤害（较小风险）、高处坠落（较小风险）、放炮（较大风险）

致险因素：
1. 重力式锚碇基坑作业，基坑开挖施工未分层开挖，未及时支护坑壁，排水不畅，可能导致基坑坍塌。夜间施工基坑周围未设置警示灯，可能导致人员跌入坑内。
2. 重力式锚碇基础施工，沉井作为锚碇基础施工，不符合深井作业的安全要求，在施工下沉过程中未注意观察江边堤防等水利设施的稳定情况，发现异常未及时采取相关措施，可能导致坍塌。地下连续墙基础施工，不符合地下连续墙作业的安全要求，未在基坑开挖前对地下连续墙基底的基岩裂隙进行压浆封闭，并且未采取防渗措施，可能导致坍塌。脚手架作业不符合安全要求，可能导致脚手架坍塌，作业人员从高处坠落。
3. 隧道锚洞室开挖和岩锚开挖，未进行爆破试验，未修正爆破方案，未按爆破方案作业，可能导致人员伤亡。
4. 索塔施工，患有高空禁忌症的人员从事索塔施工，每层施工面未设置安全立网和平网，可能导致作业人员从高处坠落。塔式起重机停机作业后，吊臂未顺风方向停放，遇大风，可能导致塔式起重机倾覆。骨架、模板、塔式起重机等构筑物顶部未设置有效的避雷设施，可能导致雷击。索塔施工机具、设备和物料的提升和吊运未使用专用吊具，起重设备、起重作业不符合标准要求，可能导致起重伤害。
5. 索鞍吊装施工，索鞍吊装时未垂直起吊，地面各作业施工区域场地应设置警戒区，吊装过程中构件下方站人或有人员过往，可能导致起重伤害。索鞍吊装施工中还可能导致高处坠落。
6. 先导索施工，先导索施工前未对施工方案进行专项论证，未加强先导索跨越区域的监控；恶劣天气进行先导索牵引作业；火箭牵引先导索施工未经相关部门批准，火箭发射及着陆区域应设置安全警戒区；拖轮牵引未经海事、航道管理部门批准，施工期间未封航；直升机、无人机性能不满足牵引技术要求，未按规定经有关部门批准等，可能导致撞物、撞人等事故。

7. 猫道施工设计、猫道架设、猫道拆除,设计时,猫道的强度、刚度和抗风稳定性不符合要求,可能导致坍塌。承重索及其他钢丝绳投入使用前未严格验收,使用断丝、变形锈蚀等超出相应规定的钢丝绳,施工过程中未注意检查和防护,可能导致承重索、钢丝绳断裂、猫道坍塌。猫道外侧未设置扶手绳及钢丝密目网,可能导致高处坠落。猫道拆除未按照专项施工方案作业,未分段拆除,可能导致坍塌。

8. 主缆施工,索股放索速度超过方案规定值,索股牵引过程中未有专人跟踪牵引锚头,索股锚头入锚后未临时锚固,操作人员处于索股下方等,可能导致物体打击。

9. 索夹与吊索施工,缆索式起重机制动不良,吊运作业运行速度不平稳,作业人员未在吊运构件到位稳定后作业,吊运物体时,作业人员沿主缆顶面行走,可能导致起重伤害、高处坠落。

10. 加劲梁施工,吊机、吊索具等未专门设计,吊装作业前未按各工况进行试吊,吊装设备未安排专人负责监测,发现吊绳松弛、油泵漏油、吊具偏位等情况未立即停止作业,吊装的梁体上搭载人员、材料及设备,可能导致起重伤害。

管控措施:
1. 悬索桥施工安全要求应按《公路工程施工安全技术规范》(JTG F90—2015)第8.1节"一般规定"、第8.14节"悬索桥"和《公路桥涵施工技术规范》(JTG/T 3650—2020)第26.2节"安全施工"的相关要求执行。
2. 应按《公路水运工程安全生产监督管理办法》(交通运输部令2017年第25号)、《交通运输企业安全生产标准化建设基本规范 第17部分:公路水运工程施工项目》(JT/T 1180.17—2018)等文件的相关要求,落实安全生产条件,加强现场安全生产管理和安全技术管理。
3. 重力式锚碇基坑作业、重力式锚碇基础施工、隧道锚洞室开挖和岩锚开挖、索塔施工、索鞍吊装施工、先导索施工、猫道施工设计、猫道架设、猫道拆除、主缆施工、索夹与吊索施工、加劲梁施工应符合标准要求。

14. 钢桥

风险辨识范围:桥涵工程	
序号:5.14	作业单元:钢桥

可能造成的事故类型及发生后的风险等级:
起重伤害(一般风险)、车辆伤害(较小风险)、高处坠落(较小风险)、触电(较小风险)、物体打击(较小风险)

致险因素:
1. 平板拖车运输钢桥构件,超速行驶;重车下坡速度过快且紧急制动;转弯或险要地段时,未降低车速;构件超高等,可能导致车辆碰撞或撞人、撞物等。
2. 水上运输钢桥构件,钢桥构件未安放平稳;拖轮牵引驳船行进速度过快且急转弯等,可能导致船舶倾覆、人员落水淹溺。
3. 轨道平车运输钢桥构件,大型构件装载不稳定,发现异常未停止作业;下坡时未以溜绳控制速度,并由人工拖拉止轮木块跟随前进,可能导致平车歪斜、构件坍塌。
4. 水上安装不符合安全要求,可能导致人员落水淹溺。

5. 构件组拼和钢桥安装、钢桥现场检验检测可能涉及高处作业,若作业人员违章作业,个体防护装备配备不当等,可能导致高处坠落。

6. 装拆脚手架、上紧螺栓、铆合等作业时交叉作业,可能导致作业人员受到物体打击。

7. 钢梁上的各种电动机械和电缆线、照明线路等,未保持绝缘良好,可能导致人员触电。

8. 架梁用的扳手、小工具、冲钉及螺栓等未存放在工具袋内,随意抛掷;多余的料具应及时清理,可能导致作业人员受到物体打击。

9. 悬臂拼装法施工,构件起吊前,未检查构件,吊环有损伤,结合面有突出外露物,构件上有浮置物件等,可能导致吊物坠落。构件未垂直起吊,并保持平衡稳定,可能碰撞已安装构件和其他作业设施。构件起升后,运送构件的车辆或船舶应迅速撤出,否则构件坠落,可能砸到车辆和船舶。

10. 顶推过程中,可能发生梁体轴线变形、界面的挠度和应力变化。

管控措施:
1. 钢桥施工安全要求应按《公路工程施工安全技术规范》(JTG F90—2015)第8.1节"一般规定"、第8.15节"钢桥"和《公路桥涵施工技术规范》(JTG/T 3650—2020)第26.2节"安全施工"的相关要求执行。

2. 应按《公路水运工程安全生产监督管理办法》(交通运输部令2017年第25号)、《交通运输企业安全生产标准化建设基本规范 第17部分:公路水运工程施工项目》(JT/T 1180.17—2018)等文件的相关要求,落实安全生产条件,加强现场安全生产管理和安全技术管理。

3. 钢桥安装应编制专项施工方案,应附具临时支架、支承、吊机等临时结构和钢桥结构本身在不同受力状态下的强度、刚度及稳定性验算结果。

4. 平板拖车运输钢桥构件、水上运输钢桥构件、轨道平车运输钢桥构件、水上安装、构件组拼和钢桥安装、钢梁杆件组装、悬臂拼装法施工等应符合标准要求。

15. 桥面与附属工程

风险辨识范围:桥涵工程	
序号:5.15	作业单元:桥面与附属工程
可能造成的事故类型及发生后的风险等级: 高处坠落(一般风险)、物体打击(较小风险)	
致险因素: 1. 桥面系施工前,上下行桥之间空隙处未满布安全网,可能导致人员从高处坠落。 2. 反开槽安装的伸缩装置槽口未临时铺设钢板或沙袋,并且未在开槽处设置警示标志,可能导致车辆歪斜、人员跌倒。 3. 桥面清扫垃圾、冲洗弃渣直接抛往桥下,可能导致人员物体打击。 4. 装配式梁式桥防撞护栏施工时,边梁与中梁连接不牢,可能导致作业人员受到物体打击。	
管控措施: 1. 桥面和附属工程施工安全要求应按《公路工程施工安全技术规范》(JTG F90—2015)第8.1节"一般规定"、第8.16节"桥面与附属工程"和《公路桥涵施工技术规范》(JTG/T 3650—2020)第26.2节"安全施工"的相关要求执行。	

2. 应按《公路水运工程安全生产监督管理办法》(交通运输部令 2017 年第 25 号)、《交通运输企业安全生产标准化建设基本规范　第 17 部分:公路水运工程施工项目》(JT/T 1180.17—2018)等文件的相关要求,落实安全生产条件,加强现场安全生产管理和安全技术管理。

3. 桥面系施工前,上下行桥之间空隙处应满布安全网。

4. 反开槽安装的伸缩装置槽口应临时铺设钢板或沙袋,并应在开槽处设置警示标志。

5. 桥面清扫垃圾、冲洗弃渣等应集中收集后运往指定地点,不得直接抛往桥下。

6. 混凝土防撞护栏的施工应符合下列规定:装配式梁式桥防撞护栏施工前,边梁应与中梁连接牢固。单柱墩桥梁防撞护栏应两侧对称施工。

16. 涵洞与通道

风险辨识范围:桥涵工程	
序号:5.16	作业单元:涵洞与通道

可能造成的事故类型及发生后的风险等级：
坍塌(一般风险)、高处坠落(较小风险)、物体打击(较小风险)

致险因素：
1. 顶进前,未注浆加固易坍塌土体,可能导致施工时坍塌。
2. 雨季顶进施工时,未采取防洪、排水措施,可能导致基坑坍塌。
3. 顶进作业时,地下水位未降至涵洞或通道桥涵基础底面 1m 以下,且降水作业未控制土体沉降,可能导致坍塌。
4. 传力柱上方站人,顶进时未安排专人密切观察传力柱的变化,有拱起、弯曲等变形时,未立即停止顶进,可能导致传力柱打击。
5. 顶进挖土时,未派专人监护,可能导致坍塌。
6. 顶进挖土作业未坚持"勤挖快顶"的原则,掏洞取土、逆坡挖土、顶进暂停期内挖土等,可能导致坍塌。
7. 挖土机械碰撞加固设施和桥涵主体结构,可能导致坍塌。
8. 人工清理开挖工作面时,挖土机械未退出开挖面,作业人员可能被机械碰伤。
9. 支点桩爆破拆除,可能导致坍塌。
10. 涵洞基坑和顶进工作坑开挖不符合安全要求,未做好边坡稳定监测,未做好支护,未分层开挖,乱挖超挖,可能导致基坑坍塌。
11. 现场浇筑涵洞或通道桥涵时,支架、模板未安装牢固,可能导致作业人员从高处坠落。

管控措施：
1. 涵洞与通道施工安全要求应按《公路工程施工安全技术规范》(JTG F90—2015)第 8.1 节"一般规定"、第 8.17 节"涵洞与通道"和《公路桥涵施工技术规范》(JTG/T 3650—2020)第 26.2 节"安全施工"的相关要求执行。
2. 应按《公路水运工程安全生产监督管理办法》(交通运输部令 2017 年第 25 号)、《交通运输企业安全生产标准化建设基本规范　第 17 部分:公路水运工程施工项目》(JT/T 1180.17—2018)等文件的相关要求,落实安全生产条件,加强现场安全生产管理和安全技术管理。

3. 顶进法施工涵洞或通道桥涵应编制专项施工方案。
4. 顶进前应编制公路中断和抢修预案,并应配备抢修人员和物资。雨季不宜进行顶进作业,无法避开时,应采取防洪、排水措施。
5. 涵洞基坑和顶进工作坑开挖、现场浇筑涵洞或通道桥涵施工等各项施工作业应符合标准要求。

17. 水中平台、围堰及基坑开挖与边坡支护

风险辨识范围:桥涵工程	
序号:5.17	作业单元:水中平台、围堰及基坑开挖与边坡支护
可能造成的事故类型及发生后的风险等级: 坍塌(一般风险)、高处坠落(较小风险)、淹溺(较小风险)	
致险因素: 1. 在平台、围堰和基坑的边沿未设置安全防护栏杆,可能导致人员从高处坠落、淹溺。 2. 当需度洪或度凌施工时,未采取可靠的防冲击或防撞击的安全防护措施,可能导致坍塌。 3. 基坑的开挖未按分层顺序作业,基坑顶部周边的临时荷载超过施工设计的规定;对深大基坑开挖时的边坡支护未进行变形监测,当变形超出允许范围时,未及时采取处理措施等,可能导致坍塌。	
管控措施: 1. 水中平台、围堰及基坑开挖与边坡支护安全要求应按《公路工程施工安全技术规范》(JTG F90—2015)第8.1节"一般规定"和《公路桥涵施工技术规范》(JTG/T 3650—2020)第26.2节"安全施工"的相关要求执行。 2. 应按《公路水运工程安全生产监督管理办法》(交通运输部令2017年第25号)、《交通运输企业安全生产标准化建设基本规范 第17部分:公路水运工程施工项目》(JT/T 1180.17—2018)等文件的相关要求,落实安全生产条件,加强现场安全生产管理和安全技术管理。 3. 位于水中的筑岛平台、钢制平台、围堰以及基坑的开挖与边坡支护等工程的施工,除应符合《公路桥涵施工技术规范》(JTG/T 3650—2020)相应章节的规定外,其施工安全尚应符合下列规定:①在平台、围堰和基坑的边沿应设置安全防护栏杆。②各种水中平台和围堰当需度洪或度凌施工时,应采取可靠的防冲击或防撞击的安全防护措施;在通航水域,水中的平台和围堰尚应设置预防船舶撞击的设施,并应设置夜间航行标志灯。③基坑的开挖应按分层顺序作业,基坑顶部周边的临时荷载不得超过施工设计的规定;对深大基坑开挖时的边坡支护应进行变形监测,当变形超出允许范围时,应及时采取处理措施。	

18. 水上作业

风险辨识范围:桥涵工程	
序号:5.18	作业单元:水上作业
可能造成的事故类型及发生后的风险等级: 淹溺(较大风险)	

致险因素：
1. 在通航的江河上施工时，水上交通的安全不符合现行《中华人民共和国内河交通安全管理条例》的规定，可能导致船舶碰撞。
2. 水上施工的船舶带病作业；作业前未掌握当地的气象和水文情况，遇有大风时未检查并加固船舶的锚缆等设施；气候恶劣易发生事故时未停止作业；施工船舶抛锚、定位时未保持船体稳定；交通船超员强渡等，可能导致船舶翻沉，人员落水淹溺。
3. 水上作业船舶未配备救生和消防设施，水上作业人员未穿救生衣，人员落水时，不能及时救援，可能导致事故后果扩大。

管控措施：
1. 水上作业安全要求应按《公路工程施工安全技术规范》（JTG F90—2015）第 8.1 节"一般规定"和《公路桥涵施工技术规范》（JTG/T 3650—2020）第 26.2 节"安全施工"的相关要求执行。
2. 应按《公路水运工程安全生产监督管理办法》（交通运输部令 2017 年第 25 号）、《交通运输企业安全生产标准化建设基本规范 第 17 部分：公路水运工程施工项目》（JT/T 1180.17—2018）等文件的相关要求，落实安全生产条件，加强现场安全生产管理和安全技术管理。
3. 水上作业时的施工安全应符合下列规定：①在通航的江河上施工时，水上交通的安全应符合现行《中华人民共和国内河交通安全管理条例》的规定。②水上施工的船舶应经船检部门检验合格后方可使用，不得带病作业。作业前应随时掌握当地的气象和水文情况，遇有大风时应检查并加固船舶的锚缆等设施；雨、雾天视线不清时，船舶应显示规定的信号，气候恶劣易发生事故时应停止作业或航行。交通船应按规定的载人数量渡运，严禁超员强渡。③施工船舶在作业前，应了解作业区域的水深、流速及河床地质等情况，抛锚、定位时应保持船体稳定；作业船锚链后，应设置警示标志。④各种用于水上施工作业的船舶均应配备救生和消防设施。水上作业的施工人员必须穿救生衣。

19. 高处作业

风险辨识范围：桥涵工程

序号：5.19	作业单元：高处作业

可能造成的事故类型及发生后的风险等级：
高处坠落（一般风险）、坍塌（重大风险）、物体打击（较小风险）

致险因素：
1. 高处施工作业未设置必要的安全防护设施，施工过程中发现防护设施有缺陷或隐患时，未采取措施及时解决；需要临时拆除或变动安全防护设施进行作业时，未采取可靠的替代措施保证作业安全，且未在作业后立即恢复，可能导致人员从高处坠落。
2. 高处作业时设置的走梯、通道等未随时清扫干净；雨天或雪天进行高处作业时，未采取可靠的防滑、防冻措施，水、冰、雪、霜等未及时清除，可能导致人员滑倒，从高处坠落。
3. 高处作业时所用的物料未堆放平稳；高处作业区所有可能坠落的物件未加以固定，拆下的物件及余料未及时清理，向地面随意抛掷；作业人员未将使用后的小型工具随手放入工具袋，传递物件时采用抛掷的方式进行等，可能导致物体打击。
4. 拆除作业时，不符合标准要求，上下同时拆除，可能导致坍塌。

5. 恶劣天气高处作业,可能导致人员从高处坠落。

6. 作业人员高处作业时,未正确系挂安全带、未穿防滑鞋,或违章攀爬脚手架、操作平台、栏杆等,可能导致高处坠落。

管控措施:

1. 高处作业安全要求应按《公路工程施工安全技术规范》(JTG F90—2015)第8.1节"一般规定"和《公路桥涵施工技术规范》(JTG/T 3650—2020)第26.2节"安全施工"的相关要求执行。

2. 应按《公路水运工程安全生产监督管理办法》(交通运输部令2017年第25号)、《交通运输企业安全生产标准化建设基本规范 第17部分:公路水运工程施工项目》(JT/T 1180.17—2018)等文件的相关要求,落实安全生产条件,加强现场安全生产管理和安全技术管理。

3. 施工作业前,应逐级对现场施工人员进行安全技术交底,落实安全技术措施后方可正式施工。

4. 作业时施工人员必须佩戴安全帽、系安全带。

5. 高处作业中使用的机械设备、工具和电气设施等,应在施工前经检查并确认其完好后,方可投入使用。

6. 高处作业应设置必要的安全防护设施。

7. 作业现场应采取可靠的防滑、防冻措施。

8. 高处作业应符合标准要求。

9. 在6级以上强风、浓雾、暴雨和暴风雪等恶劣气候条件下,不应进行高处施工作业。台风、暴雨及暴风雪过后,应对高处作业的安全防护设施进行全面检查,当有变形、损坏、松动和脱落等现象时,应尽快进行修复。

20. 起重吊装作业

风险辨识范围:桥涵工程

序号:5.20	作业单元:起重吊装作业

可能造成的事故类型及发生后的风险等级:
起重伤害(一般风险)、物体打击(较小风险)

致险因素:

1. 起重设备安全装置、钢丝绳、滑轮、吊索、卡环、地锚等不符合标准要求;门式起重机、桅杆式起重机、缆索式起重机、架桥机、悬臂式起重机等进行起重吊装作业时,斜拉、斜吊,超载吊装,吊装起吊重量不明,埋于地下或黏结在地面上的构件;作业人员在已吊起的构件下或起重臂下旋转范围内作业或通行等,可能导致起重伤害。

2. 起重吊装时,在高处的作业人员未携带工具袋,在操作结束后未将工具和零配件及时装入工具袋内,随意向下方抛掷物品,可能导致物体打击。

3. 作业前未进行安全技术交底,未根据工程特点及作业环境编制专项施工方案,作业人员未持证上岗,会增大事故发生的可能性。

管控措施：
1. 起重吊装作业安全要求应按《公路工程施工安全技术规范》(JTG F90—2015)第8.1节"一般规定"和《公路桥涵施工技术规范》(JTG/T 3650—2020)第26.2节"安全施工"的相关要求执行。
2. 应按《公路水运工程安全生产监督管理办法》(交通运输部令2017年第25号)、《交通运输企业安全生产标准化建设基本规范 第17部分:公路水运工程施工项目》(JT/T 1180.17—2018)等文件的相关要求,落实安全生产条件,加强现场安全生产管理和安全技术管理。
3. 起重吊装作业前应详细勘察现场,根据工程特点及作业环境编制专项施工方案,方案应经审核批准后方可实施。
4. 起重使用的机械设备进入现场后应经检查验收。起重吊装采用的索具、吊具等在使用前应按施工方案要求的设计承载力逐件进行检查验收。
5. 起重吊装作业前应对作业人员进行安全技术交底。
6. 起重吊装的施工人员应持证上岗。
7. 当进行高处吊装作业或司机不能清楚地看到作业地点或信号时,应设置信息传递人员;起重吊装时,在高处的作业人员应携带工具袋,在操作结束后应及时将工具和零配件装入工具袋内,并不得随意向下方抛掷物品。
8. 采用门式起重机、桅杆式起重机、缆索式起重机、架桥机、悬臂式起重机等进行起重吊装作业时,应根据不同吊机的特点,采取相应的安全防护措施。

21. 防火安全

风险辨识范围:桥涵工程	
序号:5.21	作业单元:防火安全

可能造成的事故类型及发生后的风险等级：
火灾(一般风险)、其他爆炸(一般风险)

致险因素：
1. 各类气瓶未单独存放,存放的库房通风不良,各种设施不符合防爆的规定,遇点火源,可能发生火灾爆炸事故。
2. 未建立消防安全管理制度、动火作业审批制度和易燃易爆物品的管理办法,消防器材未配备或失效,防火安全责任不明确,应急能力不足,发生火灾爆炸事故时,不能及时有效组织灭火或报警,可能导致事故后果扩大。

管控措施：
1. 防火安全要求应按《公路工程施工安全技术规范》(JTG F90—2015)第8.1节"一般规定"和《公路桥涵施工技术规范》(JTG/T 3650—2020)第26.2节"安全施工"的相关要求执行。
2. 应按《公路水运工程安全生产监督管理办法》(交通运输部令2017年第25号)、《交通运输企业安全生产标准化建设基本规范 第17部分:公路水运工程施工项目》(JT/T 1180.17—2018)等文件的相关要求,落实安全生产条件,加强现场安全生产管理和安全技术管理。

3.工地施工现场应建立消防安全管理制度、动火作业审批制度和易燃易爆物品的管理办法,并应按不同的施工规模建立消防组织,落实监火人,配备义务消防人员,进行必要的消防知识培训,定期组织进行演习。

4.工地应按总平面布置图划分消防安全责任区,并应根据作业条件合理配备消防器材,对各类消防器材应定期检查和维护保养,保证其使用的有效性。各类气瓶应单独存放,存放的库房应通风良好,各种设施应符合防爆的规定。

5.当发生火险时,应迅速准确地向当地消防部门报警,并应及时清理通道上的障碍,组织灭火。

22. 季节性施工

风险辨识范围:桥涵工程	
序号:5.22	作业单元:季节性施工

可能造成的事故类型及发生后的风险等级:
坍塌(一般风险)、火灾(较小风险)、中毒和窒息(较小风险)、其他伤害(较小风险)

致险因素:
1.雨期施工作业时,未采取防雨、防洪、排水及防雷电的安全防护措施;傍山的施工现场未采取防滑坡、塌方的措施;各种临时设施包括支架、模板和脚手架等未采取防强风的措施等,可能导致坍塌。雷雨季节到来之前,未对现场防雷装置的完好性进行检查,可能造成雷击伤害。

2.冬期施工未采取防滑、防冻的安全防护措施,可能导致车辆倾覆,人员跌倒。对采用加热法养护混凝土的现场未有防火措施,可能导致火灾。用于冬期取暖的设施不符合防火和防煤气中毒的规定,可能导致火灾及人员中毒和窒息。

3.热期施工时,未按劳动保护的规定采取防暑降温措施,作业时未避开高温时段,可能导致人员中暑。

管控措施:
1.季节性施工安全要求应按《公路工程施工安全技术规范》(JTG F90—2015)第8.1节"一般规定"和《公路桥涵施工技术规范》(JTG/T 3650—2020)第26.2节"安全施工"的相关要求执行。

2.应按《公路水运工程安全生产监督管理办法》(交通运输部令2017年第25号)、《交通运输企业安全生产标准化建设基本规范 第17部分:公路水运工程施工项目》(JT/T 1180.17—2018)等文件的相关要求,落实安全生产条件,加强现场安全生产管理和安全技术管理。

3.工地现场应按施工作业的条件,并针对季节性施工的特点,制定相应的安全技术方案。

4.雨期施工作业时应采取防雨、防洪、排水及防雷电的安全防护措施。傍山的施工现场应采取防滑坡、防塌方的措施;各种临时设施包括支架、模板和脚手架等应有防强风的措施;雷雨季节到来之前,应对现场防雷装置的完好性进行检查,防止雷击伤害。

5.冬期施工应采取防滑、防冻的安全防护措施;对采用加热法养护混凝土的现场应有防火措施;用于冬期取暖的设施应符合防火和防煤气中毒的规定。

6.热期施工时,应按劳动保护相关规定采取防暑降温措施,作业时宜避开高温时段。

六 隧道工程风险管控清单

1. 洞口与明洞

风险辨识范围:隧道工程	
序号:6.1	作业单元:洞口与明洞

可能造成的事故类型及发生后的风险等级:
坍塌(较大风险)、透水(较小风险)、放炮(较大风险)、物体打击(较小风险)

致险因素:
1. 洞口施工前,未清理洞口上方及侧方可能滑塌的表土、灌木及山坡危石等,可能导致作业人员受到物体打击。
2. 洞口的截、排水系统未在进洞前完成,可能冲刷路基坡面、桥台锥体、农田屋舍。土质截水沟、排水沟未随挖随砌,可能导致坍塌。
3. 采用爆破方式掘进,洞口附近存在建(构)筑物,可能导致建(构)筑物沉降和位移。石质边、仰坡采用深眼大爆破或集中药包爆破开挖,可能导致坍塌,也可能导致人员伤亡。
4. 洞口边、仰坡坡面防护不到位,可能导致变形、坍塌,上方落物可能导致作业人员受到物体打击。
5. 洞口开挖未做好先支护后开挖、自上而下分层开挖、分层支护,掏底开挖、重叠开挖,可能导致坍塌。陡峭、高边坡的洞口未设安全棚、防护栏杆或安全网,上方落物可能导致作业人员物体打击。
6. 明洞施工,明洞开挖前,洞顶及四周未设防水、排水设施;明洞未自上而下开挖,乱挖、超挖;石质地段开挖未控制好爆破炸药用量,开挖后未及时施作边坡防护;开挖松软地层边、仰坡未随挖随支护等,可能导致透水或坍塌。

管控措施:
1. 洞口与明洞施工安全要求应按《公路工程施工安全技术规范》(JTG F90—2015)第9.1节"一般规定"、第9.2节"洞口与明洞"的相关要求执行。
2. 应按《隧道施工安全九条规定》(安监总管二〔2014〕104号)、《公路水运工程安全生产监督管理办法》(交通运输部令2017年第25号)、《交通运输企业安全生产标准化建设基本规范 第17部分:公路水运工程施工项目》(JT/T 1180.17—2018)等文件的相关要求,落实安全生产条件,加强现场安全生产管理和安全技术管理。
3. 洞口施工前,应先清理洞口上方及侧方可能滑塌的表土、灌木及山坡危石等。
4. 洞口施工应采取措施保护周围建(构)筑物、既有线、洞口附近交通道路。
5. 洞口的截、排水系统应在进洞前完成,并应与路基排水顺接,不得冲刷路基坡面、桥台锥体、农田屋舍,土质截水沟、排水沟应随挖随砌。
6. 洞口开挖应先支护后开挖、自上而下分层开挖、分层支护。不得掏底开挖或上下重叠开挖。陡峭、高边坡的洞口应根据设计和现场需要设安全棚、防护栏杆或安全网,危险段应采取加固措施。洞口工程应及早完成。

7.明洞施工应符合下列规定:①明洞开挖前,洞顶及四周应设防水、排水设施。②明洞应自上而下开挖。石质地段开挖应控制爆破炸药用量,开挖后应立即作边坡防护。③开挖松软地层边、仰坡应随挖随支护。④衬砌强度未达到设计的70%、防水层未完成时,不得回填。⑤明洞槽不宜在雨天开挖。

2. 开挖

风险辨识范围:隧道工程	
序号:6.2	作业单元:开挖

可能造成的事故类型及发生后的风险等级:
坍塌(重大风险)、放炮(重大风险)、冒顶片帮(重大风险)、物体打击(较小风险)

致险因素:
1.装药、起爆、通风、盲残炮处置、起爆点位置设置不符合标准要求,起爆后可能导致坍塌或人员伤亡。
2.爆破后未按先机械后人工的顺序找顶,并且未进行安全确认,可能导致人员受到物体打击。
3.人工开挖未设专人指挥,作业人员未保持安全操作距离,可能导致人员受到物体打击。
4.全断面法施工,在地质条件较差地段未对围岩进行超前支护或预加固,可能导致坍塌、冒顶片帮。
5.台阶法和环形开挖预留核心土法施工,围岩较差、开挖工作面不稳定、变形较大的隧道,未及时进行支护,可能导致坍塌。
6.中隔壁法施工,同侧上、下层开挖工作面未保持3~5m距离,可能导致坍塌。
7.双侧壁导坑法施工、仰拱开挖施工,施工作业不符合安全要求,开挖后未立即施作初期支护,可能导致坍塌。

管控措施:
1.开挖施工安全要求应按《公路工程施工安全技术规范》(JTG F90—2015)第9.1节"一般规定"、第9.3节"开挖"的相关要求执行。
2.应按《隧道施工安全九条规定》(安监总管二〔2014〕104号)、《公路水运工程安全生产监督管理办法》(交通运输部令2017年第25号)《交通运输企业安全生产标准化建设基本规范 第17部分:公路水运工程施工项目》(JT/T 1180.17—2018)等文件的相关要求,落实安全生产条件,加强现场安全生产管理和安全技术管理。
3.装药、起爆、通风、盲残炮处置等应符合现行《爆破安全规程》(GB 6722)的有关规定。长度小于300m的隧道,起爆站应设在洞口侧面50m以外;其余隧道洞内起爆站距爆破位置不得小于300m。
4.机械开挖应根据断面和作业环境选择机型、划定安全作业区域,并应设置警示标志。
5.人工开挖应设专人指挥,作业人员应保持安全操作距离。
6.全断面法施工应符合下列要求:应控制一次同时起爆的炸药量。地质条件较差地段应对围岩进行超前支护或预加固。
7.台阶法和环形开挖预留核心土法施工、中隔壁法施工、双侧壁导坑法施工、仰拱开挖施工应符合标准要求。

3. 装渣与运输

风险辨识范围:隧道工程	
序号:6.3	作业单元:装渣与运输

可能造成的事故类型及发生后的风险等级:
车辆伤害(一般风险)、物体打击(较小风险)

致险因素:
1. 运渣车辆存在故障、制动失效、超载、超宽、超高运输、载人等,可能导致车辆碰撞或撞人、撞物等。
2. 装渣、卸渣及运输作业场地的照明不满足作业需要,可能导致车辆碰撞或撞人、撞物及人员跌倒等。
3. 长、特长隧道施工有轨运输未配备载人列车,人员徒步行走,可能被车辆撞伤;未设专人操作,可能导致车辆事故。
4. 无轨运输未设置会车场所、转向场所及行人的安全通路,车、人混行,可能导致车辆碰撞或撞人、撞物等。

管控措施:
1. 装渣与运输安全要求应按《公路工程施工安全技术规范》(JTG F90—2015)第9.1节"一般规定"、第9.4节"装渣与运输"的相关要求执行。
2. 应按《隧道施工安全九条规定》(安监总管二〔2014〕104号)、《公路水运工程安全生产监督管理办法》(交通运输部令2017年第25号)、《交通运输企业安全生产标准化建设基本规范 第17部分:公路水运工程施工项目》(JT/T 1180.17—2018)等文件的相关要求,落实安全生产条件,加强现场安全生产管理和安全技术管理。
3. 装渣与运输应符合现行《公路隧道施工技术规范》(JTG/T 3660)的有关规定。
4. 运渣车辆应状态完好、制动有效,不得载人,不得超载、超宽、超高运输。
5. 装渣、卸渣及运输作业场地的照明应满足作业人员安全的需要,隧道内停电或无照明时,不得作业。
6. 长、特长隧道施工有轨运输应配备载人列车,并设专人操作。
7. 无轨运输应设置会车场所、转向场所及行人的安全通路。

4. 支护

风险辨识范围:隧道工程	
序号:6.4	作业单元:支护

可能造成的事故类型及发生后的风险等级:
坍塌(较大风险)、冒顶片帮(较大风险)、火灾(较大风险)、其他爆炸(较大风险)

致险因素:
1. 支护不到位,围岩自稳程度差的地段未进行超前支护、预加固处理,可能导致坍塌、冒顶片帮。未对支护各部位进行随时观察,支护变形或损坏时,作业人员未及时撤离现场,可能导致人员伤亡,事故后果扩大。

2. 焊接作业区域内有易燃易爆物品,遇点火源,可能发生火灾爆炸事故。下方有人员站立或通行,可能导致人员伤亡、事故后果扩大。

3. 喷射混凝土、锚杆、钢筋网、超前小导管、管棚支护、钢架施工不符合标准要求;钢架底脚基础不牢;已安装的钢架发生扭曲变形未及时逐榀更换;钢架变形更换时相邻的钢架同时更换;钢架未及时接长、落底;钢架底脚左右同时开挖;拱脚脱空,有积水浸泡;隧道钢架支撑未封闭成环时,拆除临时钢架支护等,可能造成钢架坍塌。

管控措施:
1. 支护施工安全要求应按《公路工程施工安全技术规范》(JTG F90—2015)第9.1节"一般规定"、第9.5节"支护"的相关要求执行。
2. 应按《隧道施工安全九条规定》(安监总管二〔2014〕104号)、《公路水运工程安全生产监督管理办法》(交通运输部令2017年第25号)、《交通运输企业安全生产标准化建设基本规范 第17部分:公路水运工程施工项目》(JT/T 1180.17—2018)等文件的相关要求,落实安全生产条件,加强现场安全生产管理和安全技术管理。
3. 围岩自稳程度差的地段应先进行超前支护、预加固处理,并应符合设计要求。
4. 应随时观察支护各部位,支护变形或损坏时,作业人员应及时撤离现场。
5. 必须强化施工工序和现场管理,确保支(防)护到位,严禁支护滞后和安全步距超标。
6. 焊接作业区域内不得有易燃易爆物品,下方不得有人员站立或通行。
7. 喷射混凝土、锚杆、钢筋网、超前小导管、管棚支护、钢架施工应符合标准要求。锚杆安设后不得随意敲击,其端部3天内不得悬挂重物。

5. 衬砌

风险辨识范围:隧道工程	
序号:6.5	作业单元:衬砌

可能造成的事故类型及发生后的风险等级:
坍塌(较大风险)、冒顶片帮(较大风险)、火灾(较小风险)、高处坠落(较小风险)、物体打击(较小风险)

致险因素:
1. 软弱围岩及不良地质隧道的二次衬砌未及时施作,可能导致坍塌、冒顶片帮。
2. 衬砌钢筋安装未设临时支撑,或临时支撑不牢固,可能导致坍塌。
3. 隧道内加工钢筋,可能产生火花,引燃隧道内可燃物质,导致火灾。
4. 钢筋焊接作业在防水板一侧未设阻燃挡板,产生的火花可能引燃隧道内可燃物质,导致火灾。
5. 衬砌台车、台架组装调试完成后未组织验收,未试行走,日常使用未按规定维护保养,可能导致作业人员从高处坠落,或被台车上堆放的物料打击。
6. 拱架、墙架和模板拆除,拆除顺序不符合要求,可能导致拱架、墙架和模板坍塌。
7. 仰拱浇筑未根据围岩情况分段浇筑,可能导致坍塌。

管控措施：
1. 衬砌施工安全要求应按《公路工程施工安全技术规范》(JTG F90—2015)第9.1节"一般规定"、第9.6节"衬砌"的相关要求执行。
2. 应按《隧道施工安全九条规定》(安监总管二〔2014〕104号)、《公路水运工程安全生产监督管理办法》(交通运输部令2017年第25号)、《交通运输企业安全生产标准化建设基本规范 第17部分：公路水运工程施工项目》(JT/T 1180.17—2018)等文件的相关要求，落实安全生产条件，加强现场安全生产管理和安全技术管理。
3. 软弱围岩及不良地质隧道的二次衬砌应及时施作，二次衬砌距掌子面的距离：Ⅳ级围岩不得大于90m，Ⅴ级及以上围岩不得大于70m。
4. 衬砌钢筋安装应设临时支撑，临时支撑应牢固可靠并有醒目的安全警示标志。
5. 隧道内不得加工钢筋。钢筋焊接作业在防水板一侧应设阻燃挡板。
6. 衬砌台车应经专项设计，衬砌台车、台架组装调试完成应组织验收，并应试行走，日常使用应按规定维护保养。
7. 拱架、墙架和模板拆除及仰拱浇筑等应符合标准要求。

6. 辅助坑道

风险辨识范围：隧道工程	
序号：6.6	作业单元：辅助坑道

可能造成的事故类型及发生后的风险等级：
坍塌（较大风险）、透水（较大风险）、车辆伤害（较小风险）、物体打击（较小风险）、高处坠落（较小风险）

致险因素：
1. 开挖前，未完成斜井、竖井井口周边的截水、排水系统和防冲刷设施，可能导致透水、坍塌。
2. 开挖前，未检查斜井、竖井与正洞连接处的围岩稳定情况，可能导致坍塌。
3. 开挖前，未根据围岩稳定情况检查结果确定并实施超前预加固措施；开挖后，应及时支护和监控量测，可能导致坍塌。
4. 横洞、平行导坑施工，未间隔200m左右设置一处错车道，可能导致车辆碰撞或撞人、撞物。
5. 斜井施工，无轨运输斜井内运输道路未硬化，未采取防滑措施，可能导致人员跌倒；进洞载物车辆车速大于8km/h，空车车速大于15km/h，出洞爬坡车速大于20km/h，可能导致车辆碰撞或撞人、撞物。有轨运输未设挡车器、防溜车装置、安全索等，车辆行驶时，井内人员通行或作业，可能导致车辆溜车、撞人、撞物等。斜井提升设备未按规定装设符合要求的防止过卷装置、防止过速装置、限速器、深度指示器、警铃、常用闸和保险闸等保险装置，斜井提升、连接装置和钢丝绳不符合安全使用的要求，牵引速度超过标准要求，每次提升、下放与停留没有明确的信号，可能导致提升设备坠落、相撞或撞人、撞物等。运送人员的车辆未设顶盖，可能导致作业人员被上方物体打击；未装可靠的防坠器，可能导致车辆坠落；未装向卷扬机司机发送紧急信号的装置，可能导致坠落时，事故后果扩大。
6. 竖井施工，井口未配置井盖，或井盖一直打开，落物可能对井下作业人员造成打击。井口周围未设防护栏杆和安全门，可能导致人员坠井。竖井井架未安装避雷装置，可能导致雷击。工作面附近或未衬砌地段发现落石、支撑发响、大量涌水时，作业人员未立即撤出井外，可能导致被淹、被埋。每次爆破后，未清除危石和掉落在井圈上的石渣，可能导致物体打击；初期支护和临时支撑不稳，可能导致坍塌。

管控措施：

1. 辅助坑道施工安全要求应按《公路工程施工安全技术规范》(JTG F90—2015)第9.1节"一般规定"、第9.7节"辅助坑道"的相关要求执行。

2. 应按《隧道施工安全九条规定》(安监总管二〔2014〕104号)、《公路水运工程安全生产监督管理办法》(交通运输部令2017年第25号)、《交通运输企业安全生产标准化建设基本规范 第17部分：公路水运工程施工项目》(JT/T 1180.17—2018)等文件的相关要求，落实安全生产条件，加强现场安全生产管理和安全技术管理。

3. 开挖前应妥善规划并完成斜井、竖井井口周边的截水、排水系统和防冲刷设施，斜井洞门、竖井锁口圈应及早施作。

4. 开挖前应检查斜井、竖井与正洞连接处的围岩稳定情况，应根据检查结果确定并实施超前预加固措施。开挖后，应及时支护和监控量测。

5. 横洞、平行导坑施工应符合标准要求。

6. 斜井施工的无轨运输、有轨运输、提升及连接设备、施工人员上下斜井等应符合标准要求。

7. 竖井施工应符合标准要求。提升机、罐笼、绞车应符合标准要求。

7. 防水和排水

风险辨识范围：隧道工程	
序号：6.7	作业单元：防水和排水

可能造成的事故类型及发生后的风险等级：
坍塌（较大风险）、透水（较大风险）、火灾（较小风险）、淹溺（较小风险）

致险因素：

1. 照明灯具与防水板间距离小于0.5m，烘烤防水板，可能导致火灾，现场未设置消防器材，可能导致事故后果扩大。

2. 隧道排水作业，抽水机排水能力不足，未设置备用抽水机，可能导致透水。遇渗漏水面积或水量突然增加，未立即停止施工，人员未撤至安全地点，可能导致人员伤亡。

3. 斜井及竖井排水，斜井未边掘进边排水，涌水量较大地段未分段截排水，可能导致涌水过大。竖井、斜井的井底未设置排水泵站，可能导致涌水过大。水箱、集水坑处未挂设警示牌标识，并对设备进行挡护，可能导致人员误入，落水淹溺。

管控措施：

1. 防水和排水施工安全要求应按《公路工程施工安全技术规范》(JTG F90—2015)第9.1节"一般规定"、第9.8节"防水和排水"的相关要求执行。

2. 应按《隧道施工安全九条规定》(安监总管二〔2014〕104号)、《公路水运工程安全生产监督管理办法》(交通运输部令2017年第25号)、《交通运输企业安全生产标准化建设基本规范 第17部分：公路水运工程施工项目》(JT/T 1180.17—2018)等文件的相关要求，落实安全生产条件，加强现场安全生产管理和安全技术管理。

3. 隧道防水板施工作业台架应设置消防器材及防火安全警示标志，并应设专人负责。照明灯具与防水板间距离不得小于0.5m，不得烘烤防水板。

4. 隧道排水、斜井及竖井排水应符合标准要求。

8. 通风、防尘及防有害气体

风险辨识范围:隧道工程	
序号:6.8	作业单元:通风、防尘及防有害气体
可能造成的事故类型及发生后的风险等级: 中毒和窒息(较大风险)、高处坠落(较小风险)、其他伤害(较小风险)	
致险因素: 1.隧道施工未按照隧道长度、断面大小、施工方法、设备条件等设置通风;新风供应不足;长及特长隧道施工未配备用通风机和备用电源,通风机故障时,不能及时提供新风;主风机间歇时,受影响的工作面未停止工作;通风未纳入工序管理,并且未安排专人负责等,导致施工现场有毒有害气体超标,可能导致作业人员中毒和窒息。 2.通风管安装作业台架不稳,可能导致人员从高处坠落。 3.作业现场空气中的氧气含量低于19.5%;一氧化碳(CO)、二氧化碳(CO_2)、氮氧化物(NO_x)等有害气体浓度超标,可能导致作业人员中毒和窒息。用纯氧通风换气,可能导致作业人员醉氧。 4.隧道施工未采取综合防尘措施,空气中粉尘浓度超标;未配备专用检测设备及仪器进行检测;隧道作业人员未配备防尘口罩、耳塞等个人劳动保护用品,并且未定期体检,作业人员可能出现尘肺等职业病。	
管控措施: 1.通风、防尘及防有害气体安全要求应按《公路工程施工安全技术规范》(JTG F90—2015)第9.1节"一般规定"、第9.9节"通风、防尘及防有害气体"的相关要求执行。 2.应按《隧道施工安全九条规定》(安监总管二〔2014〕104号)、《公路水运工程安全生产监督管理办法》(交通运输部令2017年第25号)、《交通运输企业安全生产标准化建设基本规范 第17部分:公路水运工程施工项目》(JT/T 1180.17—2018)等文件的相关要求,落实安全生产条件,加强现场安全生产管理和安全技术管理。 3.隧道通风、防尘及防有害气体措施应符合标准要求。	

9. 风、水、电供应

风险辨识范围:隧道工程	
序号:6.9	作业单元:风、水、电供应
可能造成的事故类型及发生后的风险等级: 其他爆炸(较大风险)、火灾(较大风险)、触电(较大风险)、物体打击(较小风险)	
致险因素: 1.空压站无防雷击设施,可能遭受雷击。供风管有裂纹、创伤和凹陷,管内留有残余物和其他脏物,可能导致隧道内新风不足、有脏物。软管与钢风管的连接不牢固,可能导致送风中的软管脱落击打作业人员。未在空压机停机或关闭闸阀后拆卸风管,可能导致风管中的脏物击打作业人员。在空压机风管进出口和软管旁有人员停留或物品放置,可能导致人员被风吸到进风口或被软管击打。	

2. 施工供水的蓄水池设于隧道正上方,无防渗漏措施及安全防护措施,可能导致水渗漏进隧道。

3. 自备发电机组与外电线路并列运行,可能产生很大的冲击电流,导致发电机受损。隧道施工用电未按设计要求设置双电源或自备电源,施工过程中断电,现场照度不够,可能导致物体打击、人员跌倒等多类事故。隧道外变电站未设置防雷击和防风装置,可能导致雷击。隧道内设置6~10kV变电站时,变压器与周围及上下洞壁的最小距离小于0.3m,变电站周围未设防护栏杆及警示灯;固定电线路未采用绝缘良好的胶皮安架设,临时电线路未采用橡套电缆,竖井、斜井地段未采用铠装电缆;漏水地段未采用防水灯具;检修电路与照明设备未切断电源等,可能导致人员触电。

4. 瓦斯隧道供电照明不符合现行《煤矿安全规程》的有关规定,通风设备未采用双回路输电,未设可靠的切换装置和防爆措施;瓦斯地段输电线未使用密封电缆;未采用防爆灯具等,可能导致火灾、爆炸、触电。

管控措施:

1. 风、水、电供应安全要求应按《公路工程施工安全技术规范》(JTG F90—2015)第9.1节"一般规定"、第9.10节"风、水、电供应"的相关要求执行。

2. 应按《隧道施工安全九条规定》(安监总管二[2014]104号)、《公路水运工程安全生产监督管理办法》(交通运输部令2017年第25号)、《交通运输企业安全生产标准化建设基本规范 第17部分:公路水运工程施工项目》(JT/T 1180.17—2018)等文件的相关要求,落实安全生产条件,加强现场安全生产管理和安全技术管理。

3. 风、水供应应符合标准要求。

4. 非瓦斯隧道施工供电应符合《公路工程施工安全技术规范》(JTG F90—2015)第4.4节"施工临时用电"要求。瓦斯隧道供电照明应符合现行《煤矿安全规程》的有关规定。隧道施工用电必须按设计要求设置双电源或自备电源。自备发电机组与外电线路必须电源联锁,严禁并列运行。

10. 不良地质和特殊岩土地段

风险辨识范围:隧道工程	
序号:6.10	作业单元:不良地质和特殊岩土地段
可能造成的事故类型及发生后的风险等级: 坍塌(重大风险)、瓦斯爆炸(重大风险)、放炮(重大风险)、透水(较大风险)	
致险因素: 1. 富水软弱破碎围岩隧道施工,未严格控制开挖循环进尺,初期支护未及时施作;未加强围岩稳定性、地下水监测,动态调整施工参数等,可能出现透水。出现浑水、突水突泥、顶钻、高压喷水、出水量突然增大、坍塌等异常时,未及时撤出作业人员,并未妥善处理,可能导致事故后果过大。 2. 岩溶地质隧道施工,未开展地质调查,制定防范措施;未备用足够数量的排水设备等,可能出现透水。岩溶段爆破开挖未严格控制单段起爆药量和总装药量,未控制爆破振动,可能引起坍塌。 3. 含水沙层和风积沙隧道施工,未严格控制循环进尺,并加强监控量测。开挖完成后未及时支护、尽早衬砌、封闭成环;施工过程中未遇缝必堵等,可能导致坍塌。 4. 黄土隧道施工,施工前未掌握详细的地质信息;进洞前,洞口的防排水系统未施作完毕;含水率较大的地层未及时排水,浸泡墙脚、拱脚;施工中未密切观察垂直节理、监测拱脚下沉等,可能导致坍塌。 5. 膨胀岩土地质隧道施工,施工前未查明现状,选择合适的施工方法和预控措施;未加强监测;未控制开挖循环进尺,分部开挖;开挖后未尽快初喷混凝土封闭岩面;岩面受水浸泡等,可能导致坍塌。	

6. 岩爆地质隧道施工,施工中未加强围岩特性等预报、预测和分析;未对暴露的岩面加大监测及找顶频次;拱部及边墙未布设预防岩爆锚杆,施工机械重要部位未加装防护钢板等,可能导致坍塌。出现岩爆迹象,作业人员未及时撤离,可能扩大事故后果。

7. 软岩大变形地质隧道施工,施工中未监测拱顶下沉、周边位移、底鼓、围岩内部位移、支护结构变形等情况,并及时调整支护参数;未严格控制循环进尺、仰拱、二次衬砌未及时施作、封闭成环等,可能导致坍塌。

8. 含瓦斯隧道施工,未编制专项施工方案、超前地质预报方案、通风设计方案、瓦斯监测方案、应急预案、作业要点手册;未做好安全技术交底;各作业面未配备瓦检仪;未做好瓦斯检测及数值验证,煤与瓦斯突出较大、变化异常时未加大检测频率;隧道通风不良,未配备双电源供电等,瓦斯超标,高瓦斯工区和瓦斯突出工区电气设备与作业机械未使用防爆型,火源管理不当,可能发生瓦斯爆炸。未配备消防设施,可能扩大事故后果。开挖完成后未及时喷锚支护、封闭围岩、堵塞岩面缝隙,可能导致坍塌、瓦斯泄漏。

9. 含瓦斯隧道施工,爆破作业未使用煤矿许用炸药和煤矿许用瞬发电雷管或煤矿许用毫秒延期电雷管,未使用防爆型发爆器起爆等,可能导致放炮。

10. 冻土隧道施工,季节性冻土段未安排在非冻季节施工;洞口未设置防寒保温门,洞口边、仰坡未"快开挖、快防护";开挖爆破后,未及时喷锚支护封闭围岩等,可能导致坍塌。

管控措施:
1. 不良地质和特殊岩土地段施工安全要求应按《公路工程施工安全技术规范》(JTG F90—2015)第9.1节"一般规定"、第9.11节"不良地质和特殊岩土地段"的相关要求执行。

2. 应按《隧道施工安全九条规定》(安监总管二〔2014〕104号)、《公路水运工程安全生产监督管理办法》(交通运输部令2017年第25号)、《交通运输企业安全生产标准化建设基本规范 第17部分:公路水运工程施工项目》(JT/T 1180.17—2018)等文件的相关要求,落实安全生产条件,加强现场安全生产管理和安全技术管理。

3. 富水软弱破碎围岩隧道施工应遵循"防、排、堵、截"相结合的原则治水,施工作业应符合标准要求。

4. 岩溶地质隧道施工应遵循"因地制宜、综合治理"的原则施工,施工作业应符合标准要求。

5. 含水沙层和风积沙隧道施工,含水沙段开挖应遵循"先治水、后开挖"的原则,风积沙地段开挖应遵循"先加固、后开挖"的原则,施工作业应符合标准要求。

6. 黄土隧道施工、膨胀岩土地质隧道施工、岩爆地质隧道施工、软岩大变形地质隧道施工、冻土隧道施工作业应符合标准要求。

7. 含瓦斯隧道施工,施工前应编制专项施工方案、超前地质预报方案、通风设计方案、瓦斯监测方案、应急预案、作业要点手册等。应建立专门机构,并设专人做好瓦斯检测、记录和报告工作,瓦斯监测员应按照相关规定经专业机构培训,并应取得相应的从业资格。瓦斯隧道严禁两个作业面之间串联通风。洞口20m范围内严禁明火。严禁使用黑火药或冻结、半冻结的硝化甘油类炸药,同一工作面不得使用两种不同品种的炸药。施工作业应符合标准要求。

11. 盾构施工

风险辨识范围:隧道工程	
序号:6.11	作业单元:盾构施工
可能造成的事故类型及发生后的风险等级: 坍塌(重大风险)、起重伤害(较小风险)、机械伤害(较小风险)、车辆伤害(较小风险)、物体打击(较小风险)	

致险因素：

1. 盾构始发，盾构工作井端头地基承载力不满足始发要求；始发基座不稳定，盾构扭转；千斤顶未均匀顶进，反力架受力不均匀；负环脱出盾尾后，未及时对管片环向加固；可能导致盾构机损坏。拆除刀盘不能直接破除的洞门围护结构，始发工作井端头地基不稳固，止水不好，未从上往下逐个依次拆除；洞门围护结构拆除后，盾构刀盘未及时靠紧开挖面；盾尾通过洞口后，未及时稳定洞口等，可能导致坍塌。

2. 盾构掘进，盾构刀具检查和更换地点未选择地质条件好、地层稳定的地段；维修刀盘，未对刀盘前方土体采取加固措施或施作竖井；盾构设备未在机器停止操作时维修；刀盘、拼装机等旋转设备部件区域维修前，设备未停止运转；液压系统维修前，未关闭相关阀门并降压；电气系统维修前，未关闭系统；空气和供水系统维修前，未关闭相应阀门并降压，可能导致作业人员受到机械伤害、物体打击。

3. 盾构管片拼装，拼装设备与管片连接不牢；管片拼装和吊运范围内有人和障碍物；拼装完的管片未及时固定等，可能导致起重伤害和物体打击。

4. 盾构接收，盾构到达前拆除洞门围护结构，拆除前，工作井端头的地基承载力、止水不满足要求，拆除时未控制凿除深度；隧道贯通前10环管片未加强同步注浆和即时注浆，盾尾通过洞口后未及时密封管片环与洞门间隙等，可能导致坍塌。

5. 盾构过站、掉头及解体，过站、掉头托架或小车的强度、刚度和稳定性不满足需要；牵引平移盾构不稳，钢丝绳不牢固；盾构解体前未关闭各系统，各部件支撑不牢等，可能导致盾构机脱轨，作业人员受到机械伤害、物体打击。

6. 特殊地质和施工环境条件下的盾构施工，浅覆土地段施工，机车可能上浮；小净距隧道施工，隧道可能坍塌；小半径曲线段隧道施工，盾构配套台车和编组列车可能脱轨或倾覆；大坡度地段，机车和盾构机后配套台车可能溜车。

7. 盾构施工运输，皮带输送机机架不稳，各部位运转不正常，皮带连接不牢，可能导致皮带输送机翻转，皮带断裂，漏料等。机车安全装置失效，各类物件未平稳放置、捆绑牢固、超载、超宽和超长运输，可能导致机车撞人、撞物，物件坍塌，击打作业人员等。

管控措施：

1. 盾构施工安全要求应按《公路工程施工安全技术规范》(JTG F90—2015) 第9.1节"一般规定"、第9.12节"盾构施工"的相关要求执行。

2. 应按《隧道施工安全九条规定》(安监总管二〔2014〕104号)、《公路水运工程安全生产监督管理办法》(交通运输部令2017年第25号)、《交通运输企业安全生产标准化建设基本规范 第17部分：公路水运工程施工项目》(JT/T 1180.17—2018) 等文件的相关要求，落实安全生产条件，加强现场安全生产管理和安全技术管理。

3. 盾构始发，盾构掘进，盾构管片拼装，盾构接收，盾构过站、掉头及解体，盾构洞门、联络通道施工应符合标准要求。

4. 特殊地质和施工环境条件下的盾构施工应制定监控量测方案。小净距隧道施工前，应加固隧道间土体；先建隧道管片壁后应注浆，隧道内应支设钢支撑；后建隧道施工应控制掘进速度、土仓压力、出渣量、注浆压力等。小半径曲线段隧道施工应制定防止盾构配套台车和编组列车脱轨或倾覆的措施。盾构下穿或近距离通过既有建（构）筑物、地下管线前，应详细调查并评估施工对该地段既有建（构）筑物、地下管线的影响，并应根据实际情况加固受盾构掘进影响的地基或基础、控制掘进参数，且应加强观测既有建（构）筑物的沉降、位移。大坡度地段机车和盾构机后配套台车应设置防溜装置。

5. 盾构施工运输，皮带输送机机架应坚固、平顺，各部位运转应正常。机车安全装置应可靠有效，各类物件应平稳放置、捆绑牢固，不得超载、超宽和超长运输。

12. 水下隧道

风险辨识范围：隧道工程	
序号：6.12	作业单元：水下隧道
可能造成的事故类型及发生后的风险等级： 透水（较大风险）、坍塌（较大风险）	
致险因素： 1.钻爆法施工，洞口浅埋段未进行预支护和注浆加固；隧道穿越断层、破碎带、风化深槽等软弱不良地层，未采取超前预加固及支护；围岩薄弱部位、高水压地段施工未采取防突涌、突水措施，注浆孔口未加设防突和止浆球阀装置，现场排水设备不足；未设分段隔水闸门，未采取分段式集、排水井坑排水等，可能导致透水、坍塌。 2.盾构法施工，不符合"盾构施工"的安全要求，洞门凿除前未探孔进行水位实时监测，未做好洞门止水密封等，可能导致透水、坍塌。 3.沉管法施工，沉管水密性能差；管节浮运、沉放时的水文、气象等工况条件不满足施工要求，浮运过程未设警戒船跟随；管节安装完成后，未在两岸设置禁止抛锚等警示标志等，可能导致沉管内透水。	
管控措施： 1.水下隧道施工安全要求应按《公路工程施工安全技术规范》（JTG F90—2015）第9.1节"一般规定"、第9.13节"水下隧道"的相关要求执行。 2.应按《隧道施工安全九条规定》（安监总管二〔2014〕104号）、《公路水运工程安全生产监督管理办法》（交通运输部令2017年第25号）、《交通运输企业安全生产标准化建设基本规范 第17部分：公路水运工程施工项目》（JT/T 1180.17—2018）等文件的相关要求，落实安全生产条件，加强现场安全生产管理和安全技术管理。 3.钻爆法施工、盾构法施工、沉管法施工应符合标准要求。	

13. 特殊地段

风险辨识范围：隧道工程	
序号：6.13	作业单元：特殊地段
可能造成的事故类型及发生后的风险等级： 坍塌（重大风险）、放炮（重大风险）、透水（较大风险）	
致险因素： 1.浅埋段施工，可能发生地表沉降、拱顶下沉。浅埋段地表冲沟、陷穴、裂缝等未回填夯实，砂浆抹面，可能导致地表水渗入。 2.偏压隧道施工，施工前，未进行平衡、加固处理；靠山一侧未加强支护，每次开挖进尺超过一榀钢架间距，且未及时封闭；未加强对围岩的监测等，可能导致坍塌。 3.地面有建（构）筑物时未采用控制爆破技术，可能导致周边建（构）筑物坍塌，人员伤亡。	

4.下穿隧道施工,未编制保证交通安全和周围结构安全的专项施工方案,或未按照方案施工;未加强监控量测,及时掌握隧道拱顶、净空变化及地表沉降情况,可能导致坍塌。

5.桩基托换法施工,沉降、应力、裂缝、变形和桩顶横向位移不符合安全要求,可能导致坍塌。

管控措施:

1.特殊地段施工安全要求应按《公路工程施工安全技术规范》(JTG F90—2015)第9.1节"一般规定"、第9.14节"特殊地段"的相关要求执行。

2.应按《隧道施工安全九条规定》(安监总管二〔2014〕104号)、《公路水运工程安全生产监督管理办法》(交通运输部令2017年第25号)、《交通运输企业安全生产标准化建设基本规范 第17部分:公路水运工程施工项目》(JT/T 1180.17—2018)等文件的相关要求,落实安全生产条件,加强现场安全生产管理和安全技术管理。

3.浅埋段施工、偏压隧道施工、地面有建(构)筑物时爆破、下穿隧道施工、桩基托换法施工应符合标准要求。

14.小净距及连拱隧道

风险辨识范围:隧道工程	
序号:6.14	作业单元:小净距及连拱隧道

可能造成的事故类型及发生后的风险等级:
坍塌(较大风险)、放炮(较大风险)

致险因素:

1.小净距隧道施工,两隧道工作面未错开施工,错开距离未大于2倍隧道开挖宽度;极软弱围岩段未加固两隧道相邻侧拱架基础;未采用低威力、低爆速炸药;爆破时另一洞内作业人员未撤离等,可能导致隧道坍塌、作业人员伤亡。

2.连拱隧道施工,中导洞作为爆破临空面;中隔墙混凝土未达到设计要求进行主洞上拱部开挖;先行洞模筑衬砌混凝土未达到设计要求进行后行洞的开挖和衬砌;连拱隧道中隔墙位移,未及时对中隔墙架设水平支撑等,可能导致坍塌。

管控措施:

1.小净距及连拱隧道施工安全要求应按《公路工程施工安全技术规范》(JTG F90—2015)第9.1节"一般规定"、第9.15节"小净距及连拱隧道"的相关要求执行。

2.应按《隧道施工安全九条规定》(安监总管二〔2014〕104号)、《公路水运工程安全生产监督管理办法》(交通运输部令2017年第25号)、《交通运输企业安全生产标准化建设基本规范 第17部分:公路水运工程施工项目》(JT/T 1180.17—2018)等文件的相关要求,落实安全生产条件,加强现场安全生产管理和安全技术管理。

3.小净距隧道施工、连拱隧道施工应符合标准要求。

15. 附属设施工程

风险辨识范围:隧道工程	
序号:6.15	作业单元:附属设施工程
可能造成的事故类型及发生后的风险等级： 坍塌(较小风险)、放炮(较大风险)、透水(较小风险)、火灾(较小风险)、其他爆炸(较小风险)	
致险因素： 1. 设备洞、横通道及其他洞室施工，洞室及与正洞连接地段爆破作业前，未选择合理的开挖爆破参数；所有人员未撤离至安全区域等，可能导致坍塌及人员伤亡。洞室的永久性防水、排水工程完成，可能导致透水。设备洞及横通道等处施工，围岩不稳定时未增设钢架支撑；开挖后未及时支护；与正洞连接地段，支护未予以加强，可能导致坍塌。 2. 装饰工程施工，易燃、易爆材料未设专人负责管理，管理不当，遇点火源可能发生火灾爆炸。未配备防火、防爆消防设备，可能导致事故后果扩大。 3. 通风机、蓄水池、电力管线及压力管道铺设等其他附属设施施工不符合施工临时用电、生产生活用水、混凝土工程、高处作业等相关安全要求，可能导致触电、坍塌、高处坠落等。	
管控措施： 1. 附属设施工程安全要求应按《公路工程施工安全技术规范》(JTG F90—2015)第9.1节"一般规定"、第9.16节"附属设施工程"的相关要求执行。 2. 应按《隧道施工安全九条规定》(安监总管二〔2014〕104号)、《公路水运工程安全生产监督管理办法》(交通运输部令2017年第25号)、《交通运输企业安全生产标准化建设基本规范 第17部分:公路水运工程施工项目》(JT/T 1180.17—2018)等文件的相关要求,落实安全生产条件,加强现场安全生产管理和安全技术管理。 3. 设备洞、横通道及其他洞室施工,装饰工程施工,通风机、蓄水池、电力管线及压力管道铺设等其他附属设施施工应符合标准要求。	

16. 超前地质预报和监控量测

风险辨识范围:隧道工程	
序号:6.16	作业单元:超前地质预报和监控量测
可能造成的事故类型及发生后的风险等级： 透水(较小风险)、其他伤害(较小风险)	
致险因素： 1. 超前地质预报和监控量测方案未根据隧道地质条件、支护参数、施工方法以及设计要求编制,复杂工程监测方案未经论证,施工作业过程中未起到超前预报的作用,可能导致事故后果扩大。 2. 监测系统未按要求进行相应的校对、标定和检查,施工监测数据不准确、可靠,可能导致误判,使得事故后果扩大。	

3. 施工监测信息未及时分析、反馈,变化异常区段未加强监测,可能失去最佳决策时机,可能导致事故后果扩大。

4. 超前地质预报,作业人员工作前未观察操作空间上方、周围以及开挖工作面附近的安全状态,未落实安全防护措施,现场照明不足,可能导致作业人员受到物体打击、跌倒等。钻探法预报,钻孔孔口管未安设牢固,钻机使用的高压风、高压水可能击打作业人员。

5. 监控量测作业,作业人员未对观测点周围环境状态进行观察判断,随时观察工作环境及周边安全状态;监控量测过程中未保证作业平台稳定牢固、安全防护到位,作业时照明不足等,可能导致作业人员跌倒。在富水区隧道安装量测仪器或进行钻孔时,发现岩壁松软、掉块或钻孔中的水压、水量突然增大,以及有顶钻等异常情况时,未停止钻进,并监测水情,可能导致透水。情况危急未立即撤出所有危险区域内的人员,可能导致人员伤亡。

管控措施:

1. 超前地质预报和监控量测安全要求应按《公路工程施工安全技术规范》(JTG F90—2015)第 9.1 节"一般规定"、第 9.17 节"超前地质预报和监控量测"的相关要求执行。

2. 应按《隧道施工安全九条规定》(安监总管二〔2014〕104 号)、《公路水运工程安全生产监督管理办法》(交通运输部令 2017 年第 25 号)、《交通运输企业安全生产标准化建设基本规范 第 17 部分:公路水运工程施工项目》(JT/T 1180.17—2018)等文件的相关要求,落实安全生产条件,加强现场安全生产管理和安全技术管理。

3. 超前地质预报和监控量测方案应根据隧道地质条件、支护参数、施工方法以及设计要求编制,复杂工程监测方案应经论证。

4. 施工监测应建立数据记录、计算、分析、复核及审核制度,数据应准确、可靠,具有可追溯性。

5. 施工监测信息应及时分析、反馈,变化异常区段应加强监测,并提出相应的对策措施。

6. 监测仪器、元件件及其构成的监测系统应可靠、耐久、稳定,并按要求进行相应的校对、标定和检查。

7. 超前地质预报和监控量测作业应符合标准要求。

17. 钻爆法开挖瓦斯隧道

风险辨识范围:隧道工程	
序号:6.17	作业单元:钻爆法开挖瓦斯隧道
可能造成的事故类型及发生后的风险等级: 瓦斯爆炸(重大风险)、坍塌(重大风险)、其他爆炸(重大风险)、火灾(重大风险)	
致险因素: 1. 瓦斯工区电气、瓦斯检测与监测、通风及作业机械等设备未按通过的最高瓦斯工区类别的要求配置;洞内作业人员未配备防爆型对讲机;瓦斯隧道施工未全程检测瓦斯,瓦斯工区未连续通风,隧道内瓦斯浓度超标;动火作业点 20m 范围内未跟踪检测瓦斯,瓦斯浓度大于 0.5%,火源管理不当等,可能导致瓦斯爆炸。瓦斯隧道未进行安全技术交底和安全培训;未制定管理制度;未制定应急预案并定期演练;瓦斯工区施工未将瓦斯浓度、风速、风量检测和连续通风作为关键环节进行控制;消防设施配置不当或失效;进入煤(岩)与瓦斯突出工区的作业人员未随身携带隔绝式自救器;高瓦斯、煤(岩)与瓦斯突出工区未与专业矿山救护队建立联系;发生瓦斯事故,未立即启动瓦斯事故救援预案等,可能导致事故后果扩大。	

2. 瓦斯地层防水板铺设后未及时施作二次衬砌,可能导致坍塌。瓦斯隧道塌方处理未遵循"先治理瓦斯、后处理塌方"的原则,可能导致事故后果扩大。

3. 采空区未开展专项瓦斯、涌水及围岩监测等工作,未采取抽排、封堵等措施处治瓦斯,可能导致瓦斯爆炸。

4. 具有煤层自燃倾向性和煤尘爆炸性的煤层施工,未采取湿式钻眼、水炮泥封孔、热源明火控制、通风和洒水等措施;未对暴露面及时封闭,空洞未采用不燃性材料回填密实等,可能导致煤层自燃和煤尘爆炸。

5. 瓦斯工区存放各种油类;待用和使用过的棉纱、布头和纸张等易燃可燃物品,未存放在密闭的铁桶内,遇点火源可能发生火灾。

管控措施:

1. 钻爆法开挖瓦斯隧道安全要求应按《公路瓦斯隧道设计与施工技术规范》(JTG/T 3374—2020)第3章"基本规定"、第11章"施工安全"的相关要求执行。

2. 应按《隧道施工安全九条规定》(安监总管二〔2014〕104号)、《公路水运工程安全生产监督管理办法》(交通运输部令2017年第25号)、《交通运输企业安全生产标准化建设基本规范 第17部分:公路水运工程施工项目》(JT/T 1180.17—2018)等文件的相关要求,落实安全生产条件,加强现场安全生产管理和安全技术管理。

3. 瓦斯隧道设计与施工阶段应进行安全风险评估。

4. 瓦斯隧道应根据瓦斯地层类别提出超前地质预报、钻爆作业、衬砌结构防护的技术要求,应根据瓦斯工区类别提出电气设备、作业机械、施工通风、瓦斯检测和监测技术要求。

5. 瓦斯隧道施工前应编制实施性瓦斯专项施工组织设计。

6. 瓦斯隧道施工应制定施工通风、瓦斯检测、施工人员管理等制度,编制应急预案,并进行演练。

7. 瓦斯隧道开工前,必须对施工作业及管理人员进行安全技术培训。瓦斯隧道各道工序、各种作业施工前,必须对作业人员进行安全技术交底和培训。

8. 瓦斯工区电气、瓦斯检测与监测、通风及作业机械等设备应按通过的最高瓦斯工区类别的要求配置。瓦斯隧道应建立门禁管理系统。洞内作业人员应配备防爆型对讲机,并在洞内作业区、洞外调度室、值班室内等地方建立通信联络系统。

9. 瓦斯隧道施工应全程检测瓦斯,瓦斯工区应连续通风。瓦斯工区施工应将瓦斯浓度、风速、风量检测和连续通风作为关键环节进行控制。

10. 瓦斯隧道塌方处理应遵循"先治理瓦斯、后处理塌方"的原则。塌方区域前后20m范围内的瓦斯浓度降至0.5%以下后,方可进行塌方处理。

11. 动火作业、易燃品管理应符合标准要求。

12. 进洞人员严禁穿化纤衣服,禁止携带烟草及点火物品、手机、钥匙等违禁物品。爆破工、电工、瓦检员等特种作业人员必须持证上岗。

18. 逃生与救援

风险辨识范围:隧道工程	
序号:6.18	作业单元:逃生与救援

可能造成的事故类型及发生后的风险等级：
其他伤害(较小风险)

致险因素：
1. 隧道施工未配备应急救援机械设备、监测仪器、堵漏和清洗消毒材料、交通工具、个体防护设备、医疗设备和药品、生活保障和救援物资等，未保障其完好有效；挪用救援物资及救援设备；无救援队伍；隧道通风、供水及供电设备未纳入正常工序管理，并设专人负责管理，施工过程中未设置备用设备和备用电源；隧道施工期间各施工作业面未安装有应急照明装置的报警系统装置；长、特长及高风险隧道未设报警系统及逃生设备、临时急救器械和应急生活保障品；重要场所未设置安全应急照明和应急逃生标志，光照度不符合要求等，可能导致事故时不能应急救援，扩大事故后果。

2. 软弱围岩隧道开挖掌子面至二次衬砌之间未设置逃生通道，并随开挖进尺不断前移；逃生通道距离开挖掌子面大于20m；逃生通道的刚度、强度及抗冲击能力不满足安全要求等，发生事故时，作业人员不能及时逃生，可能扩大事故后果。

管控措施：
1. 逃生与救援安全要求应按《公路工程施工安全技术规范》(JTG F90—2015)第9.1节"一般规定"、第9.18节"逃生与救援"的相关要求执行。
2. 应按《隧道施工安全九条规定》(安监总管二〔2014〕104号)、《公路水运工程安全生产监督管理办法》(交通运输部令2017年第25号)、《交通运输企业安全生产标准化建设基本规范 第17部分：公路水运工程施工项目》(JT/T 1180.17—2018)等文件的相关要求，落实安全生产条件，加强现场安全生产管理和安全技术管理。
3. 隧道施工应配备应急救援机械设备、监测仪器、堵漏和清洗消毒材料、交通工具、个体防护设备、医疗设备和药品、生活保障和救援物资等，应进行定期检查、维护和更新。不得挪用救援物资及救援设备。
4. 隧道施工应建立兼职救援队伍。
5. 隧道通风、供水及供电设备应纳入正常工序管理，设专人负责管理。
6. 隧道施工期间各施工作业面应安装有应急照明装置的报警系统装置。
7. 长、特长及高风险隧道应设报警系统及逃生设备、临时急救器械和应急生活保障品等。

七 交通安全设施风险管控清单

1. 护栏

风险辨识范围:交通安全设施	
序号:7.1	作业单元:护栏
可能造成的事故类型及发生后的风险等级: 高处坠落(较小风险)、物体打击(较小风险)、坍塌(较小风险)	
致险因素: 1. 运货车辆未停稳便装、卸货物,立柱堆放未采取防止滚落的措施,可能导致货物坍塌。 2. 打、压立柱的桩机未安设牢固;桩机移动时未注意避让地面沟槽、地上架空线路等障碍物,可能导致桩机歪斜、倾覆。 3. 缆索放线架和线盘未放置稳固,放线架未配有制动设施,可能导致放线架歪斜、滑移、倾覆。 4. 缆索架设作业,张拉时紧邻张拉跨中间立柱两侧站人,可能导致作业人员遭受物体打击。 5. 波形梁板安装后未及时固定,可能导致作业人员遭受物体打击。 6. 高边坡、陡崖、沿溪线的现浇混凝土护栏施工,作业人员未正确系挂安全带、穿防滑鞋,可能导致高处坠落。 7. 安装桥梁金属护栏时,作业人员未正确系挂安全带、穿防滑鞋,可能导致高处坠落。	
管控措施: 1. 护栏施工安全要求应按《公路工程施工安全技术规范》(JTG F90—2015)第 10.1 节"一般规定"、第 10.2 节"护栏"的相关要求执行。 2. 应按《公路水运工程安全生产监督管理办法》(交通运输部令 2017 年第 25 号)、《交通运输企业安全生产标准化建设基本规范 第 17 部分:公路水运工程施工项目》(JT/T 1180.17—2018)等文件的相关要求,落实安全生产条件,加强现场安全生产管理和安全技术管理。 3. 护栏施工应符合标准要求。	

2. 交通标志

风险辨识范围:交通安全设施	
序号:7.2	作业单元:交通标志
可能造成的事故类型及发生后的风险等级: 高处坠落(较小风险)、起重伤害(较小风险)	
致险因素: 1. 基坑位于现场通道或居民区附近时,未沿边缘设立防护栏杆或围挡,夜间未加设红色警示灯,人员误入,可能从高处坠落。	

2.标志安装涉及起重作业时,斜拉、斜吊、超载吊装,作业人员在已吊起的构件下或起重臂下旋转范围内作业或通行等,可能导致起重伤害。

3.安装门架标志时,作业人员站在门架横梁上作业,可能导致高处坠落。

管控措施:

1.交通标志施工安全要求应按《公路工程施工安全技术规范》(JTG F90—2015)第10.1节"一般规定"、第10.3节"交通标志"的相关要求执行。

2.应按《公路水运工程安全生产监督管理办法》(交通运输部令2017年第25号)、《交通运输企业安全生产标准化建设基本规范 第17部分:公路水运工程施工项目》(JT/T 1180.17—2018)等文件的相关要求,落实安全生产条件,加强现场安全生产管理和安全技术管理。

3.基坑位于现场通道或居民区附近时,应沿边缘设立防护栏杆或围挡,夜间应加设红色警示灯。

4.标志安装应符合标准要求。

3. 交通标线

风险辨识范围:交通安全设施	
序号:7.3	作业单元:交通标线

可能造成的事故类型及发生后的风险等级:
火灾(较小风险)、灼烫(较小风险)、中毒和窒息(较小风险)

致险因素:

1.交通标线用溶剂属于易燃可燃物,运输、存放标线涂料、溶剂未采取防火措施,可能发生火灾。

2.热熔釜熔料时最大投料量超过缸体的4/5,可能导致涂料外溢,烫伤作业人员;热熔釜和漆料保温桶上方出现明火,可能烫伤作业人员。

3.热熔作业时,作业人员未穿着防护服,未佩戴护目眼镜、防护手套和防有机气体口罩,可能导致人员灼烫、中毒和窒息。

管控措施:

1.交通标线施工安全要求应按《公路工程施工安全技术规范》(JTG F90—2015)第10.1节"一般规定"、第10.4节"交通标线"的相关要求执行。

2.应按《公路水运工程安全生产监督管理办法》(交通运输部令2017年第25号)、《交通运输企业安全生产标准化建设基本规范 第17部分:公路水运工程施工项目》(JT/T 1180.17—2018)等文件的相关要求,落实安全生产条件,加强现场安全生产管理和安全技术管理。

3.运输、存放标线涂料、溶剂应采取防火措施。

4.热熔作业时,作业人员应穿着防护服,佩戴护目眼镜、防护手套和防有机气体口罩。

4. 隔离栅和桥梁护网

风险辨识范围:交通安全设施	
序号:7.4	作业单元:隔离栅和桥梁护网

可能造成的事故类型及发生后的风险等级:
高处坠落(较小风险)、物体打击(较小风险)、机械伤害(较小风险)

致险因素：
1. 隔离栅安装时，作业人员未佩戴防穿刺手套，可能导致人员被划伤。
2. 混凝土立柱和基础预制块件存放高度超过 1.5m，可能导致物件坍塌。物件滚落卸载，可能导致人员被击伤。
3. 桥梁护网安装时，作业人员未正确系挂安全带、穿防滑鞋，可能导致高处坠落。

管控措施：
1. 隔离栅和桥梁护网施工安全要求应按《公路工程施工安全技术规范》(JTG F90—2015)第 10.1 节"一般规定"、第 10.5 节"隔离栅和桥梁护网"的相关要求执行。
2. 应按《公路水运工程安全生产监督管理办法》(交通运输部令 2017 年第 25 号)、《交通运输企业安全生产标准化建设基本规范 第 17 部分：公路水运工程施工项目》(JT/T 1180.17—2018)等文件的相关要求，落实安全生产条件，加强现场安全生产管理和安全技术管理。
3. 隔离栅安装作业人员应佩戴防穿刺手套。混凝土立柱和基础预制块件存放高度不得超过 1.5m，且应码放整齐，不得滚落卸载。
4. 桥梁护网安装时，作业人员和未完全固定的构件应采取预防坠落的措施。

5. 防眩设施

风险辨识范围：交通安全设施	
序号：7.5	作业单元：防眩设施
可能造成的事故类型及发生后的风险等级： 高处坠落（较小风险）、火灾（较小风险）	

致险因素：
1. 塑料防眩板属于可燃物，运输、存放塑料防眩板未采取防火措施，可能导致塑料防眩板发生火灾。
2. 桥梁上下行空隙处安装防眩板，作业人员未正确系挂安全带、穿防滑鞋，防眩板未系挂牢固，可能导致高处坠落。

管控措施：
1. 防眩设施施工安全要求应按《公路工程施工安全技术规范》(JTG F90—2015)第 10.1 节"一般规定"、第 10.6 节"防眩设施"的相关要求执行。
2. 应按《公路水运工程安全生产监督管理办法》(交通运输部令 2017 年第 25 号)、《交通运输企业安全生产标准化建设基本规范 第 17 部分：公路水运工程施工项目》(JT/T 1180.17—2018)等文件的相关要求，落实安全生产条件，加强现场安全生产管理和安全技术管理。
3. 运输、存放塑料防眩板时应采取防火措施。
4. 在桥梁上下行空隙处安装防眩板时应采取防坠落措施。

八 改扩建工程风险管控清单

1. 改扩建

风险辨识范围:改扩建工程	
序号:8.1	作业单元:改扩建

可能造成的事故类型及发生后的风险等级:
道路交通-撞人事件(较大风险)、道路交通-撞车事件(较大风险)、高处坠落(较小风险)、物体打击(较小风险)

致险因素:
1. 不中断交通进行公路改扩建工程施工,未设置控制区,可能造成社会车辆和人员误入,导致交通事故。
2. 施工路段两端及沿线进出口处未设置明显的临时交通安全设施,可能造成车辆违章转弯、掉头等,导致撞车、撞人等交通事故。
3. 爆破作业前未临时中断交通;爆破后未立即清理道路上的土、石;未检修公路设施;未达到行车条件开放交通,可能导致撞车、撞人等交通事故,车辆行驶崩起的石子,可能对车辆及人员造成伤害。
4. 边通车边施工路段,通车路段的路面未保持清洁,车辆行驶崩起的石子,可能对车辆及人员造成伤害。
5. 半幅施工作业区与车行道之间未设置隔离设施;未设专人和通信设备指挥交通、疏导车辆;弯道顶点附近堆放物料、机具,可能导致车辆拥挤以及撞车、撞人等交通事故。
6. 在居民点或公共场所附近开挖沟槽时,未设防护设施,夜间未设置照明灯和警示灯,可能导致人员掉入。
7. 作业人员未穿着反光服、佩戴贴有反光带的安全帽,对行驶车辆没有明显警示,可能导致被撞。

管控措施:
1. 改扩建施工安全要求应按《公路工程施工安全技术规范》(JTG F90—2015)第11.1节"改扩建"的相关要求执行。
2. 应按《公路水运工程安全生产监督管理办法》(交通运输部令2017年第25号)、《交通运输企业安全生产标准化建设基本规范 第17部分:公路水运工程施工项目》(JT/T 1180.17—2018)等文件的相关要求,落实安全生产条件,加强现场安全生产管理和安全技术管理。
3. 不中断交通进行公路改扩建工程施工,应按照现行《道路交通标志和标线》(GB 5768)、《公路养护安全作业规程》(JTG H30)和交通组织方案设置作业控制区。
4. 施工路段两端及沿线进出口处应设置明显的临时交通安全设施。
5. 爆破作业前应临时中断交通。爆破后应立即清理道路上的土、石,检修公路设施。应确认达到行车条件后开放交通。

6. 半幅施工作业区与车行道之间应设置隔离设施。应设专人和通信设备,指挥交通,疏导车辆。弯道顶点附近不宜堆放物料、机具。

7. 在居民点或公共场所附近开挖沟槽时,应设防护设施,夜间应设置照明灯和警示灯。

8. 作业人员应穿着反光服,佩戴贴有反光带的安全帽。

2. 拆除工程

风险辨识范围:改扩建工程	
序号:8.2	作业单元:拆除工程

可能造成的事故类型及发生后的风险等级：
坍塌(较大风险)、放炮(较大风险)、起重伤害(较小风险)、道路交通-车辆坠水坠沟事件(较小风险)、高处坠落(较小风险)

致险因素：
1. 拆除时,未设置警戒区,未按照从上至下、逐层、分段实施的原则进行交叉作业,可能导致被拆工程坍塌,人员受到物体打击。
2. 拆除现场未设置围挡、警示标志,非作业人员进入拆除现场,可能导致被物体打击。
3. 拆除旧桥、旧涵时,在旧桥的两端未设置禁止通行的路障及标志,夜间未悬挂警示灯,可能导致车辆误入、坠水、坠沟。
4. 隧道拆除二次衬砌前未采取有效预支护措施控制变形和沉降量;未对施工段进行监控量测等,可能导致坍塌。
5. 拆除作业涉及高处作业时,若作业人员未正确系挂安全带、未穿防滑鞋,或违章攀爬等,可能导致高处坠落。
6. 拆除作业涉及起重作业时,斜拉、斜吊、超载吊装、吊装起吊重量不明、埋于地下或黏结在地面上的构件;作业人员在已吊起的构件下或起重臂下旋转范围内作业或通行等,可能导致起重伤害。在高处的作业人员未携带工具袋,操作结束后未及时将工具和零配件装入工具袋内,随意向下方抛掷物品,可能导致物体打击。
7. 拆除时若涉及爆破作业,爆破作业未按照爆破设计方案或爆破说明书操作,未采取有效措施保护既有建(构)筑物,可能导致人员伤亡。
8. 拆除的材料未放置平稳,可能导致坍塌。
9. 拆除施工作业人员和机具未处于稳固位置,可能导致机具歪斜甚至倾覆以及人员跌倒。

管控措施：
1. 拆除工程安全要求应按《公路工程施工安全技术规范》(JTG F90—2015)第11.2节"拆除"的相关要求执行。
2. 应按《公路水运工程安全生产监督管理办法》(交通运输部令2017年第25号)、《交通运输企业安全生产标准化建设基本规范 第17部分:公路水运工程施工项目》(JT/T 1180.17—2018)等文件的相关要求,落实安全生产条件,加强现场安全生产管理和安全技术管理。
3. 应根据所拆除建(构)筑物的结构特点及施工环境要求确定拆除施工的段落、层次、顺序和方法。拆除施工应从上至下、逐层、分段实施,不得立体交叉作业。

4. 拆除现场应设置围挡、警示标志,非作业人员不得进入拆除现场。
5. 拆除作业涉及高处作业、起重作业、爆破作业时应符合标准要求。
6. 拆除施工作业人员和机具应处于稳固位置。必须进行临时悬吊作业时,应系好悬吊绳和安全绳。悬吊绳和安全绳应分别锚固,锚固位置应牢固。

3. 加固工程

风险辨识范围:改扩建工程

序号:8.3　　　　　　　　　　　　　　作业单元:加固工程

可能造成的事故类型及发生后的风险等级:
透水(较大风险)、坍塌(较大风险)、高处坠落(较小风险)、道路交通-撞人事件(较小风险)、道路交通-撞车事件(较小风险)

致险因素:
1. 采用化学材料施工时,未采取防火措施,可能导致火灾。
2. 桥梁基础加固未采取防洪、防汛措施,可能导致坍塌。
3. 不中断交通进行桥梁加固施工,未设置控制区,可能造成社会车辆和人员误入,导致交通事故。
4. 桥梁顶升,所用千斤顶的规格、型号不一致,顶升速度不一致,未保证随顶随支,未设置防止梁掉落的支垫保险装置,可能导致桥梁歪斜、倾覆。
5. 采用吊架加固梁体时,吊架不稳,可能导致作业人员从高处坠落。
6. 隧道治理渗漏水未以"疏、堵、截、排,综合治理"为原则,未保证二次衬砌混凝土强度和结构的完整性,注浆时破坏二次衬砌结构,可能导致透水。

管控措施:
1. 加固工程安全要求应按《公路工程施工安全技术规范》(JTG F90—2015)第11.3节"加固"的相关要求执行。
2. 应按《公路水运工程安全生产监督管理办法》(交通运输部令2017年第25号)、《交通运输企业安全生产标准化建设基本规范　第17部分:公路水运工程施工项目》(JT/T 1180.17—2018)等文件的相关要求,落实安全生产条件,加强现场安全生产管理和安全技术管理。
3. 采用化学材料施工时,应采取防火措施。
4. 桥梁基础加固应采取防洪、防汛措施。不中断交通的桥梁加固施工,应按照现行《道路交通标志和标线》(GB 5768)、《公路养护安全作业规程》(JTG H30)和交通组织方案设置作业控制区。桥梁顶升、采用吊梁加固施工应符合标准要求。
5. 隧道治理渗漏水应以"疏、堵、截、排,综合治理"为原则,同时应保证二次衬砌混凝土强度和结构的完整性。

九 机电工程风险管控清单

1. 高空作业

风险辨识范围:机电工程	
序号:9.1	作业单元:高空作业
可能造成的事故类型及发生后的风险等级: 高处坠落(较大风险)、坍塌(较大风险)、物体打击(较小风险)	
致险因素: 1. 脚手架、支架的材质不符合标准要求,基础不满足承载力要求,周边无防排水设施等,可能导致脚手架、支架坍塌。 2. 搭设和拆除脚手架、支架时,未按照标准要求及专项施工方案要求进行作业,操作人员未佩戴个人防护用品,穿防滑鞋,未正确系挂安全带,或违章攀爬脚手架、操作平台、栏杆等,可能导致脚手架、支架坍塌或人员从高处坠落。 3. 将支撑脚手架、缆风绳、混凝土输送泵管、卸料平台及大型设备的支承件等固定在作业脚手架上,在作业脚手架上悬挂起重设备等,可能导致脚手架坍塌。 4. 脚手架作业层上的荷载超过设计允许荷载,所用的物料未堆放平稳;高处作业区所有可能坠落的物件未加以固定,拆下的物件及余料未及时清理,向地面随意抛掷;作业人员未随手将使用后的小型工具放入工具袋,传递物件时采用抛掷的方式进行等,可能导致物体打击。 5. 遇雷雨天气、6级及以上强风天气时未停止架上作业;高处作业时设置的走梯、通道等未随时清扫干净;雨天或雪天进行高处作业时,未采取可靠的防滑、防冻措施,水、冰、雪、霜等未及时清除,可能导致人员滑倒,从高处坠落。	
管控措施: 1. 应按《公路水运工程安全生产监督管理办法》(交通运输部令2017年第25号)、《交通运输企业安全生产标准化建设基本规范 第17部分:公路水运工程施工项目》(JT/T 1180.17—2018)等文件的相关要求,落实安全生产条件,加强现场安全生产管理和安全技术管理。 2. 脚手架、支架安装应符合现行《建筑施工脚手架安全技术统一标准》(GB 51210)的要求。 3. 高空作业时,必须扣挂好安全带,佩戴安全帽。 4. 高空作业时禁止抛掷。	

2. 通车路段施工

风险辨识范围:机电工程	
序号:9.2	作业单元:通车路段施工
可能造成的事故类型及发生后的风险等级: 道路交通-撞人事件(较大风险)、道路交通-撞车事件(较大风险)、车辆伤害(较小风险)	

致险因素:
1. 不中断交通进行机电工程施工,未设置控制区,可能造成社会车辆和人员误入,导致交通事故。
2. 施工路段两端及沿线进出口处未设置明显的临时交通安全设施,可能造成车辆违章转弯、掉头等,导致撞车、撞人等交通事故。
3. 半幅施工作业区与车行道之间未设置隔离设施;未设专人和通信设备,指挥交通,疏导车辆,可能导致车辆拥挤以及撞车、撞人等交通事故。
4. 施工车辆逆行,可能导致车辆伤害。

管控措施:
1. 应按《公路水运工程安全生产监督管理办法》(交通运输部令2017年第25号)、《交通运输企业安全生产标准化建设基本规范 第17部分:公路水运工程施工项目》(JT/T 1180.17—2018)等文件的相关要求,落实安全生产条件,加强现场安全生产管理和安全技术管理。
2. 通车路段施工,作业区域交通标志、设施的设置必须符合现行《道路交通标志和标线》(GB 5768)和《公路养护安全作业规程》(JTG H30)。应安排专职安全人员指挥和引导行驶车辆。
3. 施工车辆禁止逆行,车辆应停靠在施工作业区内,并设置警示标志。

3. 施工运输

风险辨识范围:机电工程	
序号:9.3	作业单元:施工运输

可能造成的事故类型及发生后的风险等级:
车辆伤害(一般风险)、物体打击(一般风险)

致险因素:
1. 施工用车未设置反光标志和施工标识,人货混载,可能导致车辆碰撞或撞人、撞物等。
2. 设备材料未摆放整齐并捆绑牢固,材料滚落,可能对作业人员造成物体打击。

管控措施:
1. 应按《公路水运工程安全生产监督管理办法》(交通运输部令2017年第25号)、《交通运输企业安全生产标准化建设基本规范 第17部分:公路水运工程施工项目》(JT/T 1180.17—2018)等文件的相关要求,落实安全生产条件,加强现场安全生产管理和安全技术管理。
2. 施工用车应设置反光标志和施工标识。
3. 设备材料应摆放整齐,捆绑牢固。
4. 施工车辆不得人货混载。

4. 库房安全

风险辨识范围:机电工程	
序号:9.4	作业单元:库房安全

可能造成的事故类型及发生后的风险等级:
其他伤害(较小风险)

致险因素:
1. 库房未设有防火设施,可能导致火灾事故后果扩大;未设有防水、防盗设施,可能导致材料质量不满足施工需要,影响施工安全。
2. 库房内材料未设专人管理、归类不清晰,可能导致材料误用,影响施工安全。

管控措施:
1. 应按《公路水运工程安全生产监督管理办法》(交通运输部令2017年第25号)、《交通运输企业安全生产标准化建设基本规范 第17部分:公路水运工程施工项目》(JT/T 1180.17—2018)等文件的相关要求,落实安全生产条件,加强现场安全生产管理和安全技术管理。
2. 库房应设置在交通便利的安全地带。
3. 库房应设有防水、防火、防盗设施。
4. 库房内应安排专人管理,内部设备应摆放整齐,归类清晰。

5. 特种机械操作

风险辨识范围:机电工程	
序号:9.5	作业单元:特种机械操作

可能造成的事故类型及发生后的风险等级:
起重伤害(较大风险)、机械伤害(较小风险)、触电(较小风险)、物体打击(较小风险)

致险因素:
1. 特种设备技术性能不满足要求,安全防护设施不可靠,未定期保养,带病作业,可能导致起重伤害、机械伤害、触电等事故。
2. 特种机械在使用中任意扩大使用范围,未严格按照机械使用说明书中规定的使用条件使用,超范围、超能力作业,可能导致设备倾覆、起重伤害、机械伤害、触电等事故。
3. 特种机械启动发动机及移动机器前未鸣喇叭发出警示,可能导致作业人员受到机械伤害、物体打击等。
4. 作业人员未经安全培训,未持证上岗,不熟悉设备性能,可能造成误操作,可能导致设备倾覆、起重伤害、机械伤害、触电等事故。

管控措施:
1. 应按《公路水运工程安全生产监督管理办法》(交通运输部令2017年第25号)、《交通运输企业安全生产标准化建设基本规范 第17部分:公路水运工程施工项目》(JT/T 1180.17—2018)等文件的相关要求,落实安全生产条件,加强现场安全生产管理和安全技术管理。
2. 特种设备证件必须齐全、有效,技术性能满足要求,安全防护设施应可靠。
3. 特种机械应定期保养,并做好保养记录。
4. 特种机械在使用中禁止扩大使用范围,应严格按照机械使用说明书中规定的使用条件使用。启动发动机及移动机器前应鸣喇叭发出警示。
5. 特种机械操作人员应持证上岗。

6. 施工用电

风险辨识范围:机电工程	
序号:9.6	作业单元:施工用电

可能造成的事故类型及发生后的风险等级:
触电(较大风险)、机械伤害(较小风险)、物体打击(较小风险)

致险因素:
1. 各供电单元未逐级供电,两个或多个供电单元同时供电,可能产生很大的冲击电流,导致受电设备受损。
2. 供电前未通知供电区域内各施工单位和人员,高压区域内无关人员未撤离,可能导致人员触电。
3. 高压供电操作人员未经安全培训、持证上岗,安全技能不够,违章操作等,可能导致触电事故。
4. 施工临时用电在停、送电时,用电终端有人作业,可能导致机械伤害、触电、物体打击等。
5. 变电所未设置高压警示标志,人员随意入内,可能导致触电。

管控措施:
1. 应按《公路水运工程安全生产监督管理办法》(交通运输部令2017年第25号)、《交通运输企业安全生产标准化建设基本规范 第17部分:公路水运工程施工项目》(JT/T 1180.17—2018)等文件的相关要求,落实安全生产条件,加强现场安全生产管理和安全技术管理。
2. 各供电单元应逐级供电,禁止两个或多个供电单元同时供电。
3. 供电前应通知供电区域内各施工单位和人员,高压区域内无关人员应撤离。
4. 高压供电操作人员必须持证上岗。一般应有2人以上执行操作,操作应有预令和动令并做好记录。
5. 各变电所应设置高压警示标志,禁止随意入内。

7. 开挖

风险辨识范围:机电工程	
序号:9.7	作业单元:开挖

可能造成的事故类型及发生后的风险等级:
高处坠落(较小风险)、机械伤害(较小风险)、物体打击(较小风险)

致险因素:
开挖作业区域未有遮挡、防护、警示措施,无关人员进入,可能导致坠落坑内、物体打击、机械伤害等事故。

管控措施:
1. 应按《公路水运工程安全生产监督管理办法》(交通运输部令2017年第25号)、《交通运输企业安全生产标准化建设基本规范 第17部分:公路水运工程施工项目》(JT/T 1180.17—2018)等文件的相关要求,落实安全生产条件,加强现场安全生产管理和安全技术管理。
2. 开挖作业区域应有遮挡、防护、警示措施。

十 特殊季节与特殊环境施工风险管控清单

1. 冬季施工

风险辨识范围:特殊季节与特殊环境施工	
序号:10.1	作业单元:冬季施工
可能造成的事故类型及发生后的风险等级: 高处坠落(较大风险)、火灾(较大风险)、其他爆炸(较大风险)、中毒和窒息(较小风险)、机械伤害(较小风险)	

致险因素:
1. 冬季来临前,未检修、保养使用的船机、设备、机具及防护、消防救生设施,未采取防冻措施,可能导致冬季施工时,设备设施不能正常使用,导致各类生产安全事故,或扩大事故后果。
2. 冬季施工现场的道路、工作平台、斜坡道、脚手板、船舶甲板等未采取防滑措施、及时清除冰雪,可能导致作业人员跌倒或从高处坠落。冬季进行高处作业时,现场未采取可靠的防滑、防寒和防冻措施,未及时清除水、冰、霜、雪等,可能导致作业人员跌倒,或从高处坠落。
3. 办公、生活区使用电炉、碘钨灯等取暖,可能导致火灾。使用煤炭炉取暖,未采取防火、防一氧化碳中毒的措施,可能导致火灾、人员中毒和窒息。
4. 雪天或滑道、电缆结冰的现场外用电梯未停用,可能导致电梯无法正常停靠以及坠落等事故。
5. 冬季储气罐、氧气瓶、乙炔瓶、阀门、胶管冻结,使用明火烘烤或开水加热,可能导致火灾爆炸。
6. 封冻河流上施工,设备设施稳固性差,人员站立不稳,若未编制专项施工方案,机械设备冰上作业未经安全论证,可能导致设备倾覆,作业人员受到机械伤害、物体打击等。
7. 内河凌汛期,水上在建的建(构)筑物和工程船舶等未采取防撞措施,现场上游未布设破冰防线,可能导致工程船舶相撞,或被上游下来的浮冰撞击。

管控措施:
1. 冬季施工安全要求应按《公路工程施工安全技术规范》(JTG F90—2015)第12.1节"一般规定"、第12.2节"冬季施工"的相关要求执行。
2. 应按《公路水运工程安全生产监督管理办法》(交通运输部令2017年第25号)、《交通运输企业安全生产标准化建设基本规范 第17部分:公路水运工程施工项目》(JT/T 1180.17—2018)等文件的相关要求,落实安全生产条件,加强现场安全生产管理和安全技术管理。
3. 冬季来临前,应检修、保养使用的船机、设备、机具及防护、消防救生设施,并应采取防冻措施。
4. 冬季施工现场的道路、工作平台、斜坡道、脚手板、船舶甲板等均应采取防滑措施、及时清除冰雪。
5. 办公、生活区严禁使用电炉、碘钨灯等取暖,煤炭炉取暖必须采取防火、防一氧化碳中毒的措施。
6. 严禁明火烘烤或开水加热冻结的储气罐、氧气瓶、乙炔瓶、阀门、胶管。
7. 封冻河流上施工应编制专项施工方案,机械设备冰上作业应经论证。

2. 雨季施工

风险辨识范围:特殊季节与特殊环境施工	
序号:10.2	作业单元:雨季施工

可能造成的事故类型及发生后的风险等级:
坍塌(较大风险)、高处坠落(较小风险)、其他伤害(较小风险)

致险因素:
1. 雨季来临前,未检查、修复或完善现场避雷装置、接地装置、排水设施、围堰、堤坝等未采取加固和防坍塌措施,易冲刷部位未采取防冲或导流措施,可能导致高耸设备遭受雷击,围堰、堤坝坍塌等。
2. 现场的脚手架、跳板、桥梁、墩台等作业面未采取防滑措施,可能导致作业人员跌倒、从高处坠落。
3. 大风、大雨后,未检查支架、脚手架、起重设备、临时用电工程、临时房屋等设施的基础,若基础被雨水浸泡而失稳,可能导致坍塌。
4. 雷雨时,从事露天作业,可能因地面湿滑而跌倒,或从高处坠落;空旷场地作业可能导致雷击等。

管控措施:
1. 雨季施工安全要求应按《公路工程施工安全技术规范》(JTG F90—2015)第12.1节"一般规定"、第12.3节"雨季施工"的相关要求执行。
2. 应按《公路水运工程安全生产监督管理办法》(交通运输部令2017年第25号)、《交通运输企业安全生产标准化建设基本规范 第17部分:公路水运工程施工项目》(JT/T 1180.17—2018)等文件的相关要求,落实安全生产条件,加强现场安全生产管理和安全技术管理。
3. 雨季来临前,应检查、修复或完善现场避雷装置、接地装置、排水设施、围堰、堤坝等应采取加固和防坍塌措施,易冲刷部位应采取防冲或导流措施。
4. 现场的脚手架、跳板、桥梁、墩台等作业面应采取防滑措施。
5. 大风、大雨后,应检查支架、脚手架、起重设备、临时用电工程、临时房屋等设施的基础。
6. 雷雨时,不得从事露天作业。

3. 夜间施工

风险辨识范围:特殊季节与特殊环境施工	
序号:10.3	作业单元:夜间施工

可能造成的事故类型及发生后的风险等级:
高处坠落(一般风险)、机械伤害(一般风险)、物体打击(较小风险)、其他伤害(较小风险)

致险因素:
1. 夜间施工时,现场照度不满足施工要求,可能导致作业人员跌倒、机械伤害、物体打击、高处坠落等。
2. 光束直接照射工程船舶、机械的操作和指挥人员,可能会短暂失明,可能导致作业人员跌倒、受到机械伤害、物体打击、从高处坠落等。
3. 夜间施工时,作业现场的预留孔洞、上下道口及沟槽等危险部位未设置夜间警示标志和警示灯,作业人员误入,可能导致坠入坑内。

管控措施：
1. 夜间施工安全要求应按《公路工程施工安全技术规范》（JTG F90—2015）第 12.1 节"一般规定"、第 12.4 节"夜间施工"的相关要求执行。
2. 应按《公路水运工程安全生产监督管理办法》（交通运输部令 2017 年第 25 号）、《交通运输企业安全生产标准化建设基本规范　第 17 部分：公路水运工程施工项目》（JT/T 1180.17—2018）等文件的相关要求，落实安全生产条件，加强现场安全生产管理和安全技术管理。
3. 夜间施工时，作业场所或工程船舶应设置照明设备，其照度应满足施工要求。光束不得直接照射工程船舶、机械的操作和指挥人员。
4. 夜间施工时，作业现场的预留孔洞、上下道口及沟槽等危险部位应设置夜间警示标志和警示灯。

4. 高温施工

风险辨识范围：特殊季节与特殊环境施工	
序号：10.4	作业单元：高温施工
可能造成的事故类型及发生后的风险等级： 火灾（一般风险）、其他爆炸（一般风险）、其他伤害（较小风险）	
致险因素： 1. 高温条件下施工作业，未采取防暑降温措施，可能导致作业人员中暑。 2. 施工现场的易燃易爆物品未采取防晒措施，可能导致易燃易爆物品大量挥发，遇点火源，可能导致火灾爆炸。	
管控措施： 1. 高温施工安全要求应按《公路工程施工安全技术规范》（JTG F90—2015）第 12.1 节"一般规定"、第 12.5 节"高温施工"的相关要求执行。 2. 应按《公路水运工程安全生产监督管理办法》（交通运输部令 2017 年第 25 号）、《交通运输企业安全生产标准化建设基本规范　第 17 部分：公路水运工程施工项目》（JT/T 1180.17—2018）等文件的相关要求，落实安全生产条件，加强现场安全生产管理和安全技术管理。 3. 作业时间应避开高温时段。必须在高温条件下进行的施工作业应采取防暑降温措施。 4. 施工现场的易燃易爆物品应采取防晒措施。	

5. 台风季节施工

风险辨识范围：特殊季节与特殊环境施工	
序号：10.5	作业单元：台风季节施工
可能造成的事故类型及发生后的风险等级： 坍塌（较大风险）、淹溺（较大风险）、其他伤害（较小风险）	
致险因素： 1. 在建工程、施工机械设备、临时设施、生活和办公用房未做防风加固，可能导致被大风刮倒、坍塌。	

2. 未落实船舶避风锚地、拖轮和人员的转移地点,大风中的船舶未到避风锚地,可能导致船舶翻沉,或人员落水淹溺,或物体打击。

管控措施:
1. 台风季节施工安全要求应按《公路工程施工安全技术规范》(JTG F90—2015)第12.1节"一般规定"、第12.6节"台风季节施工"的相关要求执行。
2. 应按《公路水运工程安全生产监督管理办法》(交通运输部令2017年第25号)、《交通运输企业安全生产标准化建设基本规范 第17部分:公路水运工程施工项目》(JT/T 1180.17—2018)等文件的相关要求,落实安全生产条件,加强现场安全生产管理和安全技术管理。
3. 在建工程、施工机械设备、临时设施、生活和办公用房应做防风加固,排水沟渠应通畅。
4. 应落实船舶避风锚地、拖轮和人员的转移地点。

6. 汛期施工

风险辨识范围:特殊季节与特殊环境施工	
序号:10.6	作业单元:汛期施工
可能造成的事故类型及发生后的风险等级: 坍塌(较大风险)	
致险因素: 1. 易发生洪水、泥石流、滑坡等灾害的施工现场未加强观测、预警,发现危险预兆未及时撤离作业人员和施工机械设备,可能导致作业人员和施工机械设备被洪水冲走、被泥石流掩埋。 2. 库区及下游受排洪影响地区施工作业应及时掌握水位变化情况,发现危险预兆未及时撤离作业人员和施工机械设备,可能导致作业人员和施工机械设备被洪水冲走。	
管控措施: 1. 汛期施工安全要求应按《公路工程施工安全技术规范》(JTG F90—2015)第12.1节"一般规定"、第12.7节"汛期施工"的相关要求执行。 2. 应按《公路水运工程安全生产监督管理办法》(交通运输部令2017年第25号)、《交通运输企业安全生产标准化建设基本规范 第17部分:公路水运工程施工项目》(JT/T 1180.17—2018)等文件的相关要求,落实安全生产条件,加强现场安全生产管理和安全技术管理。 3. 易发生洪水、泥石流、滑坡等灾害的施工现场应加强观测、预警,发现危险预兆应及时撤离作业人员和施工机械设备。 4. 库区及下游受排洪影响地区施工作业应及时掌握水位变化情况。	

7. 水上能见度不良施工

风险辨识范围:特殊季节与特殊环境施工	
序号:10.7	作业单元:水上能见度不良施工
可能造成的事故类型及发生后的风险等级: 淹溺(较大风险)、其他伤害(较小风险)	

致险因素：
1. 遇雨、雾、霾等能见度不良天气时，水上作业场地未按规定启用声响警示设备和红光信号灯，可能导致船舶碰撞，人员落水淹溺。
2. 船舶雾航未按《国际海上避碰规则》和《中华人民共和国内河避碰规则》的有关规定执行，或停航通告发布后，未停止航行，可能导致船舶碰撞，人员落水淹溺。
3. 航行中突遇浓雾未立即减速、测定船位，继续航行不符合船舶雾航规定，可能导致船舶碰撞，人员落水淹溺。

管控措施：
1. 水上能见度不良施工安全要求应按《公路工程施工安全技术规范》(JTG F90—2015)第12.1节"一般规定"、第12.8节"能见度不良施工"的相关要求执行。
2. 应按《公路水运工程安全生产监督管理办法》(交通运输部令2017年第25号)、《交通运输企业安全生产标准化建设基本规范 第17部分：公路水运工程施工项目》(JT/T 1180.17—2018)等文件的相关要求，落实安全生产条件，加强现场安全生产管理和安全技术管理。
3. 能见度不良时水上作业场地应按规定启用声响警示设备和红光信号灯。
4. 船舶雾航必须按《国际海上避碰规则》和《中华人民共和国内河避碰规则》的有关规定执行。停航通告发布后，必须停止航行。
5. 航行中突遇浓雾应立即减速、测定船位，继续航行应符合船舶雾航规定。

8. 沙漠地区施工

风险辨识范围：特殊季节与特殊环境施工	
序号：10.8	作业单元：沙漠地区施工
可能造成的事故类型及发生后的风险等级： 其他伤害（一般风险）	
致险因素： 1. 风沙地区的临时生产、生活设施不满足防风、防沙要求，可能被大风刮走。驻地附近未设置高于15m的红色信号旗和信号灯，大风天气过后，作业人员可能找不到驻地位置。 2. 通行车辆技术性能不满足沙漠运行要求，可能会陷进沙漠中；司操人员未接受相应培训，应变能力不强，发生迷路、车辆故障后，可能导致事故后果的扩大。 3. 外出作业人员未配备通信器材，每组人数少于3人，发生事故后，不能互相帮助、不能及时联系救援，可能导致事故后果的扩大。 4. 大风来临前，机械设备未按迎风面最小正对风向放置，高耸机械未采取固定、防风措施，可能导致设备倾覆。	
管控措施： 1. 沙漠地区施工安全要求应按《公路工程施工安全技术规范》(JTG F90—2015)第12.1节"一般规定"、第12.9节"沙漠地区施工"的相关要求执行。	

2. 应按《公路水运工程安全生产监督管理办法》(交通运输部令 2017 年第 25 号)、《交通运输企业安全生产标准化建设基本规范　第 17 部分:公路水运工程施工项目》(JT/T 1180.17—2018)等文件的相关要求,落实安全生产条件,加强现场安全生产管理和安全技术管理。

3. 风沙地区的临时生产、生活设施应满足防风、防沙要求,驻地附近应设置高于 15m 的红色信号旗和信号灯。

4. 通行车辆技术性能应满足沙漠运行要求,司操人员应接受相应培训。

5. 外出作业每组不得少于 3 人,并应配备通信设备。

6. 大风来临前,机械设备应按迎风面最小正对风向放置,高耸机械应采取固定、防风措施。

9. 高海拔地区施工

风险辨识范围:特殊季节与特殊环境施工	
序号:10.9	作业单元:高海拔地区施工
可能造成的事故类型及发生后的风险等级: 坍塌(较大风险)、中毒和窒息(较小风险)、其他伤害(较小风险)	
致险因素: 1. 在海拔 3000m 以上地区施工作业时未设立医疗机构和氧疗室,现场未配备供氧器,作业人员出现高原反应时,不能得到及时缓解,可能导致人员受到伤害。 2. 高海拔地区工作的人员未严格体检,不适合人员从事高海拔地区作业,作业人员可能出现高原反应,若不能得到及时缓解,可能导致人员受到伤害。 3. 生活区、料库(场)、设备存放场未避开热融可能滑坍的冰锥、冻胀丘、高含冰量的冻土和湖塘等不良地段,可能导致坍塌。 4. 高海拔地区施工驻地周边的沼泽地带未设置警示标志,人员误入,可能陷进沼泽中,导致人员窒息。	
管控措施: 1. 高海拔地区施工安全要求应按《公路工程施工安全技术规范》(JTG F90—2015)第 12.1 节"一般规定"、第 12.10 节"高海拔地区施工"的相关要求执行。 2. 应按《公路水运工程安全生产监督管理办法》(交通运输部令 2017 年第 25 号)、《交通运输企业安全生产标准化建设基本规范　第 17 部分:公路水运工程施工项目》(JT/T 1180.17—2018)等文件的相关要求,落实安全生产条件,加强现场安全生产管理和安全技术管理。 3. 在海拔 3000m 以上地区施工作业时应严格执行高海拔地区有关规定,制定相应规章制度,并应采取有效保障措施。 4. 应设立医疗机构和氧疗室,现场应配备供氧器。 5. 高海拔地区工作的人员应严格体检,不适合的人员不得从事高海拔地区作业。 6. 生活区、料库(场)、设备存放场应避开热融可能滑坍的冰锥、冻胀丘、高含冰量的冻土和湖塘等不良地段。 7. 高海拔地区施工驻地周边的沼泽地带应设置警示标志。 8. 海拔 4000m 及以上地区的野外作业时间每天不宜超过 6h,隧道内作业时间每天不宜超过 4h。	

十一 房建工程风险管控清单

1. 作业环境

风险辨识范围:房建工程	
序号:11.1	作业单元:作业环境
可能造成的事故类型及发生后的风险等级: 机械伤害(较小风险)、车辆伤害(较小风险)、物体打击(较小风险)	
致险因素: 1. 作业场地照明不足,可能导致作业人员受到物体打击、跌倒等。 2. 施工现场未为机械提供道路、水电、机棚及停机场地等必备的作业条件,夜间作业未提供充足的照明,可能导致作业人员受到机械伤害、物体打击、跌倒等。 3. 机械行驶的场内道路不平整坚实,未设安全警示标志,可能导致车辆、机械行走时歪斜、倾覆,或车辆撞人等。	
管控措施: 1. 作业环境安全要求应按《建筑施工易发事故防治安全标准》(JGJ/T 429—2018)的相关要求执行。 2. 应按《公路水运工程安全生产监督管理办法》(交通运输部令2017年第25号)、《交通运输企业安全生产标准化建设基本规范 第17部分:公路水运工程施工项目》(JT/T 1180.17—2018)、《建筑施工易发事故防治安全标准》(JGJ/T429—2018)等文件的相关要求,落实安全生产条件,加强现场安全生产管理和安全技术管理。 3. 作业场地应有采光照明设施。 4. 施工现场应为机械提供道路、水电、机棚及停机场地等必备的作业条件,夜间作业应提供充足的照明。 5. 机械行驶的场内道路应平整坚实,并应设置安全警示标志。	

2. 物料堆码

风险辨识范围:房建工程	
序号:11.2	作业单元:物料堆码
可能造成的事故类型及发生后的风险等级: 坍塌(一般风险)	
致险因素: 1. 施工现场物料堆放不稳固,模板、钢管、木方、砌块等堆放高度大于2m,钢筋堆放高度大于1.2m,堆积物未采取固定措施,可能导致物料坍塌。	

2. 在楼板、屋面等结构物上,超设计荷载堆放建筑材料、模板、小型施工机具或其他物料,可能导致楼板、屋面等结构物坍塌。
3. 施工现场物料大量堆置在基坑边缘、边坡坡顶、桩孔边,可能导致基坑、边坡、桩孔坍塌。

管控措施:
1. 物料堆码安全要求应按《建筑施工易发事故防治安全标准》(JGJ/T 429—2018)第4.1节"一般规定"的相关要求执行。
2. 应按《公路水运工程安全生产监督管理办法》(交通运输部令2017年第25号)、《交通运输企业安全生产标准化建设基本规范 第17部分:公路水运工程施工项目》(JT/T 1180.17—2018)、《建筑施工易发事故防治安全标准》(JGJ/T 429—2018)等文件的相关要求,落实安全生产条件,加强现场安全生产管理和安全技术管理。
3. 施工现场物料堆放应整齐稳固,严禁超高。模板、钢管、木方、砌块等堆放高度不应大于2m,钢筋堆放高度不应大于1.2m,堆积物应采取固定措施。
4. 楼板、屋面等结构物上堆放建筑材料、模板、小型施工机具或其他物料时,应控制堆放数量、重量,严禁超过原设计荷载,必要时可进行加固。
5. 施工现场物料不宜堆置在基坑边缘、边坡坡顶、桩孔边,当需堆置时,堆置的重量和距离应符合设计规定。

3. 临边洞口防护

风险辨识范围:房建工程	
序号:11.3	作业单元:临边洞口防护

可能造成的事故类型及发生后的风险等级:
高处坠落(较大风险)、物体打击(较小风险)

致险因素:
1. 开挖深度超过2m的基坑和基槽的周边、边坡的坡顶、未安装栏杆或栏板的阳台边、雨棚与挑檐边、楼梯口、楼梯平台、梯段边、卸料平台、操作平台周边、各种垂直运输设备的停层平台两侧边、无外脚手架的屋面与楼层周边、上下梯道和坡道的周边等临边作业场所,未设置防护栏,可能导致人员从高处坠落。
2. 操作平台四周未设置防护栏杆,脚手板未铺满、铺稳、铺实、铺平并绑牢或扣紧,出现长度大于150mm的探头板等,可能导致人员从高处坠落。移动式操作平台移动时以及悬挑式操作平台调运或安装时,平台上站人,可能导致人员从高处坠落。
3. 临边防护栏杆下部挡脚板的下边距离底面的空隙大于10mm,可能导致扳手等物件从此掉落,导致下方作业人员受到物体打击。
4. 洞口作业场所未设置盖板、防护栏、安全网;短边边长或直径小于或等于500mm的洞口,未采取封堵措施;洞口未设置警示标志,夜间未设红灯警示,可能导致人员从高处坠落。
5. 电梯井口未设置防护门;电梯井道内每隔2层且不大于10m处未加设一道安全平网;电梯井内的施工层上部,未设置隔离防护设施等,可能导致人员从高处坠落。

6. 安全网质量不符合现行《安全网》(GB 5725)规定,安装和使用安全网不符合规定,安全网未起到防护作用,可能导致人员从高处坠落。

7. 凡离地面2m以上的悬空作业人员,未正确佩戴和使用安全带,如未高挂低用、打结使用、用作悬吊绳等,可能导致人员从高处坠落。

8. 高处作业未设置专门的上下通道,攀登作业人员未从专门通道上下,违章攀爬脚手架,使用座板式吊具或自制吊篮等,可能导致人员从高处坠落。

9. 人员进出的通道口(包括物料提升机、施工升降机的进出通道口)、上方施工可能坠落物件的影响范围内的通行道路和集中加工场地、起重机的起重臂回转范围之内的通道等处,上部未设置安全防护棚,上部物件掉落,可能导致下方作业人员物体打击。

管控措施:
1. 临边洞口防护安全要求应按《建筑施工易发事故防治安全标准》(JGJ/T 429—2018)第4.1节"一般规定"、第5.1节"一般规定"、第6章"物体打击"的相关要求执行。

2. 应按《公路水运工程安全生产监督管理办法》(交通运输部令2017年第25号)、《交通运输企业安全生产标准化建设基本规范 第17部分:公路水运工程施工项目》(JT/T 1180.17—2018)、《建筑施工易发事故防治安全标准》(JGJ/T 429—2018)等文件的相关要求,落实安全生产条件,加强现场安全生产管理和安全技术管理。

3. 开挖深度超过2m的基坑和基槽的周边、边坡的坡顶、未安装栏杆或栏板的阳台边、雨棚与挑檐边、楼梯口、楼梯平台、梯段边、卸料平台、操作平台周边、各种垂直运输设备的停层平台两侧边、无外脚手架的屋面与楼层周边、上下梯道和坡道的周边等临边作业场所,应设置防护栏。

4. 操作平台四周应设置防护栏杆,脚手板应铺满、铺稳、铺实、铺平并绑牢或扣紧,严禁出现长度大于150mm的探头板,并应布置登高扶梯。装设轮子的移动式操作平台,轮子与平台的接合处应牢固可靠,并有自锁功能。移动式操作平台移动时以及悬挑式操作平台调运或安装时,平台上不得站人。

5. 临边防护栏杆下部挡脚板的下边距离底面的空隙不应大于10mm。

6. 洞口作业场所应采取防坠落措施。洞口应设置警示标志,夜间应设红灯警示。

7. 电梯井口应采取防坠落措施。电梯井内的施工层上部,应设置隔离防护设施。安装和拆卸电梯井内的安全平网时,作业人员应佩戴安全带。

8. 安全网质量应符合现行《安全网》(GB 5725)规定。安全网安装或拆除作业应根据现场条件采取防坠落安全措施。不得使用密目式安全立网代替安全平网。

9. 凡离地面2m以上的悬空作业人员,应佩戴安全带,安全带及其使用应符合标准要求。

10. 高处作业应设置专门的上下通道,上下通道应根据现场情况选用钢斜梯、钢直梯、人行塔梯等,各类梯道安装应牢固可靠。攀登作业人员应从专门通道上下。高处作业不得使用座板式吊具或自制吊篮。

11. 安全防护棚设置应符合标准要求。

4. 基坑工程

风险辨识范围:房建工程	
序号:11.4	作业单元:基坑工程
可能造成的事故类型及发生后的风险等级: 坍塌(较大风险)、透水(较大风险)、高处坠落(较大风险)、淹溺(较小风险)、物体打击(较小风险)	

致险因素：

1. 基坑施工未按设计规定的顺序和参数进行开挖和支护，并未分层、分段、限时、均衡开挖，可能导致基坑坍塌。
2. 采取支护措施的基坑，未按设计规定的支护方式及时进行支护，可能导致基坑坍塌。
3. 基坑支护结构强度不足开挖下层土方，提前开挖和超挖，可能导致基坑坍塌。
4. 施工过程中，设备或重物碰撞支撑、腰梁、锚杆等基坑支护结构，在基坑支护结构上放置或悬挂重物，都可能导致支护失效，基坑坍塌。
5. 拆除支护结构时，未按基坑回填顺序自下而上逐层拆除、随拆随填，可能导致坍塌。
6. 支撑拆除施工时，未设置安全可靠的防护措施和作业空间，非操作人员入内，可能导致物体打击。
7. 开挖深度超过2m的基坑，周边未安装防护栏杆；当基坑施工设置栈桥、作业平台时，未设置临边防护栏杆；降水井、开挖孔洞未设置防护盖板或防护栏杆，并未设置明显的警示标志等，可能导致高处坠落。
8. 当基坑下部的承压水影响基坑安全时，未采取坑底土体加固或降低承压水头等治理措施，可能导致透水。
9. 基坑、顶管工作井周边未设有良好的排水系统和设施，坑内出现大面积、长时间积水，可能导致人员跌倒。采用井点降水时，降水井口未设置防护盖板或围栏，未设置明显的警示标志，完工后未及时回填降水井，可能导致人员落水淹溺；场地内开挖的槽、坑、沟及未竣工建筑内修建的蓄水池、化粪池等坑洞，当积水深度超过0.5m时，未采取有效的防护措施，夜间未设红灯警示，可能导致人员落水淹溺。

管控措施：

1. 基坑工程安全要求应按《建筑施工易发事故防治安全标准》（JGJ/T 429—2018）第4.2节"基坑工程"、第5.2节"基坑工程"、第10.1节"淹溺"、第10.3节"透水"的相关要求执行。
2. 应按《公路水运工程安全生产监督管理办法》（交通运输部令2017年第25号）、《交通运输企业安全生产标准化建设基本规范 第17部分：公路水运工程施工项目》（JT/T 1180.17—2018）、《建筑施工易发事故防治安全标准》（JGJ/T 429—2018）等文件的相关要求，落实安全生产条件，加强现场安全生产管理和安全技术管理。
3. 基坑支护施工、使用时间超过设计使用年限时应进行基坑安全评估，必要时应采取加固措施。
4. 基坑施工应按设计规定的顺序和参数进行开挖和支护，并应分层、分段、限时、均衡开挖。
5. 采取支护措施的基坑，应按设计规定的支护方式及时进行支护。
6. 施工过程中，严禁设备或重物碰撞支撑、腰梁、锚杆等基坑支护结构，亦不得在基坑支护结构上放置或悬挂重物。
7. 拆除支护结构时应按基坑回填顺序自下而上逐层拆除随拆随填，必要时应采取加固措施。支撑拆除施工时，应设置安全可靠的防护措施和作业空间，严禁非操作人员入内。
8. 开挖深度超过2m的基坑，周边应安装防护栏杆。
9. 当基坑下部的承压水影响基坑安全时，应采取坑底土体加固或降低承压水头等治理措施。
10. 基坑和顶管工程施工时，应采取防淹溺措施。

5. 边坡工程

风险辨识范围:房建工程	
序号:11.5	作业单元:边坡工程

可能造成的事故类型及发生后的风险等级：

坍塌(较大风险)、物体打击(较小风险)

致险因素：

1. 对开挖后不稳定或欠稳定的边坡,未采取自上而下、分段跳槽、及时支护的方法,违章进行大开挖、爆破作业;切坡作业时,先切除坡脚,从下部掏采挖土等,可能导致边坡坍塌。
2. 边坡开挖后未及时支护或采取封闭措施,可能导致坍塌。
3. 每级边坡开挖前,未清除边坡上方已松动的石块及可能崩塌的土体,可能导致下方作业人员受到物体打击。临近边坡的作业面、通行道路,上方边坡的地质条件较差,或采用爆破方法施工边坡土石方时,未在边坡上设置阻拦网、插打锚杆或覆盖钢丝网进行防护,可能导致下方作业人员被物体打击。
4. 边坡爆破施工时,未采取措施防止爆破振动影响边坡及邻近建(构)筑物稳定,可能导致其坍塌。
5. 边坡开挖前未定期监测边坡变形,出现坡顶水平位移、垂直位移、地表裂缝和坡顶建(构)筑物变形等情况时不能及时预警并处置,可能导致坍塌。

管控措施：

1. 边坡工程安全要求应按《建筑施工易发事故防治安全标准》(JGJ/T 429—2018)第4.3节"边坡工程"、第6章"物体打击"的相关要求执行。
2. 应按《公路水运工程安全生产监督管理办法》(交通运输部令2017年第25号)、《交通运输企业安全生产标准化建设基本规范 第17部分:公路水运工程施工项目》(JT/T 1180.17—2018)、《建筑施工易发事故防治安全标准》(JGJ/T 429—2018)等文件的相关要求,落实安全生产条件,加强现场安全生产管理和安全技术管理。
3. 边坡工程应按先设计后施工、边施工边治理边监测的原则进行切挖、填筑和支护结构的施工。
4. 对开挖后不稳定或欠稳定的边坡,应采取自上而下、分段跳槽、及时支护的逆作法或半逆作法施工,未经设计许可严禁大开挖、爆破作业。切坡作业时,严禁先切除坡脚,并不得从下部掏采挖土。
5. 边坡开挖后应及时按设计要求进行支护结构施工或采取封闭措施。边坡应在支护结构混凝土达到设计要求的强度,并在锚杆(索)按设计要求施加预应力后,方可开挖或填筑下一级土方。
6. 每级边坡开挖前,应清除边坡上方已松动的石块及可能崩塌的土体。
7. 边坡爆破施工时,应采取措施防止爆破振动影响边坡及邻近建(构)筑物稳定。
8. 边坡开挖前应设置变形监测点,定期监测边坡变形。

6. 挖孔桩工程

风险辨识范围:房建工程	
序号:11.6	作业单元:挖孔桩工程

可能造成的事故类型及发生后的风险等级：

坍塌(较大风险)、物体打击(较小风险)、淹溺(较小风险)

致险因素：
1. 抗滑桩未间隔开挖，相邻桩孔同时开挖；在土石层变化处和滑动面处分节开挖等，可能导致坍塌。
2. 挖出的土石方未及时运离孔口，堆放在孔口周边1m范围内，可能导致孔口坍塌。机动车辆通行距孔口很近，可能对井壁的安全造成影响。
3. 混凝土护壁未随挖随浇，上节护壁混凝土强度未达到3MPa便进行下节土方开挖施工，可能导致坍塌。
4. 护壁变形、裂缝、渗水等情况未及时发现，孔内作业人员未及时撤出，可能出现坍塌，导致作业人员被埋。
5. 孔口四周堆积弃渣、无关机具和其他杂物；挖孔作业人员的上方未设置护盖；吊弃渣斗装得很满；出渣时孔内作业人员未位于护盖下；吊运块状岩石前，孔内作业人员未出孔，可能导致孔内作业人员被上方物体打击。
6. 地下水丰富地带的人工挖孔桩工程，或在雨季施工的挖孔桩工程，未采取场地截水、排水措施；下孔作业前未配备抽水设备及时排除孔内积水；井底抽水作业时，人员下孔作业；渗水量过大时，未采取降水措施等，可能导致人员淹溺。

管控措施：
1. 挖孔桩工程安全要求应按《建筑施工易发事故防治安全标准》(JGJ/T 429—2018)第4.4节"挖孔桩工程"、第6章"物体打击"、第10.1节"淹溺"的相关要求执行。
2. 应按《公路水运工程安全生产监督管理办法》(交通运输部令2017年第25号)、《交通运输企业安全生产标准化建设基本规范 第17部分：公路水运工程施工项目》(JT/T 1180.17—2018)、《建筑施工易发事故防治安全标准》(JGJ/T 429—2018)等文件的相关要求，落实安全生产条件，加强现场安全生产管理和安全技术管理。
3. 挖孔桩的施工应考虑建设场地现状、工程地质条件、地下水位、相邻建(构)筑物基础形式及埋置深度等影响。护壁应根据实际情况进行设计。当采用混凝土护壁时，混凝土的强度等级不宜低于桩身混凝土的强度等级。
4. 基础桩当桩净距小于2.5m时，应采用间隔开挖。相邻排桩跳孔开挖的最小施工净距不得小于4.5m。抗滑桩应间隔开挖，相邻桩孔不得同时开挖。相邻两孔中的一孔浇筑混凝土时，另一孔内不得有作业人员。抗滑桩在土石层变化处和滑动面处不得分节开挖，并应及时加固护壁内滑裂面。
5. 挖出的土石方应及时运离孔口，不得堆放在孔口周边1m范围内，机动车辆的通行不得对井壁的安全造成影响。
6. 桩孔每次开挖深度应符合设计规定，且不得超过1m。混凝土护壁应随挖随浇，上节护壁混凝土强度达到3MPa后，方可进行下节土方开挖施工。
7. 孔内作业时，孔口应设专人看守，孔内作业人员应检查护壁变形、裂缝、渗水等情况，并与孔口人员保持联系，发现异常应立即撤出。
8. 人工挖孔桩孔第一节护壁井圈顶面应高出地面不小于200mm，孔口四周不得堆积弃渣、无关机具和其他杂物。挖孔作业人员的上方应设置护盖，吊弃渣斗不得装满，出渣时孔内作业人员应位于护盖下。吊运块状岩石前，孔内作业人员应出孔。
9. 地下水丰富地带的人工挖孔桩工程，或在雨季施工的挖孔桩工程，应采取场地截水、排水措施，下孔作业前应配备抽水设备及时排除孔内积水，井底抽水作业时，人员不得下孔作业。渗水量过大时，应采取降水措施。

7. 脚手架工程

风险辨识范围:房建工程	
序号:11.7	作业单元:脚手架工程

可能造成的事故类型及发生后的风险等级:
坍塌(较大风险)、高处坠落(较大风险)、物体打击(较小风险)

致险因素:
1. 脚手架没有足够的承载力、刚度和整体稳固性,可能导致坍塌。
2. 脚手架连墙件与建筑结构和架体连接不牢;脚手架使用中,拆除连墙件,可能导致坍塌。
3. 脚手架未按标准要求设置剪刀撑或斜撑杆、交叉拉杆,未与立杆连接牢固,连成整体,可能导致坍塌。
4. 脚手架架体拆除未自上而下逐层进行,而是上下层同时拆除;先将连墙件整层或数层拆除后再拆除架体等,可能导致坍塌。
5. 脚手架作业层上的人员、机具和堆料等超载,可能导致坍塌。
6. 附着式升降脚手架未设置安全可靠的具有防倾覆、防坠落和同步升降控制功能的结构装置;附着式升降脚手架随意扩大使用范围,超载堆放物料等,可能导致倾覆、坠落。
7. 将模板支撑架、缆风绳、混凝土输送泵管、卸料平台及大型设备的附着件等固定在脚手架上,可能导致脚手架倾覆。
8. 脚手架作业层上防护栏杆、脚手板、安全网的设置不符合标准要求,作业平台脚手板未铺满、铺稳、铺实、铺平,可能导致人员从高处坠落。
9. 当遇6级及以上大风、雨雪、浓雾天气时,未停止脚手架的搭设与拆除作业以及脚手架上的施工作业;雨、雪、霜后进行脚手架作业时,未有防滑措施;夜间进行脚手架搭设与拆除作业;操作人员未佩戴安全帽、安全带和防滑鞋等,可能导致人员从高处坠落。
10. 悬挑式脚手架、附着升降脚手架底层未采取可靠封闭措施,掉落的物件可能对下方作业人员造成物体打击。

管控措施:
1. 脚手架工程安全要求应按《建筑施工易发事故防治安全标准》(JGJ/T 429—2018)第4.5节"脚手架工程"、第5.3节"脚手架工程"、第6章"物体打击"的相关要求执行。
2. 应按《公路水运工程安全生产监督管理办法》(交通运输部令2017年第25号)、《交通运输企业安全生产标准化建设基本规范 第17部分:公路水运工程施工项目》(JT/T 1180.17—2018)、《建筑施工易发事故防治安全标准》(JGJ/T 429—2018)等文件的相关要求,落实安全生产条件,加强现场安全生产管理和安全技术管理。
3. 落地式钢管脚手架、附着式升降脚手架、悬挑式脚手架、桥式脚手架等应根据实际工况进行设计,应具有足够的承载力、刚度和整体稳固性。
4. 脚手架应按设计计算和构造要求设置能承受压力和拉力的连墙件,连墙件应与建筑结构和架体连接牢固。连墙件设置间距应符合相关标准及专项施工方案的规定。脚手架使用中,严禁任意拆除连墙件。

5. 脚手架应按相关标准的构造要求设置剪刀撑或斜撑杆、交叉拉杆,并应与立杆连接牢固,连成整体。
6. 脚手架拆除作业应符合标准要求。
7. 脚手架作业层应在显著位置设置限载标志,注明限载数值。在使用过程中,作用在作业层上的人员、机具和堆料等严禁超载。
8. 严禁将模板支撑架、缆风绳、混凝土输送泵管、卸料平台及大型设备的附着件等固定在脚手架上。
9. 脚手架作业层上防护栏杆、脚手板、安全网的设置应符合标准要求。
10. 当遇 6 级及以上大风、雨雪、浓雾天气时,应停止脚手架的搭设与拆除作业以及脚手架上的施工作业。雨、雪、霜后进行脚手架作业时,应有防滑措施,并应扫除积雪。夜间不得进行脚手架搭设与拆除作业。
11. 搭设和拆除脚手架作业应有相应的安全设施,操作人员应佩戴安全帽、安全带和防滑鞋。

8. 模板工程

风险辨识范围:房建工程	
序号:11.8	作业单元:模板工程

可能造成的事故类型及发生后的风险等级:
坍塌(较大风险)、高处坠落(一般风险)、物体打击(一般风险)

致险因素:
1. 模板及支撑架没有足够的承载力、刚度和整体稳固性;模板支撑架构配件进场未进行验收;模板支撑架未按专项施工方案及相关标准构造要求进行搭设等,可能导致坍塌。
2. 满堂钢管支撑架的构造立杆地基不坚实,土层场地有积水;立杆间距、水平杆步距不符合专项施工方案的要求;架体未对称设置剪刀撑或斜撑杆、交叉拉杆等,可能导致坍塌。
3. 采用立柱-纵横梁搭设的梁柱式支撑架纵梁之间未设置可靠的连接;跨越道路或通航水域的支撑架未设置防撞设施和交通标志等,可能导致坍塌。
4. 采用液压滑动模板施工时,提升架、操作平台、料台和吊脚手架不具有足够的承载力和刚度,可能导致坍塌。
5. 支撑架与施工起重设备、施工脚手架等设施、设备连接;支撑架使用期间,擅自拆除架体构配件;支撑架使用中达到监测报警值时,未立即停止作业,查明原因等,可能导致支撑架坍塌。
6. 模板作业层施工荷载超过设计允许荷载,可能导致坍塌。
7. 在浇筑混凝土作业时,支撑架下部范围内人员作业、行走或停留,可能导致被物体打击。
8. 模板安装和拆卸时,未设置操作平台、支架或脚手架,作业人员没有可靠的立足点;在吊装中的大模板上,人员站立或行走等,可能导致高处坠落。
9. 在上下同一垂直面上装拆模板,可能导致人员被模板打击。

管控措施:
1. 模板工程安全要求应按《建筑施工易发事故防治安全标准》(JGJ/T 429—2018)第 4.6 节"模板工程"、第 5.4 节"模板工程"的相关要求执行。
2. 应按《公路水运工程安全生产监督管理办法》(交通运输部令 2017 年第 25 号)、《交通运输企业安全生产标准化建设基本规范 第 17 部分:公路水运工程施工项目》(JT/T 1180.17—2018)、《建筑施工易发事故防治安全标准》(JGJ/T 429—2018)等文件的相关要求,落实安全生产条件,加强现场安全生产管理和安全技术管理。

3. 模板及支撑架应根据施工过程中的各种工况进行设计,应具有足够的承载力、刚度和整体稳固性。施工中,模板支撑架应按专项施工方案及相关标准构造要求进行搭设。

4. 模板支撑架构配件进场应进行验收。模板作业层应在显著位置设置限载标志,注明限载数值,施工荷载不得超过设计允许荷载。不得在上下同一垂直面上装拆模板。

5. 支撑架严禁与施工起重设备、施工脚手架等设施、设备连接。支撑架使用期间,严禁擅自拆除架体构配件。支撑架在使用过程中应实施监测,出现达到监测报警值的情况时,应立即停止作业,待查明原因并处理合格后方可继续施工。在浇筑混凝土作业时,支撑架下部范围内严禁人员作业、行走或停留。

6. 混凝土浇筑顺序及支撑架拆除顺序应按专项施工方案的规定进行。

9. 操作平台

风险辨识范围:房建工程	
序号:11.9	作业单元:操作平台

可能造成的事故类型及发生后的风险等级:
坍塌(一般风险)

致险因素:
1. 悬挑式操作平台搁置点、拉结点、支撑点未可靠地设置在主体结构上,可能导致平台坍塌。
2. 斜拉式悬挑操作平台未在平台两侧各设置两道斜拉钢丝绳;支承式悬挑操作平台未在下部设置不少于两道斜撑;悬臂式操作平台未采用型钢梁或桁架梁作为悬挑主梁,而是使用脚手架钢管等,可能导致平台坍塌。
3. 落地式操作平台未设置连墙件和剪刀撑,可能导致平台坍塌。
4. 操作平台上物料未及时转运,超重与超高堆放,可能导致平台坍塌。

管控措施:
1. 操作平台安全要求应按《建筑施工易发事故防治安全标准》(JGJ/T 429—2018)第4.7节"操作平台"的相关要求执行。
2. 应按《公路水运工程安全生产监督管理办法》(交通运输部令2017年第25号)、《交通运输企业安全生产标准化建设基本规范 第17部分:公路水运工程施工项目》(JT/T 1180.17—2018)、《建筑施工易发事故防治安全标准》(JGJ/T 429—2018)等文件的相关要求,落实安全生产条件,加强现场安全生产管理和安全技术管理。
3. 悬挑式操作平台、斜拉式悬挑操作平台、支承式悬挑操作平台、悬臂式操作平台、落地式操作平台的搭设应符合标准要求。
4. 操作平台投入使用时,应在平台的明显位置处设置限载标志,物料应及时转运,不得超重与超高堆放。

10. 临时建筑

风险辨识范围:房建工程	
序号:11.10	作业单元:临时建筑

可能造成的事故类型及发生后的风险等级:
坍塌(一般风险)

致险因素：
1. 临时建筑布置选择在易发生滑坡、泥石流、山洪等危险地段和低洼积水区域，未避开河沟、高边坡、深基坑边缘，可能导致坍塌。
2. 临时建筑设置在建筑起重机械安装、使用和拆除期间可能倒塌覆盖的范围内，可能导致坍塌。
3. 在影响临时建筑安全的区域内堆置物超重堆载，堆土、堆放材料、停放施工机械，有强夯、混凝土输送等施工，可能导致坍塌。
4. 临时建筑的地基基础不稳；在临时建筑基础及其影响范围内进行开挖作业，可能导致坍塌。
5. 临时建筑不稳固，不能抵御大风、雨雪、冰雹等恶劣天气的侵袭，可能导致坍塌。
6. 搭设在空旷、山脚处的活动房未采取防风、防洪和防暴雨等措施，可能导致坍塌。
7. 在施工围挡上方或紧靠施工围挡架设广告或宣传标牌，可能导致围挡倒塌。
8. 施工现场使用的组装式活动房屋使用荷载超过其设计允许荷载，可能导致坍塌。

管控措施：
1. 临时建筑安全要求应按《建筑施工易发事故防治安全标准》(JGJ/T 429—2018)第4.8节"临时建筑"的相关要求执行。
2. 应按《公路水运工程安全生产监督管理办法》(交通运输部令2017年第25号)、《交通运输企业安全生产标准化建设基本规范 第17部分：公路水运工程施工项目》(JT/T 1180.17—2018)、《建筑施工易发事故防治安全标准》(JGJ/T 429—2018)等文件的相关要求，落实安全生产条件，加强现场安全生产管理和安全技术管理。
3. 临时建筑布置不得选择在易发生滑坡、泥石流、山洪等危险地段和低洼积水区域，应避开河沟、高边坡、深基坑边缘。
4. 临时建筑严禁设置在建筑起重机械安装、使用和拆除期间可能倒塌覆盖的范围内。
5. 在影响临时建筑安全的区域内堆置物不得超重堆载，严禁堆土、堆放材料、停放施工机械，并不应有强夯、混凝土输送等振动源产生的振动影响。
6. 施工现场临时建筑的地基基础应稳固。严禁在临时建筑基础及其影响范围内进行开挖作业。
7. 弃土及物料堆放应远离围挡，围挡外侧应有禁止人群停留、聚集和禁止堆砌土方、货物等警示标志。严禁在施工围挡上方或紧靠施工围挡架设广告或宣传标牌。
8. 施工现场使用的组装式活动房屋应有产品合格证，在组装完成后应进行验收，经验收合格后方可使用。活动房使用荷载不得超过其设计允许荷载。

11. 钢围堰工程

风险辨识范围：房建工程	
序号：11.11	作业单元：钢围堰工程

可能造成的事故类型及发生后的风险等级：
坍塌（较大风险）、淹溺（一般风险）

致险因素：
1. 钢围堰内基础施工时，挖土、吊运、浇筑混凝土等作业碰撞围堰支撑，在支撑上放置重物等，可能导致坍塌。
2. 任意增加围堰高度，可能导致坍塌。

3. 钢围堰在使用过程中未按专项施工方案的规定进行监测,可能出现构配件松动、变形、水位水情变化等情况而引起坍塌。

4. 水上钢围堰未设置水上作业警示标志和防护栏,夜间河道作业区域未布置警示照明灯;在靠近航道处的作业区未设置防止船舶撞击的装置等,可能导致人员淹溺。

管控措施:

1. 钢围堰工程安全要求应按《建筑施工易发事故防治安全标准》(JGJ/T 429—2018)第4.9节"钢围堰工程"、第10.1节"淹溺"的相关要求执行。

2. 应按《公路水运工程安全生产监督管理办法》(交通运输部令2017年第25号)、《交通运输企业安全生产标准化建设基本规范 第17部分:公路水运工程施工项目》(JT/T 1180.17—2018)、《建筑施工易发事故防治安全标准》(JGJ/T 429—2018)等文件的相关要求,落实安全生产条件,加强现场安全生产管理和安全技术管理。

3. 钢围堰内基础施工时,挖土、吊运、浇筑混凝土等作业严禁碰撞围堰支撑,不得在支撑上放置重物。

4. 严禁任意增加围堰高度。

5. 钢围堰在使用过程中应按专项施工方案规定的监测点布置、监测内容、监测方法、监测频率和监测预警值进行监测,出现构配件松动、变形等情况时,应立即停止作业,查找原因。

6. 围堰施工过程及围堰内作业过程中,应监控水位水情变化,根据施工区实测水位和水情预报、海事预报等信息做好相应水情变化的应对工作。筑岛围堰应高出施工期间可能出现的最高水位0.7m以上。

7. 水上钢围堰应设置水上作业警示标志和防护栏,夜间河道作业区域应布置警示照明灯;在靠近航道处的作业区应设置防止船舶撞击的装置。

12. 钢板桩工程

风险辨识范围:房建工程	
序号:11.12	作业单元:钢板桩工程

可能造成的事故类型及发生后的风险等级:
淹溺(较小风险)

致险因素:
钢板桩工程施工地下水位较高时,未采用止水、导水、排水等措施;施工过程中出现少量渗漏时未及时处理;当出现大量涌水时,未及时抽排水等,可能导致人员淹溺。

管控措施:

1. 钢板桩工程安全要求应按《建筑施工易发事故防治安全标准》(JGJ/T 429—2018)第10.1节"淹溺"的相关要求执行。

2. 应按《公路水运工程安全生产监督管理办法》(交通运输部令2017年第25号)、《交通运输企业安全生产标准化建设基本规范 第17部分:公路水运工程施工项目》(JT/T 1180.17—2018)、《建筑施工易发事故防治安全标准》(JGJ/T 429—2018)等文件的相关要求,落实安全生产条件,加强现场安全生产管理和安全技术管理。

3.钢板桩工程施工应采取防止淹溺的安全技术措施,并应符合下列规定:①地下水位较高时,应采用止水、导水、排水等措施;②施工过程中对钢板桩围护结构桩间等薄弱部位应设专人监视;若出现少量渗漏,应及时处理,并先堵漏后开挖;当出现大量涌水时,应及时抽排水,并回填干砌片石,注浆加固,待排除渗漏后再开挖。

13. 装配式建筑工程

风险辨识范围:房建工程	
序号:11.13	作业单元:装配式建筑工程

可能造成的事故类型及发生后的风险等级:
机械伤害(较小风险)、车辆伤害(较小风险)、物体打击(较小风险)

致险因素:
1.超高、超宽、形状特殊部品的运输和堆放未有专项安全保护措施,运输中可能出现交通事故,堆放中可能坍塌。
2.预制构件未放置于专用存放架上或采取侧向支撑措施;存放架不具有足够抗倾覆稳定性能;存放区的场地不平整,不具有足够的承载能力,可能导致坍塌。
3.预制构件的安装不符合设计规定的部品组装顺序;预制剪力墙、柱安装未设置可靠的临时支撑体系;预制梁、楼板安装未设置可靠的临时支撑体系,不具有足够的承载能力、刚度和整体稳固性,可能导致坍塌。
4.现浇段混凝土强度未达到设计要求,或结构单元未形成稳定体系前,拆除临时支撑系统,可能导致坍塌。

管控措施:
1.装配式建筑工程安全要求应按《建筑施工易发事故防治安全标准》(JGJ/T 429—2018)第4.10节"装配式建筑工程"的相关要求执行。
2.应按《公路水运工程安全生产监督管理办法》(交通运输部令2017年第25号)、《交通运输企业安全生产标准化建设基本规范 第17部分:公路水运工程施工项目》(JT/T 1180.17—2018)、《建筑施工易发事故防治安全标准》(JGJ/T 429—2018)等文件的相关要求,落实安全生产条件,加强现场安全生产管理和安全技术管理。
3.预制混凝土剪力墙等平板式构件应采用设置侧向护栏或其他固定措施的专用运输架进行运输,或采用专用运输车进行运输。超高、超宽、形状特殊部品的运输和堆放应有专项安全保护措施。
4.施工现场应根据预制构件规格、品种、使用部位、吊装顺序绘制施工场地平面布置图。预制构件应统一分类存放于专门设置的构件存放区,并应放置于专用存放架上或采取侧向支撑措施,存放架应具有足够抗倾覆稳定性能。构件堆放层数不宜大于3层。存放区的场地应平整、排水应畅通,并应具有足够的承载能力。
5.预制构件的安装应符合设计规定的部品组装顺序。
6.预制剪力墙、柱安装应设置可靠的临时支撑体系。预制梁、楼板安装应设置可靠的临时支撑体系,应具有足够的承载能力、刚度和整体稳固性。
7.现浇段混凝土强度未达到设计要求,或结构单元未形成稳定体系前,不应拆除临时支撑系统。

14. 钢筋及混凝土工程

风险辨识范围:房建工程	
序号:11.14	作业单元:钢筋及混凝土工程
可能造成的事故类型及发生后的风险等级： 高处坠落(较大风险)、坍塌(较小风险)	
致险因素： 1.绑扎圈梁、挑梁、挑檐、外墙、边柱和悬空梁等构件的钢筋时，未搭设脚手架或操作平台，人员没有可靠的立足点，可能导致高处坠落。 2.绑扎立柱和墙体钢筋时，人员站在钢筋骨架上或攀登骨架作业，可能导致高处坠落。 3.绑扎钢筋和安装钢筋骨架需悬空作业时，未搭设脚手架和上下通道，人员攀爬钢筋骨架，可能导致高处坠落。 4.特殊情况下悬空绑扎钢筋或浇筑混凝土时，未系好安全带，可能导致高处坠落。 5.在高处进行预应力张拉操作前，未搭设操作平台，可能导致高处坠落。 6.临边浇筑高度2m及以上的混凝土结构构件时，未设置脚手架或操作平台，可能导致高处坠落。 7.较厚大的筏板、楼板、屋面板等混凝土构件钢筋施工过程中，未设置固定钢筋的稳固的定位与支撑件，上层钢筋网上堆放物料超载，可能导致坍塌。	
管控措施： 1.钢筋及混凝土工程安全要求应按《建筑施工易发事故防治安全标准》(JGJ/T 429—2018)第4.1节"一般规定"、第5.5节"钢筋及混凝土工程"的相关要求执行。 2.应按《公路水运工程安全生产监督管理办法》(交通运输部令2017年第25号)、《交通运输企业安全生产标准化建设基本规范 第17部分:公路水运工程施工项目》(JT/T 1180.17—2018)、《建筑施工易发事故防治安全标准》(JGJ/T 429—2018)等文件的相关要求，落实安全生产条件，加强现场安全生产管理和安全技术管理。 3.当绑扎圈梁、挑梁、挑檐、外墙、边柱和悬空梁等构件的钢筋时，应搭设脚手架或操作平台。 4.当在特殊情况下悬空绑扎钢筋或浇筑混凝土时，必须系好安全带。 5.在高处进行预应力张拉操作前，应搭设操作平台。当临边浇筑高度2m及以上的混凝土结构构件时，应设置脚手架或操作平台。 6.较厚大的筏板、楼板、屋面板等混凝土构件钢筋施工过程中，应设置固定钢筋的稳固的定位与支撑件，上层钢筋网上堆放物料严禁超载。	

15. 门窗工程

风险辨识范围:房建工程	
序号:11.15	作业单元:门窗工程
可能造成的事故类型及发生后的风险等级： 高处坠落(较大风险)	

致险因素：

1. 在高处外墙安装门窗且无外脚手架时，操作人员未系好安全带，其保险钩未挂在操作人员上方的可靠物件上，可能导致高处坠落。

2. 操作人员在无安全防护措施时，站在檩子、阳台栏板上作业，可能导致高处坠落。

3. 当门窗临时固定、封填材料未达到强度以及在施焊作业时，操作人员手拉门窗进行攀登，可能导致高处坠落。

4. 进行各项窗口作业时，操作人员的重心未位于室内，在窗台上站立，未系好安全带，可能导致高处坠落。

管控措施：

1. 门窗工程安全要求应按《建筑施工易发事故防治安全标准》（JGJ/T 429—2018）第 5.6 节"门窗工程"的相关要求执行。

2. 应按《公路水运工程安全生产监督管理办法》（交通运输部令 2017 年第 25 号）、《交通运输企业安全生产标准化建设基本规范　第 17 部分：公路水运工程施工项目》（JT/T 1180.17—2018）、《建筑施工易发事故防治安全标准》（JGJ/T 429—2018）等文件的相关要求，落实安全生产条件，加强现场安全生产管理和安全技术管理。

3. 当在高处外墙安装门窗且无外脚手架时，操作人员应系好安全带，其保险钩应挂在操作人员上方的可靠物件上。

4. 门窗作业时，应有防坠落措施。操作人员在无安全防护措施时，不得站在檩子、阳台栏板上作业；当门窗临时固定、封填材料未达到强度以及在施焊作业时，操作人员不得手拉门窗进行攀登。

5. 当进行各项窗口作业时，操作人员的重心应位于室内，不得在窗台上站立，必要时应系好安全带进行操作。

16. 起重吊装作业

风险辨识范围：房建工程	
序号：11.16	作业单元：起重吊装作业

可能造成的事故类型及发生后的风险等级：
起重伤害（较大风险）、物体打击（一般风险）

致险因素：

1. 纳入特种设备目录的起重机械进入施工现场，不具有特种设备制造许可证、产品合格证、备案证明和安装使用说明书；起重机械进场组装后未履行验收程序，设备可能带病使用，导致起重伤害。

2. 起重机械的辅助构件、附墙件不符合标准要求，可能导致起重伤害。

3. 起重机械的变幅限位器、力矩限制器、起重量限制器、防坠安全器、各行行程限位开关以及滑轮和卷筒的钢丝绳防脱装置、吊钩防脱钩装置等安全保护装置，未齐全有效，被随意调整或拆除；利用限制器和限位装置代替操纵机构；门式起重机、架桥机、行走式塔式起重机等轨道行走类起重机械未设置夹轨器和轨道限位器等，可能导致起重伤害。

4. 塔式起重机、施工升降机的使用不符合标准要求；吊装大、重、新结构构件和采用新的吊装工艺前未先进行试吊；高空吊装预制梁、屋架等大型构件时，未在构件两端设溜绳，作业人员直接推拉被吊运物；双机抬吊负载分配不合理，两机位未协同起吊和就位，起吊速度过快等，可能导致起重伤害。

5. 当多台起重机械在同一施工现场交叉作业时,未采取防撞的安全技术措施;多台塔式起重机在同一施工现场交叉作业时,未编制专项施工方案,未按施工方案操作;低位塔式起重机的起重臂端与另一台塔式起重机的塔身之间的距离小于 2m,且高位塔式起重机的最低位置的部件与低位塔式起重机中处于最高位置的部件之间的垂直距离小于 2m,可能导致起重机臂相撞。

6. 吊装作业区域四周未设置明显标志,非操作人员入内;构件起吊时,人员站在吊物下方;起重机械起吊的构件上有人、浮置物、悬挂物件;吊运易散落物件或吊运气瓶时,未使用专用吊笼;起重机采用吊具载运人员;吊运作业时,吊运材料未绑扎牢固、细长物件单点起吊;吊运散料时未使用料斗,使用钢丝绳绑扎吊运;斜拉、斜吊;吊装起吊重量不明、埋于地下或黏结在地面上的构件;施工现场人员在起重机覆盖范围内和有可能坠物的地方逗留、休息;吊运重物起升或下降速度不平稳、均匀;起重机主、副钩同时作业;起重机在满负荷或接近满负荷时,进行增大幅度方向的动作或同时进行两个动作;起重机回转未停稳时,进行反向动作;雨雪后进行吊装时,未清理积水、积雪,作业前未先试吊等,可能导致起重伤害、物体打击。

7. 在风速达到 9m/s 及以上或大雨、大雪、大雾等恶劣天气时,进行起重机械的安装拆卸作业;在风速达到 12m/s 及以上或大雨、大雪、大雾等恶劣天气时,进行露天的起重吊装作业,可能加大起重伤害的可能性。

管控措施:
1. 起重吊装作业安全要求应按《建筑施工易发事故防治安全标准》(JGJ/T 429—2018)第 9 章"起重伤害"、第 6 章"物体打击"的相关要求执行。

2. 应按《公路水运工程安全生产监督管理办法》(交通运输部令 2017 年第 25 号)、《交通运输企业安全生产标准化建设基本规范 第 17 部分:公路水运工程施工项目》(JT/T 1180.17—2018)、《建筑施工易发事故防治安全标准》(JGJ/T 429—2018)等文件的相关要求,落实安全生产条件,加强现场安全生产管理和安全技术管理。

3. 从事建筑起重机械安装、拆卸活动的单位应具有相应资质和建筑施工企业安全生产许可证,并在其资质许可范围内承揽建筑起重机械安装、拆卸工程。

4. 起重机械安拆、吊装作业应编制专项施工方案,超过一定规模的起重吊装及起重机械安装拆卸工程,其专项施工方案应组织专家论证。

5. 起重机械作业前,施工技术人员应向操作人员进行安全技术交底。操作人员应熟悉作业环境和施工条件。

6. 纳入特种设备目录的起重机械进入施工现场,应进行验收,合格后方可投入使用。

7. 起重机械的变幅限位器、力矩限制器、起重量限制器、防坠安全器、各种行程限位开关以及滑轮和卷筒的钢丝绳防脱装置、吊钩防脱钩装置等安全保护装置,应齐全有效,严禁随意调整或拆除。严禁利用限制器和限位装置代替操纵机构。门式起重机、架桥机、行走式塔式起重机等轨道行走类起重机械应设置夹轨器和轨道限位器。

8. 塔式起重机、施工升降机等起重设备的吊装作业应符合标准要求。

9. 在风速达到 9m/s 及以上或遇大雨、大雪、大雾等恶劣天气时,严禁进行起重机械的安装拆卸作业。在风速达到 12m/s 及以上或遇大雨、大雪、大雾等恶劣天气时,应停止露天的起重吊装作业。

10. 起重机械安装拆卸工、起重机械司机、起重信号司索工应经专业机构培训,并应取得相应的特种作业人员从业资格,持证上岗。起重机械司机操作证应与操作机型相符,并应按操作规程进行操作。起重机作业应设专职信号指挥和司索人员,一人不得同时兼顾信号指挥和司索作业。

17. 吊装与安装工程

风险辨识范围:房建工程	
序号:11.17	作业单元:吊装与安装工程

可能造成的事故类型及发生后的风险等级:
高处坠落(较大风险)

致险因素:
1. 起重吊装悬空作业未设置牢固可靠的高处作业操作平台或操作立足点;操作平台外围未设置防护栏杆;操作平台面未满铺脚手板,脚手板未铺平绑牢,出现探头板;未设置供作业人员系挂安全带的设施;人员上下高处作业面未设置爬梯等,可能导致高处坠落。
2. 吊装屋架、梁、柱等大型混凝土预制构件时,未在构件上预先设置登高通道和操作平台等安全设施,操作人员未在操作平台上操作,可能导致高处坠落。
3. 吊装作业中,临空面未设置临边防护栏杆,未设置连续的钢丝绳、钢索作安全绳,可能导致高处坠落。
4. 安装管道时,在未固定、无防护的结构构件及安装中的管道上作业或通行,可能导致高处坠落。

管控措施:
1. 吊装与安装工程安全要求应按《建筑施工易发事故防治安全标准》(JGJ/T 429—2018)第5.7节"吊装与安装工程"的相关要求执行。
2. 应按《公路水运工程安全生产监督管理办法》(交通运输部令2017年第25号)、《交通运输企业安全生产标准化建设基本规范 第17部分:公路水运工程施工项目》(JT/T 1180.17—2018)、《建筑施工易发事故防治安全标准》(JGJ/T 429—2018)等文件的相关要求,落实安全生产条件,加强现场安全生产管理和安全技术管理。
3. 起重吊装悬空作业应有安全防护措施。
4. 钢结构构件的吊装,应搭设用于临时固定、焊接、螺栓连接等工序的高空安全设施,并应随构件同时起吊就位,吊装就位的钢构件应及时连接。
5. 当吊装屋架、梁、柱等大型混凝土预制构件时,应在构件上预先设置登高通道和操作平台等安全设施,操作人员必须在操作平台上进行就位、灌浆等操作。当吊装第一块预制构件或单独的大中型预制构件时,操作人员应在操作平台上进行操作。
6. 安装管道时,应有已完结构或稳固的操作平台作为立足点,严禁在未固定、无防护的结构构件及安装中的管道上作业或通行。

18. 垂直运输设备

风险辨识范围:房建工程	
序号:11.18	作业单元:垂直运输设备

可能造成的事故类型及发生后的风险等级:
高处坠落(较大风险)

致险因素：
1. 各种垂直运输设备的停层平台临边未设防护栏杆、挡脚板、安全立网；平台口未设楼层防护门，未设防外开装置和连锁保护装置；停层平台未满铺脚手板并固定牢固，可能导致高处坠落。
2. 物料提升机未设刚性停层装置，各层联络没有明确信号和楼层标记，未采用断绳保护装置和安全停层装置；物料提升机通道中间未分别设置隔离设施；物料提升机乘人等，可能导致高处坠落，人员伤亡。
3. 施工升降机层门未与吊笼连锁，层门随意开启；各种限位不灵敏可靠；楼层门未采取防止人员和物料坠落的措施；上下运行行程内有障碍物；吊笼内乘人、载物时，超载，荷载分布不均等，可能导致高处坠落。
4. 吊篮选用不符合现行《高处作业吊篮》(GB/T 19155) 的有关规定，其结构不具有足够的承载力和刚度，产品没有出厂合格证；使用自行制作的吊篮；吊篮安装拆卸的作业人员未经专业机构培训；吊篮内操作人员的数量超载；吊篮中的作业人员未佩戴安全带，安全带未挂设在单独设置的安全绳上，安全绳与吊篮连接；吊篮的安全锁失效，使用超过有效标定期的安全锁等，可能导致高处坠落。

管控措施：
1. 垂直运输设备安全要求应按《建筑施工易发事故防治安全标准》(JGJ/T 429—2018) 第5.8节"垂直运输设备"的相关要求执行。
2. 应按《公路水运工程安全生产监督管理办法》(交通运输部令2017年第25号)、《交通运输企业安全生产标准化建设基本规范 第17部分：公路水运工程施工项目》(JT/T 1180.17—2018)、《建筑施工易发事故防治安全标准》(JGJ/T 429—2018) 等文件的相关要求，落实安全生产条件，加强现场安全生产管理和安全技术管理。
3. 各种垂直运输设备的停层平台除两侧应按临边作业要求设防护栏杆、挡脚板、安全立网外，平台口还应设置高度不低于1.8m的楼层防护门，并应设置防外开装置和连锁保护装置。停层平台应满铺脚手板并固定牢固。
4. 物料提升机应设置刚性停层装置，各层联络应有明确信号和楼层标记，并应采用断绳保护装置和安全停层装置。物料提升机通道中间，应分别设置隔离设施。物料提升机严禁乘人。
5. 施工升降机层门应与吊笼连锁，并应确保吊笼底板距楼层平台的垂直距离不大于150mm时，层门方能开启。当层门关闭时，人员不得进出。施工升降机各种限位应灵敏可靠，楼层门应采取防止人员和物料坠落的措施，上下运行行程内应无障碍物。吊笼内乘人、载物时，严禁超载，荷载应均匀分布。
6. 吊篮作业应符合标准要求。不得使用自行制作的吊篮。

19. 施工机械设备

风险辨识范围：房建工程	
序号：11.19	作业单元：施工机械设备

可能造成的事故类型及发生后的风险等级：
机械伤害（较大风险）、触电（较大风险）、高处坠落（较大风险）、物体打击（较小风险）

致险因素：
1. 施工机械进场前未查验机械设备证件、性能和状况，未进行试运转，设备可能带病作业，导致机械伤害。
2. 机械设备上的各种安全防护和保险装置及各种安全信息装置未齐全有效，可能导致机械伤害。

3. 未按出厂使用说明书规定的技术性能、承载能力和使用条件,正确操作、合理使用机械设备,超载、超速作业或任意扩大其使用范围,可能导致机械伤害。

4. 大型机械设备的地基基础承载力不满足安全使用要求,其安装、试机、拆卸未按使用说明书的要求进行,使用前未经专业技术人员验收合格;多台机械在同一区域作业时,前后、左右未保持安全距离;机械在临近坡、坑边缘及有坡度的作业现场(道路)行驶时,其下方受影响范围内有人员,可能导致设备倾覆、碰撞、机械伤害、物体打击等。

5. 土石方机械作业时,施工现场未设置警戒区域,未悬挂警示标志,非工作人员入内;机械回转作业时,配合人员在机械回转半径内工作;拖式铲运机作业时,人员上下机械设备、传递物件,在铲斗内、拖把或机架上坐立;装载机转向架未锁闭时,人员站在前后车架之间进行检修保养;强夯机械的夯锤下落后,在吊钩尚未降至夯锤吊环附近时,操作人员提前下坑挂锤;从坑中提锤时,挂钩人员站在锤上随锤提升等,可能导致机械伤害、物体打击。

6. 混凝土搅拌机料斗提升时,人员在料斗下停留或通过;在料斗下进行清理或检修时,未将料斗提升至上止点并采用保险销锁牢或用保险链挂牢,料斗可能对作业人员造成物体打击。

7. 小型机具未有出厂合格证和操作说明书;小型机具未按要求使用、维修和保养;作业人员不了解所用机具性能,不熟悉掌握其安全操作常识,施工中未正确佩戴各类安全防护用品;手持电动工具未配备安全隔离变压器、漏电保护器,控制箱和电源连接器;作业人员站在不稳定的地方使用电动或气动工具;木工圆盘锯机上的旋转锯片未带护罩,平刨未设置护手装置;齿轮传动、皮带传动、连轴传动的小型机具未设安全防护装置等,可能导致机械伤害、物体打击。

8. 小型起重机具行走电动葫芦未设缓冲器,轨道两端未设挡板;电动葫芦超载起吊;起吊过程中,人员手握在绳索与吊物之间;使用2台以上手拉葫芦同时起吊重物;卷扬机卷筒上的钢丝绳排列不整齐,在传动中用手拉或脚踩钢丝绳;作业中,人员跨越卷扬机钢丝绳;卷筒剩余钢丝绳少于3圈等,可能导致机械伤害、物体打击。

9. 机械带病运转,清洁、保养、维修机械或电气装置前,未先切断电源;带电或采用预约停送电时间的方式进行维修;未悬挂"禁止合闸、有人工作"的警示牌,可能导致机械伤害、触电。

10. 在机械使用、维修过程中,操作人员和配合作业人员未正确使用劳动保护用品,长发外露,高处作业未系安全带等,可能导致机械伤害、高处坠落等。

管控措施:

1. 施工机械设备安全要求应按《建筑施工易发事故防治安全标准》(JGJ/T 429—2018)第7章"机械伤害"的相关要求执行。

2. 应按《公路水运工程安全生产监督管理办法》(交通运输部令2017年第25号)、《交通运输企业安全生产标准化建设基本规范 第17部分:公路水运工程施工项目》(JT/T 1180.17—2018)、《建筑施工易发事故防治安全标准》(JGJ/T 429—2018)等文件的相关要求,落实安全生产条件,加强现场安全生产管理和安全技术管理。

3. 施工现场应制定施工机械安全技术操作规程,建立设备安全技术档案。

4. 施工机械进场前应查验机械设备证件、性能和状况,并应进行试运转。作业前,施工技术人员应向操作人员进行安全技术交底。操作人员应熟悉作业环境和施工条件,并应听从指挥,遵守现场安全管理规定。

5. 机械设备上的各种安全防护和保险装置及各种安全信息装置应齐全有效。

6. 应按出厂使用说明书规定的技术性能、承载能力和使用条件，正确操作、合理使用机械设备，严禁超载、超速作业或任意扩大其使用范围。

7. 大型机械设备的地基基础承载力应满足安全使用要求，其安装、试机、拆卸应按使用说明书的要求进行，使用前应经专业技术人员验收合格。多台机械在同一区域作业时，前后、左右应保持安全距离。机械在临近坡、坑边缘及有坡度的作业现场（道路）行驶时，其下方受影响范围内不得有任何人员。

8. 土石方机械设备、混凝土搅拌机、小型机具、小型起重机具使用应符合标准要求。

9. 操作人员应根据机械保养规定进行机械例行保养，并做好维修保养记录，机械应处于完好状态。机械不得带病运转，检修前应悬挂"禁止合闸、有人工作"的警示牌。

10. 在机械使用、维修过程中，操作人员和配合作业人员应正确使用劳动保护用品，长发应束紧，不得外露，高处作业应系安全带。

11. 多班作业的机械应执行交接班制度，填写交接班记录，接班人员上岗前应进行检查。

20. 拆除工程

风险辨识范围：房建工程	
序号：11.20	作业单元：拆除工程
可能造成的事故类型及发生后的风险等级： 坍塌（较大风险）、放炮（较大风险）、物体打击（较小风险）	
致险因素： 1. 人工拆除作业时，楼板上聚集或堆放材料；人工拆除建筑墙体时，采用掏掘或推倒的方法，可能导致坍塌。 2. 拆除大型破碎机械上结构物；起重机械需在桥面或楼（屋）面上进行吊装作业时，未对承载结构进行承载力计算，可能导致坍塌。 3. 机械拆除建筑时，未从上至下、逐层分段进行；未先拆除非承重结构，再拆除承重结构；框架结构未按楼板、次梁、主梁、柱子的顺序进行拆除；对只进行部分拆除的建筑，未先将保留部分加固，再进行分离拆除等，可能导致坍塌。 4. 拆除或拆卸作业未设置警戒区域，未由专人负责监护警戒；拆除或拆卸作业下方有其他人员；上下同时进行拆除；物件拆除后，临时堆放处离堆放结构边沿小于1m，堆放高度超过1m，楼层边口、通道口、脚手架边缘等处，堆放任何拆下物件；拆卸下的物件及余料和废料未及时清理运走；构配件、散碎材料任意乱放或向下丢弃等，可能导致坍塌、物体打击等。 5. 爆破拆除不符合标准要求，可能导致坍塌、放炮等。	
管控措施： 1. 拆除工程安全要求应按《建筑施工易发事故防治安全标准》（JGJ/T 429—2018）第4.11节"拆除工程"、第6章"物体打击"的相关要求执行。 2. 应按《公路水运工程安全生产监督管理办法》（交通运输部令2017年第25号）、《交通运输企业安全生产标准化建设基本规范　第17部分：公路水运工程施工项目》（JT/T 1180.17—2018）、《建筑施工易发事故防治安全标准》（JGJ/T 429—2018）等文件的相关要求，落实安全生产条件，加强现场安全生产管理和安全技术管理。	

3. 对建筑物实施人工拆除作业时,楼板上严禁人员聚集或堆放材料。人工拆除建筑墙体时,严禁采用掏掘或推倒的方法。

4. 大型破碎机械不得上结构物,而应在结构物侧面进行拆除作业。当起重机械需在桥面或楼(屋)面上进行吊装作业时,应对承载结构进行承载力计算。

5. 当机械拆除建筑时,应从上至下、逐层分段进行;应先拆除非承重结构,再拆除承重结构。框架结构应按楼板、次梁、主梁、柱子的顺序进行拆除。对只进行部分拆除的建筑,应先将保留部分加固,再进行分离拆除。

6. 拆除或拆卸作业应符合标准要求。

7. 从事爆破拆除工程的施工单位,应根据爆破拆除等级,在许可范围内从事爆破拆除作业。爆破拆除设计人员应具有承担爆破拆除作业范围和相应级别的爆破工程技术人员作业证。从事爆破拆除施工的作业人员应持证上岗。

21. 施工临时用电

风险辨识范围:房建工程	
序号:11.21	作业单元:施工临时用电

可能造成的事故类型及发生后的风险等级:
触电(较小风险)

致险因素:

1. 施工现场脚手架、起重机械与架空线路的安全距离不符合相关标准要求,且未采取有效的绝缘隔离防护措施,可能导致触电。

2. 施工现场临时配电线路未采用三相四线制电力系统,未采用 TN-S 接零保护系统;电缆线路未采用埋地或架空敷设,而是沿地面明设;地下埋设电缆未设防护管;架空线路未采用绝缘导线,架空线未架设在专用电杆上,架设在树木、脚手架及其他设施上;配电线路未有短路保护和过载保护,可能导致触电。

3. 配电系统未设置配电柜或总配电箱、分配电箱、开关箱,实行三级配电;未形成两级保护;配电柜未装设隔离开关及短路、过载、漏电保护器;配电箱、开关箱为非合格产品;配电箱、开关箱未设置在干燥、通风及常温场所;配电箱、开关箱的金属箱体、金属电器安装板以及电器的正常不带电的金属底座、外壳等未做电气连接;配电箱、开关箱的电源进线端采用插头和插座作活动连接;配电箱、开关箱检查和维修时,未挂接地线,未悬挂"禁止合闸、有人工作"停电标志牌;停送电未由专人负责,可能导致触电。

4. 施工现场用同一个开关箱直接控制2台及2台以上用电设备(含插座);开关箱未装设隔离开关及短路、过载、漏电保护器,未设置分路开关;各种施工机具和施工设施未做好保护零线连接;塔式起重机、施工升降机、滑动模板、爬升模板的金属操作平台,需设置避雷装置的物料提升机及其他高耸临时设施,未进行重复接地;防雷接地的电气设备,所连接的 PE 线未同时作重复接地,可能导致触电。

5. 施工照明灯具的金属外壳未与 PE 线相连接,照明开关箱内未装设隔离开关、短路与过载保护电器和漏电保护器;室外220V灯具距地面低于3m,室内220V灯具距地面低于2.5m,可能导致触电。

6. 临时用电工程未定期检查,对发现的安全隐患未及时处理;施工现场临时用电设备和线路的安装、巡检、维修或拆除,未由建筑电工完成,隐患不能及时排除,可能导致触电。

管控措施：

1. 施工临时用电安全要求应按《建筑施工易发事故防治安全标准》(JGJ/T 429—2018)第8章"施工临时用电"的相关要求执行。

2. 应按《公路水运工程安全生产监督管理办法》(交通运输部令2017年第25号)、《交通运输企业安全生产标准化建设基本规范　第17部分：公路水运工程施工项目》(JT/T 1180.17—2018)、《建筑施工易发事故防治安全标准》(JGJ/T 429—2018)等文件的相关要求，落实安全生产条件，加强现场安全生产管理和安全技术管理。

3. 施工现场临时用电设备在5台及以上或设备总容量在50kW及以上时，应编制施工现场临时用电组织设计，并应经审核和批准。

4. 施工现场脚手架、起重机械与架空线路的安全距离应符合相关标准要求，当不满足要求时，应采取有效的绝缘隔离防护措施。

5. 施工现场临时配电线路应采用三相四线制电力系统，且应采用TN-S接零保护系统。

6. 配电系统应设置配电柜或总配电箱、分配电箱、开关箱，实行三级配电，除应在末级开关箱内加漏电保护器外，还应在总配电箱再加装一级漏电保护器，总体形成两级保护。

7. 施工现场每台用电设备应有各自专用的开关箱，开关箱应装设隔离开关及短路、过载、漏电保护器，不得设置分路开关。

8. 照明应符合标准要求。

9. 临时用电工程应定期检查，定期检查时应复查接地电阻值和绝缘电阻值，对发现的安全隐患应及时处理，并应履行复查验收手续。

10. 施工现场临时用电设备和线路的安装、巡检、维修或拆除，应由建筑电工完成。电工应经考核合格后，持证上岗工作；其他用电人员应通过安全教育培训和技术交底，经考核合格后方可上岗工作。

22. 电气焊作业

风险辨识范围：房建工程	
序号：11.22	作业单元：电气焊作业

可能造成的事故类型及发生后的风险等级：
火灾(较大风险)、其他爆炸(较大风险)

致险因素：
气瓶未设置防震圈和防护帽，使用时未安装减压器，倾倒或受到暴晒；乙炔瓶未安装回火防止器；气瓶未分类存放，氧气瓶和乙炔瓶放置间距小于5m，气瓶距动火点的距离小于10m；用氢气瓶充装氧气，用氧气瓶充装乙炔气；用氧气代替压缩空气作为气动工具的动力源等，可能导致火灾以及爆炸。

管控措施：

1. 电气焊作业安全要求应按《建筑施工易发事故防治安全标准》(JGJ/T 429—2018)第10.4节"爆炸和放炮"的相关要求执行。

2. 应按《公路水运工程安全生产监督管理办法》(交通运输部令2017年第25号)、《交通运输企业安全生产标准化建设基本规范　第17部分：公路水运工程施工项目》(JT/T 1180.17—2018)、《建筑施工易发事故防治安全标准》(JGJ/T 429—2018)等文件的相关要求，落实安全生产条件，加强现场安全生产管理和安全技术管理。

3.施工现场气瓶使用应符合下列规定:①气瓶应设置防震圈和防护帽,使用时应安装减压器,不得倾倒或暴晒;②乙炔瓶应安装回火防止器;③气瓶应分类存放,氧气瓶和乙炔瓶放置间距应大于5m,气瓶到动火点的距离不应小于10m;④不得以氢气瓶充装氧气,也不得用氧气瓶充装乙炔气;⑤不得用氧气代替压缩空气作为气动工具的动力源。

23.密闭缺氧空间作业

风险辨识范围:房建工程	
序号:11.23	作业单元:密闭缺氧空间作业
可能造成的事故类型及发生后的风险等级: 中毒和窒息(较小风险)	
致险因素: 在狭小或密闭空间进行电焊、油漆、明火等作业时,未保持空气流通,可能导致中毒和窒息。	
管控措施: 1.密闭缺氧空间作业安全要求应按《建筑施工易发事故防治安全标准》(JGJ/T 429—2018)第10.5节"中毒和窒息"的相关要求执行。 2.应按《公路水运工程安全生产监督管理办法》(交通运输部令2017年第25号)、《交通运输企业安全生产标准化建设基本规范 第17部分:公路水运工程施工项目》(JT/T 1180.17—2018)、《建筑施工易发事故防治安全标准》(JGJ/T 429—2018)等文件的相关要求,落实安全生产条件,加强现场安全生产管理和安全技术管理。 3.在狭小或密闭空间进行电焊、油漆、明火等作业时,应保持空气流通。	

十二 公路工程施工重大风险管控清单

1.复杂地质条件下长大桥隧工程施工

风险辨识范围:公路工程施工重大风险	
序号:12.1	作业单元:复杂地质条件下长大桥隧工程施工
可能造成的事故类型及发生后的风险等级: 坍塌(重大风险)	
致险因素: 长大桥隧工程施工穿越岩溶发育区、高风险断层、沙层、采空区、高地应力或软弱围岩、滑坡体、高瓦斯或瓦斯突出等工程地质。	

管控措施:
1. 按照《中华人民共和国建筑法》《建设工程安全生产管理条例》《公路水运工程安全生产监督管理办法》(交通运输部令 2017 年第 25 号)等法律法规和相关技术标准规范要求做好重大风险防控工作。
2. 做好地勘和周边环境调查。
3. 科学合理编制、审批专项施工方案。
4. 建立监测预警体系并严格执行。
5. 制定有针对性的应急预案,加强应急响应。

2. 穿越重要交通干线桥隧工程施工

风险辨识范围:公路工程施工重大风险	
序号:12.2	作业单元:穿越重要交通干线桥隧工程施工
可能造成的事故类型及发生后的风险等级: 坍塌(重大风险)	
致险因素: 1. 上跨(下穿)高速公路。 2. 上跨(下穿)轨道交通(铁路、轻轨等)。 3. 上跨(下穿)二级以上航道。	
管控措施: 1. 按照《中华人民共和国建筑法》《建设工程安全生产管理条例》《公路水运工程安全生产监督管理办法》(交通运输部令 2017 年第 25 号)等法律法规和相关技术标准规范要求做好重大风险防控工作。 2. 做好地勘和周边环境调查。 3. 科学合理编制、审批专项施工方案。 4. 加强施工作业现场的交通组织。 5. 制定有针对性的应急预案,加强应急响应。	

3. 穿越富水区地层的盾构法隧道施工

风险辨识范围:公路工程施工重大风险	
序号:12.3	作业单元:穿越富水区地层的盾构法隧道施工
可能造成的事故类型及发生后的风险等级: 坍塌(重大风险)	
致险因素: 1. 未按要求开展水文地质勘察、未开展关键指标的监控监测。 2. 未编制专项施工方案或未按专项施工方案施工。 3. 应急预案针对性不强,逃生体系不健全,未开展应急演练。	

管控措施：
1. 按照《中华人民共和国建筑法》《建设工程安全生产管理条例》《公路水运工程安全生产监督管理办法》（交通运输部令 2017 年第 25 号）等法律法规和相关技术标准规范要求做好重大风险防控工作。
2. 充分调查水文地质条件。
3. 科学合理编制专项施工方案，按要求审查后严格执行。
4. 建立监测监控信息共享平台，开展安全关键指标的监控监测。
5. 制定有针对性的应急预案，加强应急演练。

4. 复杂通航环境下重大公路水运工程施工

风险辨识范围：公路工程施工重大风险	
序号：12.4	作业单元：复杂通航环境下重大公路水运工程施工
可能造成的事故类型及发生后的风险等级： 坍塌（重大风险）、其他爆炸（重大风险）	
致险因素： 1. 在通航密集区实施水下爆破施工。 2. 在外海孤岛无掩护条件下或化工园区进行围堰、筑岛、打桩和单体 6000t 以上的沉箱安装作业。	
管控措施： 1. 按照《民用爆炸物品安全管理条例》《建设工程安全生产管理条例》《公路水运工程安全生产监督管理办法》（交通运输部令 2017 年第 25 号）等法律法规和相关技术标准规范要求做好重大风险防控工作。 2. 严格执行水下爆破作业安全要求，爆炸影响范围内禁航。 3. 建立异常水情变化信息沟通机制，加强气象水文（海况）、围堰、边坡监测及预警。 4. 加强爆炸物的管控和施工人员的安全技能培训。 5. 科学合理编制专项施工方案，严格围堰、筑岛等设计审核把关。 6. 加强超长规沉箱等预制构件水上出运、安装作业的管控调度。 7. 制定有针对性的应急预案，加强应急响应准备。	

5. 40m 及以上墩柱、100m 及以上索塔施工

风险辨识范围：公路工程施工重大风险	
序号：12.5	作业单元：40m 及以上墩柱、100m 及以上索塔施工
可能造成的事故类型及发生后的风险等级： 坍塌（重大风险）	
致险因素： 1. 未编制专项施工方案，或未按专项施工方案施工。 2. 施工现场设备设施存在隐患。 3. 未对施工全过程进行有效的安全管控，未对施工水域内通航船舶进行管控。	

管控措施：
1. 按照《中华人民共和国建筑法》《建设工程安全生产管理条例》《公路水运工程安全生产监督管理办法》（交通运输部令 2017 年第 25 号）等法律法规和相关技术标准规范要求做好重大风险防控工作。
2. 科学合理编制专项施工方案，按要求审查后严格执行。
3. 加强施工过程风险动态监控，加强设备设施的管理和维护保养。
4. 制定有针对性的应急预案，加强应急演练。
5. 联合相关部门，加强通航管理，合理组织通航船舶。

6. 不良地质地段深基坑、路堑高边坡施工

风险辨识范围：公路工程施工重大风险	
序号：12.6	作业单元：不良地质地段深基坑、路堑高边坡施工
可能造成的事故类型及发生后的风险等级： 坍塌（重大风险）	
致险因素： 1. 未编制专项施工方案，或未按专项施工方案施工。 2. 开挖时逐级防护不到位。 3. 未按要求开展稳定性监测。 4. 临时降（排）水不到位。	
管控措施： 1. 按照《中华人民共和国建筑法》《建设工程安全生产管理条例》《公路水运工程安全生产监督管理办法》（交通运输部令 2017 年第 25 号）等法律法规和相关技术标准规范要求做好重大风险防控工作。 2. 科学合理编制专项施工方案，按要求审查后严格执行。 3. 按照设计要求逐级开挖、逐级防护，做好排水。 4. 制定监测方案，开展稳定性监测工作。	

7. 模板、支架、挂篮等大型临时工程或专用设备安拆及施工

风险辨识范围：公路工程施工重大风险	
序号：12.7	作业单元：模板、支架、挂篮等大型临时工程或专用设备安拆及施工
可能造成的事故类型及发生后的风险等级： 坍塌（重大风险）	
致险因素： 1. 未编制专项施工方案，或未按专项施工方案施工。 2. 未设置作业平台，或设置不合理。 3. 支架搭建或支撑不符合规范要求。 4. 大型非标专用设备管理不到位。	

管控措施：
1. 按照《中华人民共和国建筑法》《建设工程安全生产管理条例》《公路水运工程安全生产监督管理办法》(交通运输部令2017年第25号)等法律法规和相关技术标准规范要求做好重大风险防控工作。
2. 科学合理编制专项施工方案，按要求审查后严格执行。
3. 按要求设置作业平台，按规定进行设计验算，严禁超载使用。
4. 严格按照规范要求搭建支撑架和脚手架，选择合适的支撑方式。
5. 大型非标专用设备应按规定专门设计、制造，编制专项施工方案并按规定组织专家论证评审，使用前应按规定进行荷载试验。

8. 爆破器材存放及爆破作业

风险辨识范围：公路工程施工重大风险	
序号：12.8	作业单元：爆破器材存放及爆破作业
可能造成的事故类型及发生后的风险等级： 其他爆炸(重大风险)	
致险因素： 1. 爆破器材临时存放存在隐患。 2. 爆破作业单位和人员资质证书不满足要求。 3. 盲炮未及时清理。	
管控措施： 1. 按照《中华人民共和国建筑法》《建设工程安全生产管理条例》《民用爆炸物品安全管理条例》《公路水运工程安全生产监督管理办法》(交通运输部令2017年第25号)等法律法规和相关技术标准规范要求做好重大风险防控工作。 2. 加强爆破作业和爆破器材管理，制定爆破器材、爆破作业安全管理制度、岗位责任制度、应急预案。 3. 编制爆破作业技术文件。 4. 严格审核爆破作业单位和人员资质证书，确保满足爆破作业资质要求。 5. 按现行《爆破安全规程》(GB 6722)的规定处理盲炮。	

9. "两区三厂"地质灾害及工程车、货车载人碰撞翻车风险

风险辨识范围：公路工程施工重大风险	
序号：12.9	作业单元："两区三厂"地质灾害及工程车、货车载人碰撞翻车风险
可能造成的事故类型及发生后的风险等级： 坍塌(重大风险)、车辆伤害(重大风险)	
致险因素： 1. "两区三厂"(生活区、办公区、钢筋加工厂、拌和厂、预制厂)选址时未对滑坡、泥石流等风险进行排查、评估。	

2."两区三厂"布局不合理,安全距离不满足要求。
3."两区三厂"范围内存在工程车、货车违规载人,不按规定行驶,驾驶员无证驾驶等违法违规行为。
4."两区三厂"未按要求开展安全标准化建设工作。

管控措施:
1. 按照《中华人民共和国建筑法》《建设工程安全生产管理条例》《民用爆炸物品安全管理条例》《公路水运工程安全生产监督管理办法》(交通运输部令2017年第25号)等法律法规和相关技术标准规范要求做好重大风险防控工作。
2. 科学编制"两区三厂"规划方案,周边存在不良地质应开展地质灾害危险性评估,采取有效防护措施。
3. 明确"两区三厂"内安全管理责任,规范建设管理程序,强化安全技术管理要求。
4. 制定"两区三厂"内载人车辆管理制度,车辆定期检测检验,规定车辆行驶路线及范围,驾驶人员持证驾驶。
5. 加强"两区三厂"安全标准化建设工作。

第五章

公路工程施工安全隐患排查治理清单

一 基础管理类隐患排查清单

公路工程施工基础管理类隐患排查清单见表5-1。

基础管理类隐患排查清单　　　　表5-1

风险辨识范围	作业单元	排查对象	排查要点	排查依据	排查周期单位	隐患等级
基础管理	资质证照	营业执照	依法设立的公司,由公司登记机关发给公司营业执照。公司营业执照签发日期为公司成立日期。 公司营业执照应当载明公司的名称、住所、注册资本、实收资本、经营范围、法定代表人姓名等事项。 公司营业执照记载的事项发生变更的,公司应当依法办理变更登记,由公司登记机关换发营业执照	《中华人民共和国公司法》(2018年修正)第7条	年	一般
基础管理	资质证照	安全生产许可文件	施工单位从事公路水运工程建设活动,应当取得安全生产许可证及相应等级资质证书。 企业的《资质证书》《安全生产许可证》等应合法有效,应在资质规定的范围内承包工程,不得超越承包范围	《公路水运工程安全生产监督管理办法》(交通运输部令2017年第25号)第14条; 《交通运输企业安全生产标准化建设基本规范　第16部分:交通运输建筑施工企业》(JT/T 1180.16—2018)6.3.1.1	年	一般

续上表

风险辨识范围	作业单元	排查对象	排查要点	排查依据	排查周期单位	隐患等级
基础管理	资质证照	安全设备设施验收	生产经营单位新建、改建、扩建工程项目（以下统称建设项目）的安全设施，必须与主体工程同时设计、同时施工、同时投入生产和使用。安全设施投资应当纳入建设项目概算	《中华人民共和国安全生产法》（2021年修正）第31条	年	一般
基础管理	资质证照	消防验收或备案	国务院住房和城乡建设主管部门规定应当申请消防验收的建设工程竣工，建设单位应当向住房和城乡建设主管部门申请消防验收。 前款规定以外的其他建设工程，建设单位在验收后应当报住房和城乡建设主管部门备案，住房和城乡建设主管部门应当进行抽查。 依法应当进行消防验收的建设工程，未经消防验收或者消防验收不合格的，禁止投入使用。其他建设工程经依法抽查不合格的，应当停止使用	《中华人民共和国消防法》（2021年修正）第13条	年	一般
基础管理	安全管理机构及人员	安全生产委员会、安全生产管理网络	企业应建立以企业主要负责人为领导的安全生产委员会（或安全生产领导小组），并应职责明确。应建立健全从安全生产委员会（或安全生产领导小组）至基层班组的安全生产管理网络	《交通运输企业安全生产标准化建设基本规范 第1部分：总体要求》（JT/T 1180.1—2018）5.2.1.1	年	一般
基础管理	安全管理机构及人员	安全管理机构	企业应设置独立的安全生产监督管理部门	《交通运输企业安全生产标准化建设基本规范 第16部分：交通运输建筑施工企业》（JT/T 1180.16—2018）6.1.1.1	年	一般
基础管理	安全管理机构及人员	安全负责人	企业应设置主管安全生产的负责人。 企业宜设置安全总监，安全总监宜持有国家注册安全工程师证书	《交通运输企业安全生产标准化建设基本规范 第16部分：交通运输建筑施工企业》（JT/T 1180.16—2018）6.1.2.1、6.1.2.2	年	一般

续上表

风险辨识范围	作业单元	排查对象	排查要点	排查依据	排查周期单位	隐患等级
基础管理	安全管理机构及人员	安全管理人员	施工单位应当设置安全生产管理机构或者配备专职安全生产管理人员。施工单位应当根据工程施工作业特点、安全风险以及施工组织难度,按照年度施工产值配备专职安全生产管理人员,不足5000万元的至少配备1名;5000万元以上不足2亿元的按每5000万元不少于1名的比例配备;2亿元以上的不少于5名,且按专业配备	《公路水运工程安全生产监督管理办法》(交通运输部令2017年第25号)第14条	年	一般
基础管理	安全管理机构及人员	安全管理人员资格证	施工单位的主要负责人和安全生产管理人员应当经交通运输主管部门对其安全生产知识和管理能力考核合格	《公路水运工程安全生产监督管理办法》(交通运输部令2017年第25号)第14条	半年	一般
基础管理	安全规章制度	企业安全责任	生产经营单位必须遵守本法和其他有关安全生产的法律、法规,加强安全生产管理,建立健全全员安全生产责任制和安全生产规章制度,加大对安全生产资金、物资、技术、人员的投入保障力度,改善安全生产条件,加强安全生产标准化、信息化建设,构建安全风险分级管控和隐患排查治理双重预防机制,健全风险防范化解机制,提高安全生产水平,确保安全生产	《中华人民共和国安全生产法》(2021年修正)第4条	半年	一般
基础管理	安全规章制度	企业安全责任	施工单位应当按照法律、法规、规章、工程建设强制性标准和合同文件组织施工,保障项目施工安全生产条件,对施工现场的安全生产负主体责任。施工单位主要负责人依法对项目安全生产工作全面负责。建设工程实行施工总承包的,由总承包单位对施工现场的安全生产负总责。分包单位应当服从总承包单位的安全生产管理,分包单位不服从管理导致生产安全事故的,由分包单位承担主要责任	《公路水运工程安全生产监督管理办法》(交通运输部令2017年第25号)第34条	半年	一般

续上表

风险辨识范围	作业单元	排查对象	排查要点	排查依据	排查周期单位	隐患等级
基础管理	安全规章制度	安全责任体系	安全责任体系： 1. 企业主管生产的负责人应统筹组织生产过程中各项安全生产制度和措施的落实，完善安全生产条件，对企业安全生产工作负重要领导责任。 2. 企业主管安全生产的负责人应协助企业安全生产第一责任人落实各项安全生产法律法规、标准，统筹协调和综合管理安全生产工作，对企业安全生产工作负综合管理领导责任。 3. 企业技术负责人和其他负责人应按照分工抓好主管范围内的安全生产工作，对主管范围内的生产工作负领导责任。 4. 企业从业人员应对本岗位工作范围内的安全生产工作负责	《交通运输企业安全生产标准化建设基本规范 第16部分：交通运输建筑施工企业》(JT/T 1180.16—2018)6.2	半年	一般
基础管理	安全规章制度	全员安全生产责任制	生产经营单位的全员安全生产责任制应当明确各岗位的责任人员、责任范围和考核标准等内容。 生产经营单位应当建立相应的机制，加强对全员安全生产责任制落实情况的监督考核，保证全员安全生产责任制的落实	《中华人民共和国安全生产法》(2021年修正)第22条	年	一般
基础管理	安全规章制度	安全生产工作指标	企业应根据安全生产目标制定可考核的安全生产工作指标，指标应不低于上级下达的目标	《交通运输企业安全生产标准化建设基本规范 第1部分：总体要求》(JT/T 1180.1—2018)5.1.2	年	一般
基础管理	安全规章制度	安全管理制度	安全管理制度： 1. 企业应制定符合法律法规、标准、条例以及企业实际的安全管理制度，包括安全生产责任制、安全生产例会制度、安全生产检查制度、安全生产教育培训制度、安全生产费用管理制度、危险作业安全管理制度、相关方安全生产监督管理制度、隐患排查治理制度等。	《交通运输企业安全生产标准化建设基本规范 第16部分：交通运输建筑施工企业》(JT/T 1180.16—2018)6.3.3	半年	一般

续上表

风险辨识范围	作业单元	排查对象	排查要点	排查依据	排查周期单位	隐患等级
基础管理	安全规章制度	安全管理制度	2.企业应将安全生产管理制度发放到有关部门及岗位,及时将相关的制度传达给相关方	《交通运输企业安全生产标准化建设基本规范 第16部分:交通运输建筑施工企业》(JT/T 1180.16—2018)6.3.3	半年	一般
基础管理	安全规章制度	安全生产技术分级交底制度	施工单位应当建立健全安全生产技术分级交底制度,明确安全技术分级交底的原则、内容、方法及确认手续	《公路水运工程安全生产监督管理办法》(交通运输部令2017年第25号)第40条	半年	一般
基础管理	安全规章制度	安全操作规程	操作规程: 1.企业应制定各岗位操作规程,操作规程应满足国家和行业相关标准规范的要求。 2.企业应在新技术、新材料、新工艺、新设备设施投产或投用前,组织编制相应的操作规程,保证其适用性。 3.企业应及时将操作规程发放到相关岗位,组织对从业人员进行操作规程的培训	《交通运输企业安全生产标准化建设基本规范 第1部分:总体要求》(JT/T 1180.1—2018)5.4.4	季	一般
基础管理	安全规章制度	规章制度及操作规程管理	企业应建立文件和记录管理制度,明确安全生产和职业卫生规章制度、操作规程的编制、评审、发布、使用、修订、作废以及文件和记录管理的职责、程序和要求。 企业应建立健全主要安全生产和职业卫生过程与结果的记录,并建立和保存有关记录的电子档案,支持查询和检索,便于自身管理使用和行业主管部门调取检查	《企业安全生产标准化基本规范》(GB/T 33000—2016)5.2.4.1	半年	一般
基础管理	安全规章制度	外部文件管理	企业应制定及时识别、获取适用的安全生产法律法规、规范标准及其他要求的管理制度,明确责任部门,建立清单和文本(或电子)档案,并定期发布	《交通运输企业安全生产标准化建设基本规范 第1部分:总体要求》(JT/T 1180.1—2018)5.4.2.1	半年	一般

续上表

风险辨识范围	作业单元	排查对象	排查要点	排查依据	排查周期单位	隐患等级
基础管理	安全规章制度	台账和档案	企业应建立和完善各类台账和档案,并按要求及时报送有关资料和信息	《交通运输企业安全生产标准化建设基本规范 第1部分:总体要求》(JT/T 1180.1—2018)5.4.6.2	季	一般
基础管理	安全教育培训	安全培训计划	企业应按规定开展安全教育培训,明确安全教育培训目标、内容和要求,定期识别安全教育培训需求,制定并实施安全教育培训计划	《交通运输企业安全生产标准化建设基本规范 第1部分:总体要求》(JT/T 1180.1—2018)5.6.1.1	年	一般
基础管理	安全教育培训	主要负责人和安全管理人员培训	生产经营单位的主要负责人和安全生产管理人员必须具备与本单位所从事的生产经营活动相应的安全生产知识和管理能力。施工单位的主要负责人和安全生产管理人员应当经交通运输主管部门对其安全生产知识和管理能力考核合格	《中华人民共和国安全生产法》(2021年修正)第27条;《公路水运工程安全生产监督管理办法》(交通运输部令2017年第25号)第14条	半年	一般
基础管理	安全教育培训	从业人员安全培训	生产经营单位应当对从业人员进行安全生产教育和培训,保证从业人员具备必要的安全生产知识,熟悉有关的安全生产规章制度和安全操作规程,掌握本岗位的安全操作技能,了解事故应急处理措施,知悉自身在安全生产方面的权利和义务。未经安全生产教育和培训合格的从业人员,不得上岗作业	《中华人民共和国安全生产法》(2021年修正)第28条	季	一般
基础管理	安全教育培训	被派遣劳动者安全培训	生产经营单位使用被派遣劳动者的,应当将被派遣劳动者纳入本单位从业人员统一管理,对被派遣劳动者进行岗位安全操作规程和安全操作技能的教育和培训。劳务派遣单位应当对被派遣劳动者进行必要的安全生产教育和培训	《中华人民共和国安全生产法》(2021年修正)第28条	季	一般

续上表

风险辨识范围	作业单元	排查对象	排查要点	排查依据	排查周期单位	隐患等级
基础管理	安全教育培训	实习生安全培训	生产经营单位接收中等职业学校、高等学校学生实习的,应当对实习学生进行相应的安全生产教育和培训,提供必要的劳动防护用品。学校应当协助生产经营单位对实习学生进行安全生产教育和培训	《中华人民共和国安全生产法》(2021年修正)第28条	季	一般
基础管理	安全教育培训	新员工"三级"教育	应对新员工进行三级安全教育培训,经考核合后,方可上岗。培训时间不得少于规定学时	《交通运输企业安全生产标准化建设基本规范 第1部分:总体要求》(JT/T 1180.1—2018)5.6.4.4	月	一般
基础管理	安全教育培训	离岗、转岗人员安全培训	对离岗一年重新上岗、转换工作岗位的人员,应进行岗前培训。培训内容应包括安全法律法规、安全管理制度、岗位操作规程、风险和危害告知等,与新岗位安全生产要求相符合	《交通运输企业安全生产标准化建设基本规范 第1部分:总体要求》(JT/T 1180.1—2018)5.6.4.3	月	一般
基础管理	安全教育培训	"四新"安全培训	生产经营单位采用新工艺、新技术、新材料或者使用新设备,必须了解、掌握其安全技术特性,采取有效的安全防护措施,并对从业人员进行专门的安全生产教育和培训	《中华人民共和国安全生产法》(2021年修正)第29条	季	一般
基础管理	安全教育培训	特种作业人员持证上岗	生产经营单位的特种作业人员必须按照国家有关规定经专门的安全作业培训,取得相应资格,方可上岗作业	《中华人民共和国安全生产法》(2021年修正)第30条	半年	一般
基础管理	安全教育培训	培训档案	生产经营单位应当建立安全生产教育和培训档案,如实记录安全生产教育和培训的时间、内容、参加人员以及考核结果等情况	《中华人民共和国安全生产法》(2021年修正)第28条	月	一般

续上表

风险辨识范围	作业单元	排查对象	排查要点	排查依据	排查周期单位	隐患等级
基础管理	安全投入	安全费用管理制度	企业应当建立健全内部企业安全生产费用管理制度,明确企业安全生产费用提取和使用的程序、职责及权限,落实责任,确保按规定提取和使用企业安全生产费用	《企业安全生产费用提取和使用管理办法》(财资〔2022〕136号)第45条	年	一般
基础管理	安全投入	安全生产条件经费保障	生产经营单位应当具备的安全生产条件所必需的资金投入,由生产经营单位的决策机构、主要负责人或者个人经营的投资人予以保证,并对由于安全生产所必需的资金投入不足导致的后果承担责任。 有关生产经营单位应当按照规定提取和使用安全生产费用,专门用于改善安全生产条件。安全生产费用在成本中据实列支	《中华人民共和国安全生产法》(2021年修正)第23条	季	一般
基础管理	安全投入	劳动防护用品、安全培训经费保障	生产经营单位应当安排用于配备劳动防护用品、进行安全生产培训的经费	《中华人民共和国安全生产法》(2021年修正)第47条	季	一般
基础管理	安全投入	建设项目各方保障责任	从业单位应当保证本单位所应具备的安全生产条件必需的资金投入。 施工单位在工程投标报价中应当包含安全生产费用并单独计提,不得作为竞争性报价。 安全生产费用应当经监理工程师审核签认,并经建设单位同意后,在项目建设成本中据实列支,严禁挪用	《公路水运工程安全生产监督管理办法》(交通运输部令2017年第25号)第21条	季	一般
基础管理	安全投入	集团公司集中管理责任	承担集团安全生产责任的企业集团母公司(一级,以下简称集团总部),可以对全资及控股子公司提取的企业安全生产费用按照一定比例集中管理,统筹使用。子公司转出资金作为企业安全生产费用支出处理,集团总部收到资金作为专项储备管理,不计入集团总部收入	《企业安全生产费用提取和使用管理办法》(财资〔2022〕136号)第55条	半年	一般

续上表

风险辨识范围	作业单元	排查对象	排查要点	排查依据	排查周期单位	隐患等级
基础管理	安全投入	集团公司集中管理责任	集团总部统筹的企业安全生产费用应当用于本办法规定的应急救援队伍建设、应急预案制修订与应急演练,安全生产检查、咨询和标准化建设,安全生产宣传、教育、培训,安全生产适用的新技术、新标准、新工艺、新装备的推广应用等安全生产直接相关支出	《企业安全生产费用提取和使用管理办法》(财资〔2022〕136号)第55条	半年	一般
基础管理	安全投入	安全费用计划	企业应当加强安全生产费用管理,编制年度企业安全生产费用提取和使用计划,纳入企业财务预算,确保资金投入。 企业应编制年度安全费用提取和使用计划,计划中应包含企业总部计划和施工项目计划两部分内容	《企业安全生产费用提取和使用管理办法》(财资〔2022〕136号)第46条; 《交通运输企业安全生产标准化建设基本规范 第16部分:交通运输建筑施工企业》(JT/T 1180.16—2018)6.4.1.1	年	一般
基础管理	安全投入	安全费用专户核算	企业提取的安全生产费用从成本(费用)中列支并专项核算。符合本办法规定的企业安全生产费用支出应当取得发票、收据、转账凭证等真实凭证。 本企业职工薪酬、福利不得从企业安全生产费用中支出。企业从业人员发现报告事故隐患的奖励支出从企业安全生产费用中列支。 企业安全生产费用年度结余资金结转下年度使用。企业安全生产费用出现赤字(即当年计提企业安全生产费用加上年初结余小于年度实际支出)的,应当于年末补提企业安全生产费用	《企业安全生产费用提取和使用管理办法》(财资〔2022〕136号)第47条	季	一般

续上表

风险辨识范围	作业单元	排查对象	排查要点	排查依据	排查周期单位	隐患等级
基础管理	安全投入	安全费用提取标准	建设工程施工企业以建筑安装工程造价为依据,于月末按工程进度计算提取企业安全生产费用。提取标准如下: (一)矿山工程3.5%; (二)铁路工程、房屋建筑工程、城市轨道交通工程3%; (三)水利水电工程、电力工程2.5%; (四)冶炼工程、机电安装工程、化工石油工程、通信工程2%; (五)市政公用工程、港口与航道工程、公路工程1.5%。 建设工程施工企业编制投标报价应当包含并单列企业安全生产费用,竞标时不得删减。国家对基本建设投资概算另有规定的,从其规定。 本办法实施前建设工程项目已经完成招投标并签订合同的,企业安全生产费用按照原规定提取标准执行	《企业安全生产费用提取和使用管理办法》(财资〔2022〕136号)第17条	年	一般
基础管理	安全投入	安全生产费用提取和使用情况跟踪、监督	企业相关监督职能部门应对企业年度安全生产费用提取和使用情况进行跟踪、监督检查	《交通运输企业安全生产标准化建设基本规范 第16部分:交通运输建筑施工企业》(JT/T 1180.16—2018)6.4.2.2	半年	一般
基础管理	安全投入	工伤保险	生产经营单位必须依法参加工伤保险,为从业人员缴纳保险费	《中华人民共和国安全生产法》(2021年修正)第51条	半年	一般
基础管理	安全投入	安全生产责任保险	国家鼓励生产经营单位投保安全生产责任保险;属于国家规定的高危行业、领域的生产经营单位,应当投保安全生产责任保险。具体范围和实施办法由国务院应急管理部门会同国务院财政部门、国务院保险监督管理机构和相关行业主管部门制定	《中华人民共和国安全生产法》(2021年修正)第51条	半年	一般

续上表

风险辨识范围	作业单元	排查对象	排查要点	排查依据	排查周期单位	隐患等级
基础管理	安全投入	意外伤害保险	施工单位应当为施工现场从事危险作业的人员办理意外伤害保险。意外伤害保险费由施工单位支付。实行施工总承包的,由总承包单位支付意外伤害保险费。意外伤害保险期限自建设工程开工之日起至竣工验收合格止	《建设工程安全生产管理条例》(国务院令第393号)第38条	半年	一般
基础管理	安全投入	安全生产费用台账	企业应建立安全生产费用台账	《交通运输企业安全生产标准化建设基本规范 第1部分:总体要求》(JT/T 1180.1—2018)5.5.2.1	半年	一般
基础管理	相关方管理	资质管理	生产经营单位不得将生产经营项目、场所、设备发包或者出租给不具备安全生产条件或者相应资质的单位或者个人	《中华人民共和国安全生产法》(2021年修正)第49条	季	一般
基础管理	相关方管理	资质管理	在施工现场安装、拆卸施工起重机械和整体提升脚手架、模板等自升式架设设施,必须由具有相应资质的单位承担	《建设工程安全生产管理条例》(国务院令第393号)第17条	季	一般
基础管理	相关方管理	总包分包安全责任	建设工程实行施工总承包的,由总承包单位对施工现场的安全生产负总责。总承包单位应当自行完成建设工程主体结构的施工。总承包单位依法将建设工程分包给其他单位的,分包合同中应当明确各自的安全生产方面的权利、义务。总承包单位和分包单位对分包工程的安全生产承担连带责任。分包单位应当服从总承包单位的安全生产管理,分包单位不服从管理导致生产安全事故的,由分包单位承担主要责任	《建设工程安全生产管理条例》(国务院令第393号)第24条	季	一般

续上表

风险辨识范围	作业单元	排查对象	排查要点	排查依据	排查周期单位	隐患等级
基础管理	相关方管理	安全生产管理协议	两个以上生产经营单位在同一作业区域内进行生产经营活动,可能危及对方生产安全的,应当签订安全生产管理协议,明确各自的安全生产管理职责和应当采取的安全措施,并指定专职安全生产管理人员进行安全检查与协调	《中华人民共和国安全生产法》(2021年修正)第48条	季	一般
基础管理	相关方管理	安全教育	企业应对进入企业从事服务和作业活动的承包商、供应商的从业人员和接收的中等职业学校、高等学校实习生,进行入厂(矿)安全教育培训,并保存记录。 外来人员进入作业现场前,应由作业场所所在单位对其进行安全教育培训,并保存记录。主要内容包括:外来人员入厂(矿)有关规定、可能接触到的危害因素、所从事作业的安全要求、作业安全风险分析及安全控制措施、职业病危害防护措施、应急知识等。 企业应对进入企业检查、参观、学习等外来人员进行安全教育,主要内容包括:安全规定、可能接触到的危险有害因素、职业病危害防护措施、应急知识等	《企业安全生产标准化基本规范》(GB/T 33000—2016)5.3.2.3	月	一般
基础管理	重大危险源管理	登记建档、评估、监控、应急预案、告知	生产经营单位对重大危险源应当登记建档,进行定期检测、评估、监控,并制定应急预案,告知从业人员和相关人员在紧急情况下应当采取的应急措施	《中华人民共和国安全生产法》(2021年修正)第40条	季	一般
基础管理	重大危险源管理	重大危险源备案	生产经营单位应当按照国家有关规定将本单位重大危险源及有关安全措施、应急措施报有关地方人民政府应急管理部门和有关部门备案	《中华人民共和国安全生产法》(2021年修正)第40条	季	一般
基础管理	个体防护装备	劳动防护用品管理制度	用人单位应当健全管理制度,加强劳动防护用品配备、发放、使用等管理工作	《用人单位劳动防护用品管理规范》(安监总厅安健〔2018〕3号)第5条	半年	一般

续上表

风险辨识范围	作业单元	排查对象	排查要点	排查依据	排查周期单位	隐患等级
基础管理	个体防护装备	从业人员劳动防护用品配发	生产经营单位必须为从业人员提供符合国家标准或者行业标准的劳动防护用品,并监督、教育从业人员按照使用规则佩戴、使用	《中华人民共和国安全生产法》(2021年修正)第45条	季	一般
基础管理	个体防护装备	职业病防护用品配发	用人单位必须采用有效的职业病防护设施,并为劳动者提供个人使用的职业病防护用品	《中华人民共和国职业病防治法》(2018年修正)第22条	季	一般
基础管理	个体防护装备	劳务派遣工、实习学生劳动防护用品配发	用人单位使用的劳务派遣工、接纳的实习学生应当纳入本单位人员统一管理,并配备相应的劳动防护用品。对处于作业地点的其他外来人员,必须按照与进行作业的劳动者相同的标准,正确佩戴和使用劳动防护用品	《用人单位劳动防护用品管理规范》(安监总厅安健〔2018〕3号)第9条	季	一般
基础管理	个体防护装备	劳动防护用品配备标准	用人单位应当根据劳动者工作场所中存在的危险、有害因素种类及危害程度、劳动环境条件、劳动防护用品有效使用时间制定适合本单位的劳动防护用品配备标准	《用人单位劳动防护用品管理规范》(安监总厅安健〔2018〕3号)第15条	季	一般
基础管理	个体防护装备	劳动防护用品发放及更换	用人单位应当按照劳动防护用品发放周期定期发放,对工作过程中损坏的,用人单位应及时更换	《用人单位劳动防护用品管理规范》(安监总厅安健〔2018〕3号)第24条	季	一般
基础管理	职业健康	职业病防治责任制	用人单位应当建立、健全职业病防治责任制,加强对职业病防治的管理,提高职业病防治水平,对本单位产生的职业病危害承担责任	《中华人民共和国职业病防治法》(2018年修正)第5条	年	一般

续上表

风险辨识范围	作业单元	排查对象	排查要点	排查依据	排查周期单位	隐患等级
基础管理	职业健康	职业病防治资金管理	用人单位应当保障职业病防治所需的资金投入,不得挤占、挪用,并对因资金投入不足导致的后果承担责任	《中华人民共和国职业病防治法》(2018年修正)第21条	半年	一般
基础管理	职业健康	主要负责人和职业卫生管理人员职业卫生培训	用人单位的主要负责人和职业卫生管理人员应当接受职业卫生培训,遵守职业病防治法律、法规,依法组织本单位的职业病防治工作	《中华人民共和国职业病防治法》(2018年修正)第34条	半年	一般
基础管理	职业健康	职业病危害项目申报	国家建立职业病危害项目申报制度。用人单位工作场所存在职业病目录所列职业病的危害因素的,应当及时、如实向所在地卫生行政部门申报危害项目,接受监督	《中华人民共和国职业病防治法》(2018年修正)第16条	半年	一般
基础管理	职业健康	职业病危害告知	施工单位与从业人员订立的劳动合同,应当载明有关保障从业人员劳动安全、防止职业危害等事项。施工单位还应当向从业人员书面告知危险岗位的操作规程	《公路水运工程安全生产监督管理办法》(交通运输部令2017年第25号)第23条	半年	一般
基础管理	职业健康	职业病防治措施	用人单位应当采取下列职业病防治管理措施: (一)设置或者指定职业卫生管理机构或者组织,配备专职或者兼职的职业卫生管理人员,负责本单位的职业病防治工作; (二)制定职业病防治计划和实施方案; (三)建立、健全职业卫生管理制度和操作规程; (四)建立、健全职业卫生档案和劳动者健康监护档案; (五)建立、健全工作场所职业病危害因素监测及评价制度; (六)建立、健全职业病危害事故应急救援预案	《中华人民共和国职业病防治法》(2018年修正)第20条	半年	一般

续上表

风险辨识范围	作业单元	排查对象	排查要点	排查依据	排查周期单位	隐患等级
基础管理	职业健康	职业病防护用品	用人单位必须采用有效的职业病防护设施,并为劳动者提供个人使用的职业病防护用品。用人单位为劳动者个人提供的职业病防护用品必须符合防治职业病的要求;不符合要求的,不得使用	《中华人民共和国职业病防治法》(2018年修正)第22条	季	一般
基础管理	职业健康	职业健康监护档案	用人单位应当为劳动者建立职业健康监护档案,并按照规定的期限妥善保存	《中华人民共和国职业病防治法》(2018年修正)第36条	半年	一般
基础管理	应急管理	应急预案体系	企业应在开展安全风险评估和应急资源调查的基础上,建立生产安全事故应急预案体系,制定符合GB/T 29639规定的生产安全事故应急预案,针对安全风险较大的重点场所(设施)制定现场处置方案,并编制重点岗位、人员应急处置卡	《交通运输企业安全生产标准化建设基本规范 第1部分:总体要求》(JT/T 1180.1—2018)5.11.1.1	半年	一般
基础管理	应急管理	应急预案编制及演练	建设、施工等单位应当针对工程项目特点和风险评估情况分别制定项目综合应急预案、合同段施工专项应急预案和现场处置方案,告知相关人员紧急避险措施,并定期组织演练	《公路水运工程安全生产监督管理办法》(交通运输部令2017年第25号)第25条	半年	一般
基础管理	应急管理	应急预案评审	矿山、金属冶炼企业和易燃易爆物品、危险化学品的生产、经营、储存、运输企业,以及使用危险化学品达到国家规定数量的化工企业、烟花爆竹生产、批发经营企业和中型规模以上的其他生产经营单位,应当对本单位编制的应急预案进行评审,并形成书面评审纪要。前款规定以外的其他生产经营单位可以根据自身需要,对本单位编制的应急预案进行论证	《生产安全事故应急预案管理办法》(应急管理部令第2号)第21条	年	一般

续上表

风险辨识范围	作业单元	排查对象	排查要点	排查依据	排查周期单位	隐患等级
基础管理	应急管理	应急预案备案及通报	易燃易爆物品、危险化学品等危险物品的生产、经营、储存、运输单位,矿山、金属冶炼、城市轨道交通运营、建筑施工单位,以及宾馆、商场、娱乐场所、旅游景区等人员密集场所经营单位,应当在应急预案公布之日起20个工作日内,按照分级属地原则,向县级以上人民政府应急管理部门和其他负有安全生产监督管理职责的部门进行备案,并依法向社会公布。应急预案应与当地政府、行业管理部门预案保持衔接,报当地有关部门备案,通报有关协作单位	《生产安全事故应急预案管理办法》(应急管理部令第2号)第26条;《交通运输企业安全生产标准化建设基本规范 第1部分:总体要求》(JT/T 1180.1—2018)5.11.1.2	年	一般
基础管理	应急管理	应急预案演练	易燃易爆物品、危险化学品等危险物品的生产、经营、储存、运输单位,矿山、金属冶炼、城市轨道交通运营、建筑施工单位,以及宾馆、商场、娱乐场所、旅游景区等人员密集场所经营单位,应当至少每半年组织一次生产安全事故应急预案演练,并将演练情况报送所在地县级以上地方人民政府负有安全生产监督管理职责的部门。企业应按照AQ/T 9007的规定定期组织公司(厂)、车间(工段、区、队、船、项目部)、班组开展生产安全事故应急演练,做到一线从业人员参与应急演练全覆盖	《生产安全事故应急预案管理办法》(应急管理部令第2号)第33条;《交通运输企业安全生产标准化建设基本规范 第1部分:总体要求》(JT/T 1180.1—2018)5.11.4.1	半年	一般
基础管理	应急管理	演练效果评估	应急预案演练结束后,应急预案演练组织单位应当对应急预案演练效果进行评估,撰写应急预案演练评估报告,分析存在的问题,并对应急预案提出修订意见。企业应按照AQ/T 9009的规定对演练进行总结和评估,根据评估结论和演练发现的问题,修订、完善应急预案,改进应急准备工作	《生产安全事故应急预案管理办法》(应急管理部令第2号)第34条;《交通运输企业安全生产标准化建设基本规范 第1部分:总体要求》(JT/T 1180.1—2018)5.11.4.2	半年	一般

续上表

风险辨识范围	作业单元	排查对象	排查要点	排查依据	排查周期单位	隐患等级
基础管理	应急管理	应急预案定期评估	应急预案编制单位应当建立应急预案定期评估制度,对预案内容的针对性和实用性进行分析,并对应急预案是否需要修订作出结论	《生产安全事故应急预案管理办法》(应急管理部令第2号)第35条	半年	一般
基础管理	应急管理	应急救援组织及应急救援装备	危险物品的生产、经营、储存单位以及矿山、金属冶炼、城市轨道交通运营、建筑施工单位应当建立应急救援组织;生产经营规模较小的,可以不建立应急救援组织,但应当指定兼职的应急救援人员。施工单位应当依法建立应急救援组织或者指定工程现场兼职的、具有一定专业能力的应急救援人员,配备必要的应急救援器材、设备和物资,并进行经常性维护、保养	《中华人民共和国安全生产法》(2021年修正)第82条;《公路水运工程安全生产监督管理办法》(交通运输部令2017年第25号)第25条	半年	一般
基础管理	应急管理	应急救援人员日常训练	企业应组织应急救援人员日常训练	《交通运输企业安全生产标准化建设基本规范 第1部分:总体要求》(JT/T 1180.1—2018)5.11.2.2	季	一般
基础管理	应急管理	应急物资	应急物资: 1. 企业应根据可能发生的事故种类特点,按照有关规定设置应急设施,配备应急装备,储备应急物资。 2. 企业应建立管理台账,安排专人管理,并定期检查、维护、保养,确保其完好、可靠	《交通运输企业安全生产标准化建设基本规范 第1部分:总体要求》(JT/T 1180.1—2018)5.11.3	半年	一般
基础管理	风险分级管控及隐患排查治理	制度、措施、隐患记录、通报及报备等管理要求	生产经营单位应当建立安全风险分级管控制度,按照安全风险分级采取相应的管控措施。	《中华人民共和国安全生产法》(2021年修正)第41条	半年	一般

续上表

风险辨识范围	作业单元	排查对象	排查要点	排查依据	排查周期单位	隐患等级
基础管理	风险分级管控及隐患排查治理	制度、措施、隐患记录、通报及报备等管理要求	生产经营单位应当建立健全并落实生产安全事故隐患排查治理制度,采取技术、管理措施,及时发现并消除事故隐患。事故隐患排查治理情况应当如实记录,并通过职工大会或者职工代表大会、信息公示栏等方式向从业人员通报。其中,重大事故隐患排查治理情况应当及时向负有安全生产监督管理职责的部门和职工大会或者职工代表大会报告	《中华人民共和国安全生产法》(2021年修正)第41条	半年	一般
基础管理	风险分级管控及隐患排查治理	风险辨识	风险辨识: 1.企业应制定风险辨识规则,明确风险辨识范围、方式和程序。 2.风险辨识应系统、全面,并进行动态更新。 3.风险辨识应涉及所有的工作人员(包括外部人员)、工作过程和工作场所。安全生产分析辨识结束后应形成风险清单	《交通运输企业安全生产标准化建设基本规范 第1部分:总体要求》(JT/T 1180.1—2018)5.7.2	半年	一般
基础管理	风险分级管控及隐患排查治理	风险评估	风险评估: 1.企业应从发生危险的可能性和严重程度等方面对风险因素进行分析。选定合适的风险评估方法、明确风险评估规则。 2.企业应依据风险评估规则,对风险清单进行逐项评估,确定风险等级	《交通运输企业安全生产标准化建设基本规范 第1部分:总体要求》(JT/T 1180.1—2018)5.7.3	半年	一般
基础管理	风险分级管控及隐患排查治理	风险管控	公路水运工程建设应当实施安全生产风险管理,按规定开展设计、施工安全风险评估。 施工单位应当依据风险评估结论,对风险等级较高的分部分项工程编制专项施工方案,并附安全验算结果,经施工单位技术负责人签字后报监理工程师批准执行。 必要时,施工单位应当组织专家对专项施工方案进行论证、审核	《公路水运工程安全生产监督管理办法》(交通运输部令2017年第25号)第24条	半年	一般

续上表

风险辨识范围	作业单元	排查对象	排查要点	排查依据	排查周期单位	隐患等级
基础管理	风险分级管控及隐患排查治理	风险管控措施	企业应根据风险评估结果及经营运行情况等,按以下顺序确定控制措施: a)消除; b)替代; c)工程控制措施; d)设置标志警告和(或)管理控制措施; e)个体防护装备等	《交通运输企业安全生产标准化建设基本规范 第1部分:总体要求》(JT/T 1180.1—2018)5.7.4.1	半年	一般
基础管理	风险分级管控及隐患排查治理	风险告知	企业应将安全风险评估结果及所采取的控制措施告知相关从业人员,使其熟悉工作岗位和作业环境中存在的安全风险,掌握、落实应采取的控制措施	《交通运输企业安全生产标准化建设基本规范 第1部分:总体要求》(JT/T 1180.1—2018)5.7.4.2	季	一般
基础管理	风险分级管控及隐患排查治理	风险监控	企业应建立风险动态监控机制,按要求对风险进行控制和监测,及时掌握风险的状态和变化趋势,以确保风险得到有效控制	《交通运输企业安全生产标准化建设基本规范 第1部分:总体要求》(JT/T 1180.1—2018)5.7.4.3	季	一般
基础管理	风险分级管控及隐患排查治理	风险预警	当风险因素达到预警条件的,企业应及时发出预警信息,并立即采取针对性措施,防范安全生产事故发生	《交通运输企业安全生产标准化建设基本规范 第1部分:总体要求》(JT/T 1180.1—2018)5.7.6.2	季	一般
基础管理	风险分级管控及隐患排查治理	重大风险管控	重大风险管控: 1. 企业对重大风险进行登记建档,设置重大风险监控系统,制定动态监测计划,并单独编制专项应急措施。 2. 企业应当在重大风险所在场所设置明显的安全警示标志,对进入重大风险影响区域的人员组织开展安全防范、应急逃生避险和应急处置等相关培训和演练。	《交通运输企业安全生产标准化建设基本规范 第1部分:总体要求》(JT/T 1180.1—2018)5.7.5	半年	一般

续上表

风险辨识范围	作业单元	排查对象	排查要点	排查依据	排查周期单位	隐患等级
基础管理	风险分级管控及隐患排查治理	重大风险管控	3.企业应当将本单位重大风险有关信息通过公路水路行业安全生产风险管理信息系统进行登记,构成重大危险源的应向属地负有安全生产监督管理职责的交通运输管理部门备案。 4.重大风险经评估确定等级降低或解除的,企业应于规定的时间内通过公路水路行业安全生产风险管理系统予以销号	《交通运输企业安全生产标准化建设基本规范 第1部分:总体要求》(JT/T 1180.1—2018)5.7.5	半年	一般
基础管理	风险分级管控及隐患排查治理	隐患排查	隐患排查: 1.企业应落实隐患排查治理和防控责任制,组织事故隐患排查治理工作,实行从隐患排查、记录、监控、治理、销账到报告的闭环管理。 2.企业应依据有关法律法规、标准规范等,组织制定各部门、岗位、场所、设备设施的隐患排查治理标准或排查清单,明确隐患排查的时限、范围、内容和要求,并组织开展相应的培训。隐患排查的范围应包括所有与生产经营相关的场所、人员、设备设施和活动,包括承包商和供应商等相关服务范围。 3.生产经营单位应当建立事故隐患日常排查、定期排查和专项排查工作机制。日常排查每周应不少于1次,定期排查每半年应不少于1次,并根据政府及有关管理部门安全工作的专项部署、季节性变化或安全生产条件变化情况进行专项排查。 4.企业应填写事故隐患排查记录,依据确定的隐患等级划分标准对发现或排查出的事故隐患进行判定,确定事故隐患等级并进行登记,形成事故隐患清单。企业应将重大事故隐患向属地负有安全生产监督管理职责的交通运输管理部门备案	《交通运输企业安全生产标准化建设基本规范 第1部分:总体要求》(JT/T 1180.1—2018)5.8.1	半年	一般

续上表

风险辨识范围	作业单元	排查对象	排查要点	排查依据	排查周期单位	隐患等级
基础管理	风险分级管控及隐患排查治理	隐患治理	隐患治理： 1. 对于一般事故隐患，企业应按照职责分工立即组织整改，确保及时进行治理。 2. 对于重大事故隐患，企业主要负责人组织制定专项隐患治理整改方案，并确保整改措施、责任、资金、时限和预案"五到位"。整改方案应包括：整改的目标和任务；整改方案和整改期的安全保障措施；经费和物资保障措施；整改责任部门和人员；整改时限及节点要求；应急处置措施；跟踪督办及验收部门和人员。 3. 企业在事故隐患整改过程中，应采取相应的监控防范措施，防止发生次生事故。 4. 事故隐患整改完成后，企业应按规定进行验证或组织验收，出具整改验收结论，并签字确认。重大事故隐患整改验收通过的，企业应将验收结论向属地负有安全生产监督管理职责的交通运输管理部门报备，并申请销号。 5. 企业应对重大事故隐患形成原因及整改工作进行分析评估，及时完善相关制度和措施，依据有关规定和制度对相关责任人进行处理，并开展有针对性的培训教育	《交通运输企业安全生产标准化建设基本规范 第1部分：总体要求》(JT/T 1180.1—2018)5.8.2.1、5.8.2.2、5.8.2.3、5.8.2.4、5.8.2.5	半年	一般
基础管理	风险分级管控及隐患排查治理	隐患通报和报备	施工单位应当按规定开展安全事故隐患排查治理，建立职工参与的工作机制，对隐患排查、登记、治理等全过程闭合管理情况予以记录。事故隐患排查治理情况应当向从业人员通报，重大事故隐患还应当按规定上报和专项治理	《公路水运工程安全生产监督管理办法》(交通运输部令2017年第25号)第41条	半年	一般
基础管理	风险分级管控及隐患排查治理	隐患排查工作台账、统计分析及报送	企业应对事故隐患排查治理情况如实记录，建立相关台账，并定期组织对本单位事故隐患治理情况进行统计分析，及时梳理、发现安全生产问题和趋势，形成统计分析报告，改进安全生产工作	《交通运输企业安全生产标准化建设基本规范 第1部分：总体要求》(JT/T 1180.1—2018)5.8.2.6	季	一般

续上表

风险辨识范围	作业单元	排查对象	排查要点	排查依据	排查周期单位	隐患等级
基础管理	事故管理	事故报告、应急救援	生产经营单位发生生产安全事故后,事故现场有关人员应当立即报告本单位负责人。单位负责人接到事故报告后,应当迅速采取有效措施,组织抢救,防止事故扩大,减少人员伤亡和财产损失,并按照国家有关规定立即如实报告当地负有安全生产监督管理职责的部门,不得隐瞒不报、谎报或者迟报,不得故意破坏事故现场、毁灭有关证据	《中华人民共和国安全生产法》(2021年修正)第83条	半年	一般
基础管理	事故管理	事故报告、应急救援、事故调查	事故发生单位应当依法如实向项目建设单位和负有安全生产监督管理职责的有关部门报告。不得隐瞒不报、谎报或者迟报。发生生产安全事故,施工单位负责人接到事故报告后,应当迅速组织抢救,减少人员伤亡,防止事故扩大。组织抢救时,应当妥善保护现场,不得故意破坏事故现场、毁灭有关证据。事故调查处置期间,事故发生单位的负责人、项目主要负责人和有关人员应当配合事故调查,不得擅离职守	《公路水运工程安全生产监督管理办法》(交通运输部令2017年第25号)第42条	半年	一般
基础管理	事故管理	事故现场保护	事故发生后,有关单位和人员应当妥善保护事故现场以及相关证据,任何单位和个人不得破坏事故现场、毁灭相关证据。因抢救人员、防止事故扩大以及疏通交通等原因,需要移动事故现场物件的,应当做出标志,绘制现场简图并做出书面记录,妥善保存现场重要痕迹、物证	《生产安全事故报告和调查处理条例》(国务院令第493号)第16条	半年	一般
基础管理	事故管理	事故调查及整改	事故调查处理应当按照科学严谨、依法依规、实事求是、注重实效的原则,及时、准确地查清事故原因,查明事故性质和责任,总结事故教训,提出整改措施,并对事故责任者提出处理意见。事故发生单位应当及时全面落实整改措施	《中华人民共和国安全生产法》(2021年修正)第86条	半年	一般

续上表

风险辨识范围	作业单元	排查对象	排查要点	排查依据	排查周期单位	隐患等级
基础管理	其他基础管理	安全生产条件	生产经营单位应当具备《中华人民共和国安全生产法》和有关法律、行政法规和国家标准或者行业标准规定的安全生产条件;不具备安全生产条件的,不得从事生产经营活动	《中华人民共和国安全生产法》(2021年修正)第20条	半年	一般
基础管理	其他基础管理	施工组织设计	施工组织设计: 1. 企业应制定施工组织设计编制、审核、批准制度,明确责任部门和责任人。 2. 施工组织设计中应有明确的安全技术措施。 3. 施工组织设计应按程序进行批准,并应由企业技术负责人签批。 4. 企业应严格按照审批过的施工组织设计执行,如有变更应按程序重新报批	《交通运输企业安全生产标准化建设基本规范 第16部分:交通运输建筑施工企业》(JT/T 1180.16—2018)6.5.1	季	一般
基础管理	其他基础管理	专项施工方案	公路工程施工应进行现场调查,应在施工组织设计中编制安全技术措施和施工现场临时用电方案,对于附录A中危险性较大的工程应编制专项施工方案,并附具安全验算结果,或组织专家进行论证、审查。 专项施工方案: 1. 企业应制定危险性较大的分部分项工程专项施工方案的编制、审核、批准制度,并应建立方案的动态清单台账。专项施工方案应由企业技术负责人签批。 2. 专项施工方案应按相关要求进行论证、审核、批准	《公路工程施工安全技术规范》(JTG F90—2015)3.0.2; 《交通运输企业安全生产标准化建设基本规范 第16部分:交通运输建筑施工企业》(JT/T 1180.16—2018)6.5.2	季	一般
基础管理	其他基础管理	施工组织	公路水运工程应当坚持先勘察后设计再施工的程序。施工图设计文件依法经审批后方可使用	《公路水运工程安全生产监督管理办法》(交通运输部令2017年第25号)第12条	季	一般

续上表

风险辨识范围	作业单元	排查对象	排查要点	排查依据	排查周期单位	隐患等级
基础管理	其他基础管理	淘汰工艺、设备和材料	从业单位不得使用已淘汰的危及生产安全的工艺、设备和材料	《公路水运工程安全生产监督管理办法》（交通运输部令2017年第25号）第20条	季	一般
基础管理	其他基础管理	消防安全职责	施工单位应当根据施工规模和现场消防重点建立施工现场消防安全责任制度，确定消防安全责任人，制定消防管理制度和操作规程，设置消防通道，配备相应的消防设施、物资和器材。施工单位对施工现场临时用火、用电的重点部位及爆破作业各环节应当加强消防安全检查	《公路水运工程安全生产监督管理办法》（交通运输部令2017年第25号）第38条	季	一般

二 现场管理类隐患排查清单

公路工程施工现场管理类隐患排查清单见表5-2。

现场管理类隐患排查清单　　　　表5-2

风险辨识范围	作业单元	排查对象	排查要点	排查依据	排查周期单位	隐患等级
现场管理	安全生产条件	施工单位安全生产许可证	施工单位安全生产许可证应有效	《交通运输企业安全生产标准化建设基本规范 第17部分：公路水运工程施工项目》（JT/T 1180.17—2018）6.1.1	季	一般

续上表

风险辨识范围	作业单元	排查对象	排查要点	排查依据	排查周期单位	隐患等级
现场管理	安全生产条件	平安工地建设	施工单位是平安工地建设的实施主体,应当确保项目安全生产条件满足《公路水运工程平安工地建设考核评价指导性标准》要求,当项目安全生产条件发生变化时,应当及时向监理单位提出复核申请。 合同段开工后到交工验收前,施工单位应当按照《公路水运工程平安工地建设考核评价指导性标准》要求,每月至少开展一次平安工地建设情况自查自纠,及时改进安全管理中的薄弱环节;每季度至少开展一次自我评价,对扣分较多的指标及反复出现的突出问题,应当采取针对性措施加以完善。施工单位自我评价报告应报监理单位	《公路水运工程平安工地建设管理办法》(交安监发〔2018〕43号)第13条	月	一般
现场管理	安全生产条件	从业人员资格条件	从业人员资格条件: 1.项目负责人及专职安全管理人员应有相应的安全生产考核合格证书。 2.施工现场应按规定足额配备专职安全员。 3.特种作业人员应持证上岗	《交通运输企业安全生产标准化建设基本规范 第17部分:公路水运工程施工项目》(JT/T 1180.17—2018)6.1.2	季	一般
现场管理	安全生产条件	特殊作业人员持证上岗	特殊作业人员应按相关规定经过专门培训,取得相应资格证书,持证上岗。 特殊作业人员应包括:电工;焊接与热切割作业人员;架子工;起重信号司索工;起重机械司机;起重机械安装拆卸工;高处作业吊篮安装拆卸工;锅炉司炉;压力容器操作人员;电梯司机;场(厂)内专用机动车司机;制冷与空调作业人员;从事爆破工作的爆破员、安全员、保管员;瓦斯监测员;工程船舶船员;潜水员;国家有关部门认定的其他作业人员。	《公路工程施工安全技术规范》(JTG F90—2015)3.0.4、附录D;	季	一般

续上表

风险辨识范围	作业单元	排查对象	排查要点	排查依据	排查周期单位	隐患等级
现场管理	安全生产条件	特殊作业人员持证上岗	垂直运输机械作业人员、安装拆卸工、爆破作业人员、起重信号工、登高架设作业人员等特种作业人员,必须按照国家有关规定经过专门的安全作业培训,并取得特种作业操作资格证书后,方可上岗作业。特种作业人员必须经专门的安全技术培训并考核合格,取得《中华人民共和国特种作业操作证》(以下简称特种作业操作证)后,方可上岗作业。(特种作业目录:电工作业;焊接与热切割作业;高处作业等)	《建设工程安全生产管理条例》(国务院令第393号)第25条;《特种作业人员安全技术培训考核管理规定》(国家安全生产监督管理总局令第80号)第5条	季	一般
现场管理	安全生产条件	人身保险	人身保险: 1.项目经理部应对从业人员做好用工登记,并应为从业人员办理工伤保险。 2.项目经理部应为从事危险作业人员在作业期间办理意外伤害险。 3.项目经理部应投保安全生产责任险	《交通运输企业安全生产标准化建设基本规范 第17部分:公路水运工程施工项目》(JT/T 1180.17—2018)6.1.3	季	一般
现场管理	安全生产条件	安全组织机构	安全组织机构: 1.项目经理部应成立安全生产领导小组。 2.项目经理部应设置专职安全生产管理人员,从业人员超过100人的项目应设置独立的安全生产管理部门。 3.具有一定规模或经评估风险较大的施工项目应设置安全总监,安全总监宜持有国家注册安全工程师证书和相应的安全生产考核合格证书。 4.项目经理部应明确项目负责人、各部门及作业层的安全岗位职责及责任人	《交通运输企业安全生产标准化建设基本规范 第17部分:公路水运工程施工项目》(JT/T 1180.17—2018)6.1.4.1	季	一般
现场管理	安全生产条件	施工作业手续	项目经理部应根据工程实际,按规定办理跨线施工、交通管制及水上水下作业的相关安全许可手续	《交通运输企业安全生产标准化建设基本规范 第17部分:公路水运工程施工项目》(JT/T 1180.17—2018)6.1.5	月	一般

续上表

风险辨识范围	作业单元	排查对象	排查要点	排查依据	排查周期单位	隐患等级
现场管理	安全生产管理	安全生产责任	项目经理部应制定安全生产责任制和考核制度,并逐级签订安全生产责任书	《交通运输企业安全生产标准化建设基本规范 第17部分:公路水运工程施工项目》(JT/T 1180.17—2018)6.2.1	季	一般
现场管理	安全生产管理	项目负责人安全职责	施工单位应当书面明确本单位的项目负责人,代表本单位组织实施项目施工生产。项目负责人对项目安全生产工作负有下列职责: (一)建立项目安全生产责任制,实施相应的考核与奖惩; (二)按规定配足项目专职安全生产管理人员; (三)结合项目特点,组织制定项目安全生产规章制度和操作规程; (四)组织制定项目安全生产教育和培训计划; (五)督促项目安全生产费用的规范使用; (六)依据风险评估结论,完善施工组织设计和专项施工方案; (七)建立安全预防控制体系和隐患排查治理体系,督促、检查项目安全生产工作,确认重大事故隐患整改情况; (八)组织制定本合同段施工专项应急预案和现场处置方案,并定期组织演练; (九)及时、如实报告生产安全事故并组织自救	《公路水运工程安全生产监督管理办法》(交通运输部令2017年第25号)第35条	季	一般
现场管理	安全生产管理	专职安全生产管理人员职责	生产经营单位的安全生产管理机构以及安全生产管理人员履行下列职责: (一)组织或者参与拟订本单位安全生产规章制度、操作规程和生产安全事故应急救援预案;	《中华人民共和国安全生产法》(2021年修正)第25条	季	一般

续上表

风险辨识范围	作业单元	排查对象	排查要点	排查依据	排查周期单位	隐患等级
现场管理	安全生产管理	专职安全生产管理人员职责	（二）组织或者参与本单位安全生产教育和培训，如实记录安全生产教育和培训情况； （三）组织开展危险源辨识和评估，督促落实本单位重大危险源的安全管理措施； （四）组织或者参与本单位应急救援演练； （五）检查本单位的安全生产状况，及时排查生产安全事故隐患，提出改进安全生产管理的建议； （六）制止和纠正违章指挥、强令冒险作业、违反操作规程的行为； （七）督促落实本单位安全生产整改措施	《中华人民共和国安全生产法》（2021年修正）第25条	季	一般
现场管理	安全生产管理	安全生产会议	安全生产会议制度： 1.项目经理部应安全生产领导小组和安全生产例会制度，会议记录应清晰、全面。 2.项目经理部会议要求应落实到位	《交通运输企业安全生产标准化建设基本规范 第17部分：公路水运工程施工项目》（JT/T 1180.17—2018）6.2.2	月	一般
现场管理	安全生产管理	安全教育培训	安全教育培训制度： 1.项目经理部应制定安全教育培训制度和计划。 2.项目经理、管理人员、专职安全人员、特种人员、转岗、新进场从业人员的安全教育培训学时、内容、方法等要求应明确。 3.培训时间、培训内容、参加培训人员的记录应清晰	《交通运输企业安全生产标准化建设基本规范 第17部分：公路水运工程施工项目》（JT/T 1180.17—2018）6.2.3	月	一般

续上表

风险辨识范围	作业单元	排查对象	排查要点	排查依据	排查周期单位	隐患等级
现场管理	安全生产管理	安全教育培训	施工单位应当将专业分包单位、劳务合作单位的作业人员及实习人员纳入本单位统一管理。 新进人员和作业人员进入新的施工现场或者转入新的岗位前,施工单位应当对其进行安全生产培训考核。 施工单位采用新技术、新工艺、新设备、新材料的,应当对作业人员进行相应的安全生产教育培训,生产作业前还应当开展岗位风险提示	《公路水运工程安全生产监督管理办法》(交通运输部令2017年第25号)第39条	月	一般
现场管理	安全生产管理	安全生产费用	安全生产费用管理制度: 1. 项目经理部应制定安全生产费用管理制度,并专款专用、足额提取。 2. 项目经理部应编制安全生产费用使用计划。 3. 项目经理部应建立安全生产费用管理台账	《交通运输企业安全生产标准化建设基本规范 第17部分:公路水运工程施工项目》(JT/T 1180.17—2018)6.2.4	季	一般
现场管理	安全生产管理	职业健康管理	职业健康管理制度: 1. 项目经理部应制定职业健康管理制度。 2. 项目经理部应建立、健全职工卫生档案和劳动者健康监护档案	《交通运输企业安全生产标准化建设基本规范 第17部分:公路水运工程施工项目》(JT/T 1180.17—2018)6.2.5	季	一般
现场管理	安全生产管理	设备设施管理	机械设备设施管理制度: 1. 项目经理部应建立机械设备设施管理制度及台账。 2. 项目经理部应建立特种设备管理制度、台账及管理档案,机档。 3. 特种设备投入使用前应经具备相应资质的单位检测合格,日常检查、维修、保养记录应齐全。 4. 特种设备安装拆除应由具备相应资质的单位承担。 5. 大型模板、承重支架及未列入国家特种设备目录的非标准设备投入使用前,应组织验收	《交通运输企业安全生产标准化建设基本规范 第17部分:公路水运工程施工项目》(JT/T 1180.17—2018)6.2.6	月	一般

续上表

风险辨识范围	作业单元	排查对象	排查要点	排查依据	排查周期单位	隐患等级
现场管理	安全生产管理	特种设备	特种设备： 1. 安全使用登记标志应悬挂于明显位置。 2. 特种设备操作人员应持证上岗。 3. 垂直升降设备不得超载运行，其基础承载力、临边防护、防排水等应符合相关规定，架体附着装置应牢固。 4. 塔式起重机基础和架体附着装置应牢固，轨道式起重机限位及保险装置应有效	《交通运输企业安全生产标准化建设基本规范 第17部分：公路水运工程施工项目》（JT/T 1180.17—2018）6.8.4	月	一般
现场管理	安全生产管理	特种设备使用登记证	公路工程施工使用的特种设备应按相关规定取得生产许可，应经检验合格并取得使用登记证书。 特种设备包括其所用的材料、附属的安全附件、安全保护装置和与安全保护装置相关的设施。主要包括锅炉、压力容器、压力管道、电梯、起重机械、场（厂）内专用机动车辆	《公路工程施工安全技术规范》（JTG F90—2015）3.0.11、附录 E	季	一般
现场管理	安全生产管理	设备安装及拆除	在施工现场安装、拆卸施工起重机械和整体提升脚手架、模板等自升式架设设施，必须由具有相应资质的单位承担。 安装、拆卸施工起重机械和整体提升脚手架、模板等自升式架设设施，应当编制拆装方案、制定安全施工措施，并由专业技术人员现场监督。 施工起重机械和整体提升脚手架、模板等自升式架设设施安装完毕后，安装单位应当自检，出具自检合格证明，并向施工单位进行安全使用说明，办理验收手续并签字	《建设工程安全生产管理条例》（国务院令第393号）第17条	月	一般

续上表

风险辨识范围	作业单元	排查对象	排查要点	排查依据	排查周期单位	隐患等级
现场管理	安全生产管理	设备使用前验收	翻模、滑(爬)模等自升式架设设施,以及自行设计、组装或者改装的施工挂(吊)篮、移动模架等设施在投入使用前,施工单位应当组织有关单位进行验收,或者委托具有相应资质的检验检测机构进行验收。验收合格后方可使用	《公路水运工程安全生产监督管理办法》(交通运输部令2017年第25号)第19条	月	一般
现场管理	安全生产管理	机械设备安全防护、机械设备使用	机械设备上各种安全防护、保险限位装置及各种安全信息装置必须齐全有效。必须按照使用说明书规定的技术性能、承载能力和使用条件操作、使用,严禁超载、超速作业或任意扩大使用范围	《公路工程施工安全技术规范》(JTG F90—2015)3.0.12	日	一般
现场管理	安全生产管理	危险品安全管理	危险品安全管理制度: 1. 项目经理部应制定危险品安全管理制度。 2. 危险品管理人员应配备到位并持证上岗。 3. 危险物品进出库及退库台账应清晰,管理措施、使用记录等应符合相关规定。 4. 爆破工程施工应得到有关部门批准。 5. 项目经理部应按规定编制爆破设计书及施工组织设计	《交通运输企业安全生产标准化建设基本规范 第17部分:公路水运工程施工项目》(JT/T 1180.17—2018)6.2.7	周	一般
现场管理	安全生产管理	消防安全制度	消防安全制度: 1. 项目经理部应制定消防安全制度,绘制消防设施布设图,明确消防责任区域、责任人。 2. 项目经理部应建立消防器材管理使用台账,消防器具配置及维护应符合相关规定	《交通运输企业安全生产标准化建设基本规范 第17部分:公路水运工程施工项目》(JT/T 1180.17—2018)6.2.8	周	一般

续上表

风险辨识范围	作业单元	排查对象	排查要点	排查依据	排查周期单位	隐患等级
现场管理	安全生产管理	消防安全管理	消防安全： 1. 办公区、生活区、作业区应设置消防安全设施总平面布置图。 2. 施工现场消防设施、消防通道布设应符合相关规定。 3. 消防区域应悬挂责任铭牌。 施工现场、生产区、生活区、办公区应按规定配备满足要求且有效的消防设施和器材	《交通运输企业安全生产标准化建设基本规范 第17部分：公路水运工程施工项目》（JT/T 1180.17—2018）6.6.4； 《公路工程施工安全技术规范》（JTG F90—2015）3.0.8	周	一般
现场管理	安全生产管理	消防安全职责	施工单位应当根据施工规模和现场消防重点建立施工现场消防安全责任制度，确定消防安全责任人，制定消防管理制度和操作规程，设置消防通道，配备相应的消防设施、物资和器材。 施工单位对施工现场临时用火、用电的重点部位及爆破作业各环节应当加强消防安全检查	《公路水运工程安全生产监督管理办法》（交通运输部令2017年第25号）第38条	周	一般
现场管理	安全生产管理	安全检查	安全检查制度： 1. 项目经理部应制定安全检查制度。 2. 项目经理部应建立项目负责人带班制度。 3. 项目经理部应制定隐患排查工作方案，明确隐患排查频率，应对发现的隐患进行分析，制定具有针对性的隐患治理措施。 4. 挂牌督办的重大安全隐患应按相关规定及时整治并销号。 5. 项目经理部应明确定期、专项安全检查的时间、频率、责任人、检查内容、实施要求等。 6. 项目经理部检查、整改应有书面记录，并形成闭合管理	《交通运输企业安全生产标准化建设基本规范 第17部分：公路水运工程施工项目》（JT/T 1180.17—2018）6.2.9	周	一般

续上表

风险辨识范围	作业单元	排查对象	排查要点	排查依据	排查周期单位	隐患等级
现场管理	安全生产管理	安全奖惩考核	安全奖惩考核制度： 1. 项目经理部应制定安全奖惩考核制度，制度中应明确奖惩的条件及方式。 2. 奖惩考核制度落实应有记录	《交通运输企业安全生产标准化建设基本规范 第17部分：公路水运工程施工项目》(JT/T 1180.17—2018)6.2.10	季	一般
现场管理	安全生产管理	相关方安全管理	项目经理部应制定相关方安全管理制度	《交通运输企业安全生产标准化建设基本规范 第17部分：公路水运工程施工项目》(JT/T 1180.17—2018)6.2.11	月	一般
现场管理	安全生产管理	安全生产事故报告	项目经理部应制定安全生产事故报告制度	《交通运输企业安全生产标准化建设基本规范 第17部分：公路水运工程施工项目》(JT/T 1180.17—2018)6.2.12	季	一般
现场管理	安全技术管理	施工组织设计	施工组织设计： 1. 项目经理部应按相关规定编制施工组织设计。施工组织设计中应有安全措施。 2. 项目经理部应经施工企业技术负责人审核、签认，审批手续齐全	《交通运输企业安全生产标准化建设基本规范 第17部分：公路水运工程施工项目》(JT/T 1180.17—2018)6.3.1	月	一般
现场管理	安全技术管理	专项施工方案	专项施工方案： 1. 项目经理部应按相关规定编制危险性较大的分部分项工程专项施工方案。方案中安全措施应操作性强，内容齐全。 2. 施工方案应按规定进行审批和论证。项目经理部不得擅自修改、调整专项施工方案，如因设计、结构、外部环境等因素发生变化确需修改的，修改后应按规定重新审核、批准、论证。 3. 项目经理部应按规定编制临时用电组织设计或临时用电方案，审批手续应齐全	《交通运输企业安全生产标准化建设基本规范 第17部分：公路水运工程施工项目》(JT/T 1180.17—2018)6.3.2	月	一般

续上表

风险辨识范围	作业单元	排查对象	排查要点	排查依据	排查周期单位	隐患等级
现场管理	安全技术管理	安全风险评估	公路工程施工前应进行危险源辨识，并应按要求对桥梁、隧道、高边坡路基等工程进行施工安全风险评估，编制风险评估报告，现场应监控。 在路基施工之前，应根据工程特点和施工环境进行危险源辨识。对重大危险源，应编制应急预案，成立应急组织，配备应急物质，并投规定组织培训和演练	《公路工程施工安全技术规范》（JTG F90—2015）3.0.3； 《公路路基施工技术规范》（JTG/T 3610—2019）9.1.6	月	一般
现场管理	安全技术管理	安全技术交底	安全技术交底： 1.项目经理部应制定安全技术交底制度。 2.项目经理部逐级交底应记录清晰、签字齐全，内容应有针对性。 3.项目经理部应建立交底台账。 公路工程施工前应逐级进行安全技术交底，主要包括安全技术要求、风险状况、应急处置措施等内容	《交通运输企业安全生产标准化建设基本规范 第17部分：公路水运工程施工项目》（JT/T 1180.17—2018）6.3.3； 《公路工程施工安全技术规范》（JTG F90—2015）3.0.5	周	一般
现场管理	安全技术管理	分项工程安全技术交底	分项工程实施前，施工单位负责项目管理的技术人员应当按规定对有关安全施工的技术要求向施工作业班组、作业人员详细说明，并由双方签字确认	《公路水运工程安全生产监督管理办法》（交通运输部令2017年第25号）第40条	周	一般
现场管理	安全技术管理	风险管控	风险管控： 1.项目经理部应开展风险辨识和评价工作。 2.项目经理部应根据评价结果制定分级风险管控措施。 3.项目经理部应对重大风险源制定安全管理方案和应急预案，并应对作业人员进行书面告知。 4.项目经理部应按规定开展桥隧施工和高边坡施工安全风险评估。 5.项目经理部应按规定开展地质灾害评估	《交通运输企业安全生产标准化建设基本规范 第17部分：公路水运工程施工项目》（JT/T 1180.17—2018）6.3.4	月	一般

续上表

风险辨识范围	作业单元	排查对象	排查要点	排查依据	排查周期单位	隐患等级
现场管理	安全技术管理	风险告知	企业应将安全风险评估结果及所采取的控制措施告知相关从业人员,使其熟悉工作岗位和作业环境中存在的安全风险,掌握、落实应采取的控制措施	《交通运输企业安全生产标准化建设基本规范 第1部分:总体要求》(JT/T 1180.1—2018)5.7.4.2	月	一般
现场管理	安全技术管理	隐患排查工作台账	企业应对事故隐患排查治理情况如实记录,建立相关台账,并定期组织对本单位事故隐患治理情况进行统计分析,及时梳理、发现安全生产问题和趋势,形成统计分析报告,改进安全生产工作	《交通运输企业安全生产标准化建设基本规范 第1部分:总体要求》(JT/T 1180.1—2018)5.8.2.6	月	一般
现场管理	安全技术管理	应急预案及演练	应急预案及演练: 1.项目经理部应制定综合应急预案、专项应急预案及现场处置方案,并以文件形式发布。 2.项目经理部应定期开展应急预案的培训和演练,并及时进行评审和修订。 3.项目经理部应建立专(兼)职的应急队伍,配备相应的应急物资	《交通运输企业安全生产标准化建设基本规范 第17部分:公路水运工程施工项目》(JT/T 1180.17—2018)6.3.5	季	一般
现场管理	安全管理档案	安全管理档案	安全管理档案: 1.应建立健全安全管理档案。 2.各类安全管理档案资料应完整、有效	《交通运输企业安全生产标准化建设基本规范 第17部分:公路水运工程施工项目》(JT/T 1180.17—2018)6.4	月	一般
现场管理	安全专项活动	活动安排	活动安排: 1.项目经理部应根据相关规定制定安全专项活动方案。 2.安全专项活动应按照方案实施。实施前项目经理部应制定实施计划,结束后应进行总结	《交通运输企业安全生产标准化建设基本规范 第17部分:公路水运工程施工项目》(JT/T 1180.17—2018)6.5.1	月	一般

续上表

风险辨识范围	作业单元	排查对象	排查要点	排查依据	排查周期单位	隐患等级
现场管理	安全专项活动	考核评价	项目经理部对各安全专项活动应有考核评价,资料应真实、准确	《交通运输企业安全生产标准化建设基本规范 第17部分:公路水运工程施工项目》(JT/T 1180.17—2018)6.5.2	月	一般
现场管理	作业安全防护	防护栏杆、安全网及其他防打击、防坠落措施	防护栏杆、安全网及其他防打击、防坠落措施: 1. 高处、临边、临水作业应设置作业平台、防护栏杆及安全网。 2. 施工现场下方有人员通行和作业的应设置挡脚板、防滑设施、安全网、安全通道等	《交通运输企业安全生产标准化建设基本规范 第17部分:公路水运工程施工项目》(JT/T 1180.17—2018)6.7.1	日	一般
现场管理	作业安全防护	文明施工、安全警示标志、标牌	文明施工、安全警示标志、标牌: 1. 施工现场明显位置应设置"五牌一图"。 2. 交通要道、重要作业场所、危险区域应设置安全警示标志、标牌。 3. 现场机械设备应按相关规定设置统一标识铭牌,张贴安全操作规程	《交通运输企业安全生产标准化建设基本规范 第17部分:公路水运工程施工项目》(JT/T 1180.17—2018)6.7.2	周	一般
现场管理	作业安全防护	危险区域警戒区或防护设施	危险作业场所应按规定设置警戒区或其他安全防护、逃生设施	《公路工程施工安全技术规范》(JTG F90—2015)3.0.13	日	一般
现场管理	作业安全防护	危险部位警示标志及防护设施	施工现场出入口、沿线各交叉口、施工起重机械、临时用电设施以及脚手架等临时设施、民爆物品和易燃易爆危险品库房、孔洞口、基坑边沿、桥梁边沿、码头边沿、隧道洞口和洞内等危险部位,应设置明显的安全警示标志和必要的安全防护设施	《公路工程施工安全技术规范》(JTG F90—2015)3.0.14	日	一般

续上表

风险辨识范围	作业单元	排查对象	排查要点	排查依据	排查周期单位	隐患等级
现场管理	作业安全防护	高耸设备安全防护	拌和、打桩和起重等高耸设备及其他电气设备应按规定设置防雷设施。桥涵施工设立生活和生产等设施以及塔式起重机等高耸设备时,应符合防火、防风、防爆、防震、防雷击的规定	《交通运输企业安全生产标准化建设基本规范 第17部分:公路水运工程施工项目》(JT/T 1180.17—2018)6.7.3;《公路桥涵施工技术规范》(JTG/T 3650—2020)26.2.3	周	一般
现场管理	作业安全防护	个体防护	个体防护: 1.项目经理部使用的劳动防护用品应符合国家和行业的相关规定。 2.进入施工现场的从业人员应按规定配置和正确使用劳动防护用品	《交通运输企业安全生产标准化建设基本规范 第17部分:公路水运工程施工项目》(JT/T 1180.17—2018)6.7.4	日	一般
现场管理	作业安全防护	个体防护易损耗品强制报废	安全帽、呼吸器、绝缘手套等安全性能要求高、易损耗的劳动防护用品,应当按照有效防护功能最低指标和有效使用期,到期强制报废	《用人单位劳动防护用品管理规范》(安监总厅安健〔2018〕3号)第25条	月	一般
现场管理	公路工程施工作业管理	施工前安全检查	公路工程施工前,应全面检查施工现场、机具设备及安全防护设施等,施工条件应符合安全要求。用于施工临时设施受力构件的周转材料,使用前应进行材质检验	《公路工程施工安全技术规范》(JTG F90—2015)3.0.10	日	一般
现场管理	公路工程施工作业管理	工程货运车辆使用	工程货运车辆严禁运送人员	《公路工程施工安全技术规范》(JTG F90—2015)3.0.15	日	一般

续上表

风险辨识范围	作业单元	排查对象	排查要点	排查依据	排查周期单位	隐患等级
现场管理	公路工程施工作业管理	恶劣天气作业管理	大雨、大雪、大雾和六级及以上大风等恶劣天气不得进行露天作业	《公路工程施工安全技术规范》（JTG F90—2015）3.0.16	日	一般
现场管理	公路工程施工作业管理	人员作业要求	作业人员应当遵守安全施工的规章制度和操作规程，正确使用安全防护用具、机械设备。发现安全事故隐患或者其他不安全因素，应当向现场专（兼）职安全生产管理人员或者本单位项目负责人报告	《公路水运工程安全生产监督管理办法》（交通运输部令2017年第25号）第43条	日	一般
现场管理	房建工程施工作业管理	危险部位警示标志及防护设施	施工现场出入口、施工起重机械、临时用电设施以及脚手架、模板支撑架等施工临时设施、临边与洞口等危险部位，应设置明显的安全警示标志和必要的安全防护设施，并应经验收合格后方可使用。临时拆除或变动安全防护设施时，应按程序审批，经验收合格后方可使用	《建筑施工易发事故防治安全标准》（JGJ/T 429—2018）3.0.8	月	一般
现场管理	房建工程施工作业管理	危险场所警戒区或防护设施	施工现场在危险作业场所应设置警戒区，在警戒区周边应设置警戒线及警戒标识，并应设置安全防护和逃生设施，作业期间应有安全警戒人员在现场值守	《建筑施工易发事故防治安全标准》（JGJ/T 429—2018）3.0.9	月	一般
现场管理	房建工程施工作业管理	设备设施使用前复验	机具设备、临时用电设施、施工临时设施、临时建筑及安全防护设施等的主要材料、设备、构配件及防护用品应进行进场验收，用于施工临时设施中的主要受力构件和周转材料，使用前应进行复验。施工临时设施、临时建筑应经验收合格后方可投入使用	《建筑施工易发事故防治安全标准》（JGJ/T 429—2018）3.0.10	月	一般
现场管理	房建工程施工作业管理	特种设备进场前检查及使用手续、档案	特种设备进场应有许可文件和产品合格证，使用前应办理相关手续，使用单位应建立特种设备安全技术档案	《建筑施工易发事故防治安全标准》（JGJ/T 429—2018）3.0.12	月	一般

续上表

风险辨识范围	作业单元	排查对象	排查要点	排查依据	排查周期单位	隐患等级
现场管理	房建工程施工作业管理	复工前检查	复工前应全面检查施工现场、机具设备、临时用电设施、施工临时设施、临时建筑及安全防护设施等，符合要求后方可复工	《建筑施工易发事故防治安全标准》（JGJ/T 429—2018）3.0.11	月	一般
现场管理	房建工程施工作业管理	危险性较大的分部分项工程监测	施工现场应根据危险性较大的分部分项工程类别及特征进行监测	《建筑施工易发事故防治安全标准》（JGJ/T 429—2018）3.0.13	周	一般

第六章

信息化系统应用案例

青海省交通控股集团有限公司是青海省规模最大、业务领域最广、产业布局最完善、经营指标最高的集团化国有企业,特别是在公路工程建设施工、高速公路运营和公路养护领域具有领军地位及社会公益责任,通过建设覆盖其核心业务的安全生产双重预防体系及信息化平台,从而实现集团安全生产风险管理及隐患排查治理全过程数字化闭环管理,形成安全管理新模式。

一 信息化系统需求分析

2016年1月,习近平总书记在中共中央政治局常委会会议上提出,对易发重特大事故的行业领域采取风险分级管控、隐患排查治理双重预防性工作机制,推动安全生产关口前移。2021年9月1日,修改后《中华人民共和国安全生产法》实施,其明确规定"生产经营单位必须遵守本法和其他有关安全生产的法律、法规""加强安全生产标准化、信息化建设,构建安全风险分级管控和隐患排查治理双重预防机制,健全风险防范化解机制,提高安全生产水平,确保安全生产"。

结合企业安全生产工作实际,开发信息化管控平台,把握安全生产的特点和规律,全面推行安全风险分级管控,进一步强化隐患排查治理,推进事故预防工作科学化、信息化、标准化,实现把风险控制在隐患形成之前、把隐患消灭在事故之前。信息化平台建设主要需求如下。

1. 全企业统筹的安全管理工具

安全生产双重预防体系及信息化平台主要对重点业务领域的安全风险管控、隐患排查治理进行管理。

平台提供风险分级管控及隐患排查治理的信息化工具,涵盖生产经营单位安全风险自辨自控、事故隐患自查自纠自报等功能,满足上级自身管理以及对下级单位安全监督工作的管理需求。

2. 全业务领域的风险与隐患数据采集

采集安全生产风险与事故隐患数据,并进行数据汇集、查询、统计分析,为企业提供安全风险管理工作的基础数据服务,涵盖重大安全风险、安全风险辨识、隐患排查与整改工作情况的实时精准数据,保障企业安全管理工作顺利开展。

3. 全方位的安全生产风险管控

针对安全风险的管控状态,事故隐患的治理情况,利用平台检查、系统辨识、动态预警、分配任务等方式,实现全方位的信息化安全风险管控。

4. 全流程的风险管理工作监管

为安全生产风险辨识、评估和管控提供技术方法与计算模型,为隐患排查治理提供全覆盖的排查清单与整改要求。按照安全生产"三管三必须"的原则,对企业内设机构及所属下级单位的安全风险管理工作进行全流程的监督监管。

5. 全业务人员的工作协同共享

建立多部门协同管理工作机制,实现企业安全管理工作的全方位协同,提高工作效率,做到安全风险管控和隐患排查治理工作的全过程可查询、结果可分析。

二 信息化系统架构设计

(一)总体架构设计

根据集团实际业务情况,结合各业务部门的现状条件、信息化基础、信息化建设与维护等多种因素,本着"落实企业安全管理主体责任,落地集团双控管理监督职责"的原则,同时满足内部以及相关外部数据的汇聚、融合与知识沉淀,实现数据跨域整合,打通交通运输信息壁垒和数据孤岛,提升数据规范化水平,提高多样化数据输出能力,确定"两级平台、五级应用、云端部署、数据融合"的总体架构(图6-1)。

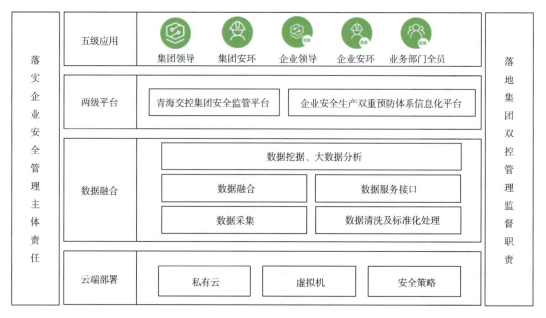

图 6-1　信息化平台总体架构

(二)技术架构设计

安全生产双重预防体系信息化平台采用微服务技术架构,将应用程序构建为一组服务,实现系统的高度可维护、可测试、松散耦合、独立部署的应用。系统架构分层设计如图 6-2 所示。

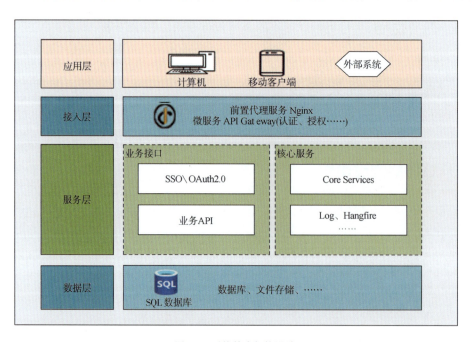

图 6-2　系统技术架构设计

系统技术架构总体划分为应用层、接入层、服务层、数据层四个层面。

应用层：计算机客户端、移动端和部署在数据中心私有云上的其他外部系统。

接入层：主要为代理服务和微服务网关，提供相关认证和授权的相关服务。

服务层：提供业务接口服务，如基础管理接口、风险管控接口、隐患排查接口、数据共享接口。

数据层：以二级单位数据为基础，结合安全风险辨识与隐患排查整改过程数据，采集和接入第三方行业数据，经过数据清洗与加工产生最终数据，并以此作为数据输入进行数据挖掘和分析，得到最终结果，包括数据库、文件存储相关功能组件。

（三）系统功能框架

按照"两级平台、五级应用"的建设需求，系统整体设计为 22 个功能模块，平台功能框架如图 6-3 所示。

图 6-3　信息化平台功能框架图

（四）网络部署设计

信息化系统部署在某数据中心，通过域名发布至局域网和互联网，平台部署架构如图 6-4 所示。

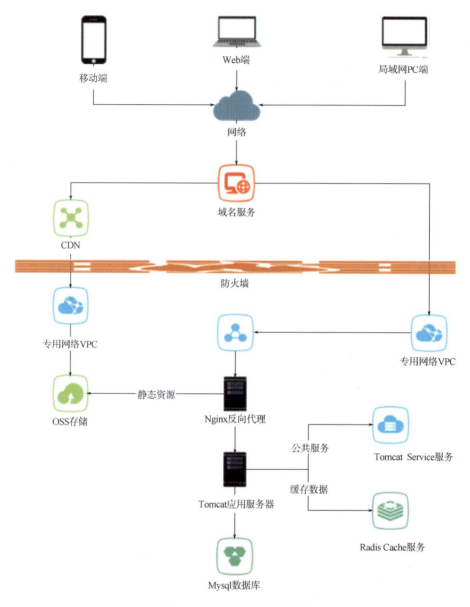

图 6-4　信息化平台部署架构图

三　信息化系统功能模块

（一）基础概况

为进一步贯彻落实"安全第一,预防为主,综合治理"的安全生产方针,落实企业安全主体责任,强化安全生产目标管理,对企业的基础概况进行动态管理,如企业基础信息、安全机构和安全许可证信息。其中,企业基础信息主要是对企业基本信息、企业性质、经营范围、主要负责人信息和本企业年度安全生产费用、从业人员情况等进行基础信息维护以及动态运行更新。

(二)风险分级管控与隐患排查治理

1. 业务流程

(1)风险分级防控与隐患排查治理流程

系统风险防控工作的开展按照以下7个步骤进行,其中步骤1~5为一次性工作,仅需设置一次即可,步骤6~7为日常工作。

步骤1:设置确定公司所属行业;

步骤2:设置公司安全组织架构;

步骤3:开展风险辨识;

步骤4:制定企业隐患排查清单;

步骤5:隐患排查任务分配;

步骤6:开展隐患排查工作;

步骤7:对发现的隐患进行整改。

在平台中,按照计划-执行-检查-行动(PDCA)闭环管理流程,对风险分级防控与隐患排查治理工作总体工作流程进行设计,如图6-5所示。

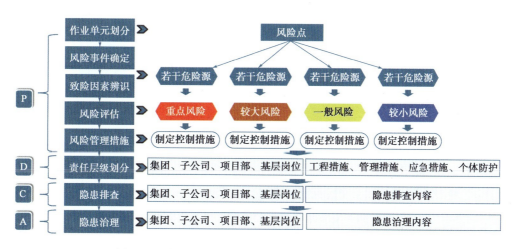

图6-5 风险分级防控与隐患排查治理PDCA工作流程示意图

(2)风险分级管控流程

依据风险分级管控建设指南,在信息化系统中按照风险辨识、风险评估、风险管控、风险清单、风险数据库等 5 个环节进行设计,如图 6-6 所示。

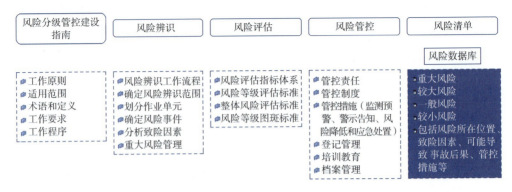

图 6-6　信息化平台风险管控工作流程图

(3) 隐患排查与整改流程

企业员工根据排查清单对本单位的安全隐患进行排查。排查清单基于安全生产法律、法规、规章、标准、规程、安全生产管理制度规定,或者其他因素在生产经营活动中存在的可能导致不安全事件或事故发生的不安全状态、人的不安全行为和管理上的缺陷等。清单总体上分为基础管理类清单和现场管理类清单。隐患排查工作流程如图 6-7 所示。

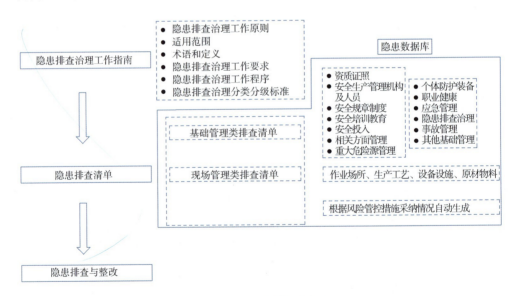

图 6-7　信息化平台隐患排查工作流程图

2. 风险辨识功能描述

(1) 风险辨识与评估

依据行业特点,系统提供以风险范围为边界、从风险事件为组别的风险辨识功能,包括风险事件对应的风险等级、致险因素、事故类型、风险评估模型算法、管控措施条款和隐患排查内容。

企业人员根据本单位所属行业进行风险点辨识,以系统提供的内置风险点清单为模板,进行企业风险辨识。企业结合本单位实际,选择对应的风险点指标,系统自动判断该点位风险的级别,并列出主要致险因素及管控措施建议,如图 6-8 所示。

图 6-8　风险辨识与评估系统界面

(2) 风险地图

国务院安委办 2016 年 10 月 9 日印发了《关于实施遏制重特大事故工作指南构建安全风险分级管控和隐患排查治理双重预防机制的意见》,要求企业科学评定安全风险等级,建立企业安全风险数据库,绘制企业"红、橙、黄、蓝"四色安全风险空间分布图。

安全风险评估过程要突出遏制重特大事故,高度关注暴露人群,聚焦重大危险源、劳动密集型场所、高危作业工序和受影响的人群规模。安全风险等级从高到低划分为重大风险、较大风险、一般风险、低风险,分别用红、橙、黄、蓝四种颜色标示。

系统平台基于国家地理信息公共服务平台天地图的 API 接口,提供"红、橙、黄、蓝"四色为标记的风险地图展示功能,如图 6-9 所示。

图 6-9　安全风险地图示意

3. 隐患排查功能描述

按照 PDCA 闭环管理流程，针对排查出来的隐患，在信息化系统中设置闭环管理流程，包括隐患基本信息、整改过程记录、验收过程记录，确保对查出隐患进行全部整改直至验收合格，如图 6-10 所示。

图 6-10　隐患排查与整改闭环管理示意图

（三）清单管理功能描述

依据行业特点建立三方面的检查清单，包括基础管理检查清单、现场管理检查清单，提供制定企业级排查清单的功能，同时提供针对特定人群的日常检查任务生成功能。

1. 清单导入、自定义

基于企业所属行业，系统提供行业隐患排查清单，管理员结合本单位情况设置企业清单。行业隐患排查清单分为基础管理清单和现场管理清单，管理员可针对每一个行业清单从排查范围、排查单元、排查对象三个层次进行导入，形成企业隐患排查清单。同时可以新增自定义排查范围、排查单元、排查对象、排查内容，对企业隐患排查清单进行补充。

2. 设置隐患等级

企业排查清单中包括排查对象、排查内容、排查依据、排查要点、排查周期、隐患等级等。管理员核准确定每一项排查内容的隐患等级后，下一步将排查清单分配给企业员工。

（四）履职管理

《中华人民共和国安全生产法》要求生产经营单位建立全员安全生产责任，应当明确各岗位的责任人员、责任范围和考核标准等,加强对全员安全生产责任制落实情况的监督考核,保证全员安全生产责任制的落实。

履职管理针对企业安全生产责任制管理要求,上级公司将安全考核责任制文件下发到所辖下级单位,下级单位结合本单位情况组织完成本单位安全考核并留存电子文件。

(五) 监测中心

监测中心是安全与应急管理部门的重点关注板块,直观展示企业风险分级管控与隐患排查治理工作的开展情况。重点关注内容包括企业信息监测、风险监测和隐患监测三个方面。

企业信息监测选择集团重点关注的 8 类指标进行动态监测,主要包括企业基本情况、安全人员数量、重点在建项目、高速公路通车里程、隧道运营里程,以及大桥特大桥、收费站、服务区等。

风险监测对集团内各单位辨识出的"红、橙、黄、蓝"四类风险,以及这四类风险的分布情况进行可视化展示。针对每个二级公司,可进一步查看其四类风险的分布情况。

隐患监测是在企业全面风险辨识的基础上,重点实现隐患排查与整改情况的动态监测。主要指标包括排查清单、隐患排查点位、发现隐患数量、已整改完成的数量,以及逐日隐患排查数量的动态数据。

(六) 预警中心

预警中心又称告警管理,重点监控各类隐患的整改完成率,同时通过用户登录日志监控各基层安全管理员风险排查及隐患整改上报情况。

系统针对数据设置警告红线,超越警告红线时将发送告警信息,如隐患排查率低于50%时进行报警。

告警信息主要通过以下方式进行传达:
(1) 软件系统内的大屏公告;
(2) 短信通知相关责任人。

告警管理主要包括以下内容:
(1) 人员账号长时间不登录进行告警;
(2) 隐患排查内容漏检;

(3)隐患排查率低于50%;
(4)隐患整改率低于50%;
(5)其他需要告警的内容。

(七)数据中心

数据中心是企业风险辨识与隐患排查整改情况数据统计分析中心,设计关键指标数据、条件指标数据、单体指标数据三个维度。

关键指标数据针对风险辨识与隐患排查治理采取不同的二级指标进行监测。风险辨识环节,重点关注指标包括风险点涉及范围、分布的作业单元、涉及的事故类型、采取的管控措施以及覆盖的致险因素。隐患排查与治理环节,重点关注指标包括总排查次数、发现隐患数量、整改完成数量、整改完成率以及各类隐患分布的作业单元等。

(八)安全工具

安全管理工作的重点是"严、细、实"。"严"是指严格按照国家法律法规、行业标准制度以及地方管理标准与政策文件落实。"细"是指安全管理工作涉及作业环节的方方面面,安全管理内容要细。"实"是指安全生产中的每次事故都清晰记录了安全管理中实际的漏洞和缺陷。因此,在集团双重预防机制体系建设中,特别增加了法律法规、相关标准、事故案例、危险化学品安全说明书(MSDS)的编辑与查询功能,方便各级安全管理人员、生产管理人员、基层作业人员进行资料查询。

(九)工作台

工作台帮助用户快速掌握工作进度及进入工作状态,集合企业的工作实际,将待办工作、隐患排查事项、隐患整改事项、督察检查整改事项、安全相关通知公告等日常工作中常用功能放到首页工作台,便于人员快速开展工作,提升使用者的工作效率,减轻工作压力。

四 信息化系统运行分析

"安全生产双重预防体系信息化平台"的上线运行,有效地推动企业安全生产风险管理与隐患排查技术的应用,严格落实企业主体责任和企业主要负责人的安全职责,提升企业安全生产管理人员和生产作业人员的工作效率。通过信息化手段,对标对表,帮助企业牢固树立"有效管控风险、排查治理隐患、防范和遏制重特大事故"的思想意识,有效实现"差异化""标准化""精准化"管理。信息化系统建设以技术为引领,打造"双控"建设之重器,通过系统全面、分类分级、动态评估、风险可控、持续改进等建设目标,实现企业风险自辨自控与隐患自查自纠、部门监管有效、企业责任落实、全员有序参与的技术应用新模式。

参 考 文 献

[1] 王志斌.高速公路安全风险预警管理技术与应用[M].北京:人民交通出版社股份有限公司,2021.

[2] 赵耀江.安全评价理论与方法[M].北京:煤炭工业出版社,2008.

[3] 徐志胜,姜学鹏.安全系统工程[M].3版.北京:机械工程出版社,2019.

[4] 秦进.交通运输安全管理[M].北京:高等教育出版社,2021.

[5] 中国交通建设监理协会.公路水运工程施工安全重大隐患排查要点[M].北京:人民交通出版社股份有限公司,2015.

[6] 交通运输部科学研究院,国家铁路局安全技术中心,中国民航科学技术研究院,等.中国交通运输安全生产发展报告[M].北京:人民交通出版社股份有限公司,2020.

[7] 王超深.公路弯道路段交通事故分析及安全对策研究[D].西安:长安大学,2010.

[8] 方秀.风险管理与控制在偏压地铁车站基坑中的应用[D].长沙:中南大学,2011.

[9] 全国交通工程设施(公路)标准化技术委员会.交通运输企业安全生产标准化建设基本规范 第17部分:公路水运工程施工项目:JT/T 1180.17—2018[S].北京:人民交通出版社股份有限公司,2018.

[10] 中华人民共和国交通运输部.公路工程施工安全技术规范:JTG F90—2015[S].北京:人民交通出版社股份有限公司,2015.

[11] 中华人民共和国建设部.施工现场临时用电安全技术规范:JGJ 46—2005[S].北京:中国建筑工业出版社,2005.

[12] 中华人民共和国住房和城乡建设部.建筑施工高处作业安全技术规范:JGJ 80—2016[S].北京:中国建筑工业出版社,2016.

[13] 中华人民共和国交通运输部.公路路基施工技术规范:JTG/T 3610—2019[S].北京:人民交通出版社股份有限公司,2019.

[14] 中华人民共和国交通运输部.公路桥涵施工技术规范:JTG/T 3650—2020[S].北京:人民交通出版社股份有限公司,2020.